步步高

汉语阅读教程

（第六册）

主编 张丽娜
编者 张丽娜
　　　梁　静
　　　巨　伟

Step by Step
A Course in
Chinese Reading Comprehension (Book 6)

图书在版编目(CIP)数据

步步高汉语阅读教程. 第 6 册 / 张丽娜主编；梁静，巨伟编.
—北京：北京语言大学出版社，2011.12
ISBN 978-7-5619-3218-6

Ⅰ.①步… Ⅱ.①张… ②梁… ③巨… Ⅲ.①汉语－阅读教学－
对外汉语教学－教材 Ⅳ.①H195.4

中国版本图书馆 CIP 数据核字（2011）第 269068 号

书　　名：	步步高汉语阅读教程. 第 6 册
责任编辑：	金季涛
封面设计：	张　娜
责任印制：	姜正周
出版发行：	北京语言大学出版社
社　　址：	北京市海淀区学院路 15 号　邮政编码：100083
网　　址：	www.blcup.com
电　　话：	发行部　82303650/3591/3648
	编辑部　82303390
	读者服务部　82303653/3908
	网上订购电话　82303668
	客户服务信箱　service@blcup.net
印　　刷：	北京画中画印刷有限公司
经　　销：	全国新华书店
版　　次：	2011 年 12 月第 1 版　2011 年 12 月第 1 次印刷
开　　本：	787 毫米×1092 毫米　1/16　印张：15.5
字　　数：	361 千字
书　　号：	ISBN 978-7-5619-3218-6/H·11264
定　　价：	30.00 元

凡有印装质量问题，本社负责调换。电话：82303590

编写说明

本套教材共六册，面向海内外汉语作为第二语言学习的学习者，既可作为阅读课专用教材，也可作为读写课课外阅读辅助教材，还可供自学者使用。

编写思路

阅读对全面提升语言水平有着至关重要的作用。只有大量的阅读才能体会出一种语言的语音感、语法感和语义感，从而培养出这种语言的正确语感。正是源于这一思路，我们编写出版了《步步高——汉语阅读教程》，从第一册完全依照词汇、语法等级大纲，由资深对外汉语教师编写的规范课文，逐步过渡到第六册全部源于国内报刊以及网络资源的基本未加改动的原文。我们的目标是为不同层级的汉语学习者提供最适合的阅读材料。

浅显易读的第一册，可以使那些刚刚掌握了最基本词汇量的学习者，尽快开始成段阅读。在词汇和句式的反复出现中，加深记忆，增强语感。重复中的拓展，又使词汇量得以扩大，在进一步学习之前对新词语有了一些感性认识。

在原文基础上改写而成的第二、三册，适合于学过半年以上汉语的学习者。随着阅读长度的增加，学习者可以迅速扩展词汇量，训练阅读技能，从而更好地应对 HSK 阅读测试。

第四、五册，选取难度较小的原文，根据不同层级学习者的水平稍加改动，通过强化的阅读训练，使学习者在读完所有课文之后，有望在新 HSK 考试中，阅读一项达到 4~5 级的水平。

第六册的训练目标是实现原文阅读并能应对新 HSK6 级的阅读测试。通过基本未加改动的原文阅读，在教师的指导和练习的引导下，学习者从学习性阅读逐步过渡到使用性阅读。同时，参考了 HSK 考试中阅读测试的题型设计的练习，也能使学习者更好地应对 HSK 考试。

总之，我们希望广大汉语学习者在《步步高——汉语阅读教程》铺设的层级平台上，体会语感、扩大词汇量，循序渐进，一步一步提高阅读能力，顺利通过 HSK 阅读测试，最终实现语言水平的全面提升。

教材特色

A. 视角年轻化：教材将读者对象锁定在18至25岁左右受过中等以上教育的汉语学习者，突出年轻、时尚、探索的特色，从年轻人的视角选择阅读材料，把握叙述态度。

B. 语料多样化：本着有用、有益、有趣的原则，选取最前沿的材料，反映最新的时尚和潮流。所选语料涉及年轻人的日常生活、当前社会现实和现象、娱乐、体育、保健、科普等诸多年轻人感兴趣的话题，同时参考了近年来HSK阅读测试部分的语料取向，在遵循语言学习规律的同时突出新鲜实用的特点。

C. 编写科学化：在循序渐进原则指导下，课文字数和难度逐级递增。以国家汉办编制的《新汉语水平考试大纲》和《汉语国际教育用音节汉字词汇等级划分》为依据，对课文和练习的难度进行筛选和控制，同时，为了突出新鲜实用的特色，在新词语、流行词语的使用上又对等级大纲有所突破。

D. 练习标准化：以练促学是本教材的理念之一。以练习的方式检查学习者的测试程度，突出每一课的重点难点，通过强化练习完成教学任务。部分练习在设计上与HSK阅读测试题型挂钩，突出阅读的工具性特点，使学习者逐渐适应标准化答题方式，有针对性地训练学习者应对HSK阅读测试的答题能力和答题速度。

训练目标

A. 速读能力：培养学习者进行扫读、跳读的能力和习惯，使之能够跨越词语障碍，迅速捕捉并获取所需的信息。

B. 综合能力：培养学习者排除细节的局限和制约，进行综合概括的能力，以便迅速把握文章的主要内容和中心大意。

C. 推断能力：培养学习者的汉语语感，以及根据字里行间或言外之意对文章作者的情感、态度和倾向加以推断和理解的能力。

编写体例

A. 词汇：本套教材不设生词表，以《汉语水平词汇与汉字等级大纲》为依据，对重点词汇进行难度分级，每课的练习一主要是对重点词汇的解释和强化，对于其他超纲词，在练习二和练习三中进行解释和理解，少数新词、难词以注释形式标出。

B. 课文：词汇难度决定了课文的选择。本套教材从编写到改写逐步过渡到原文，每单元围绕同一主题，由4篇相关课文组成。这4篇课文又形成一个小坡度，每册16单元形成一个大坡度，难度逐步加大。

C. 练习：练习数量基本上在课文长度的2~3倍，分为客观性练习和主观性练习两大类。客观性练习参照HSK阅读测试的题型，分别考查学习者对词语、句子和段意的理解。该部分既是通过练习解释词语也是通过练习训练语法点。主观性练习以填空和回答问题为主，填空的形式用以加深难点、重点词语的印象，回答问题则是通过"输出"来检查"输入"，使学习者在通篇的阅读之后做到对课文完全理解。

关于本册

A. 使用建议

本册教材适合于学过两年以上汉语的学习者使用，可作为本科三年级的阅读教材，也可作为汉语国际教育硕士（外）一年级的阅读教材。

本册教材课文全部采用选自报刊和网络的原文，仅对一些不规范的语法、用词及生僻词语稍加改动，对较长的篇章加以删节，每篇字数控制在1000字左右。本册突出使用性阅读训练，全书在框架设计上改变了以往的单元模式，以16个正常教学周为计算基数，选择80篇课文，以主题大致相近为排序原则，建议使用者每天读一篇。教学课时建议为每周2学时，由教师重点选择相近主题中的一篇，通过课堂讲练，检查和督促学生的阅读进度。

B. 练习特点

本册教材的练习一、练习二侧重对课文的理解和把握，练习三以词语训练为主，重点突出成语和固定短语的使用训练，也有少量的词语释义连线，意在帮助学生扫除课文中较多的超纲难词。使用者可视具体情况安排此项练习的顺序。"选词填空"的例句全部来自真实语境，旨在通过增加重点词语的例句，使学习者更好地理解和掌握这些词语的用法。该项练习作为一个提升性练习，可视使用者实际水平进行取舍。

练习四的"简答题"形式，目的在于训练学生的速读和查读能力。练习五"回答问题"形式，目的在于培养学生在阅读理解基础上的书面或口头表达能力。这两种练习形式的差异在于，前者基本上是在课文中直接能找到答案的，而后者则需要学生自己加以综合、概括。

本套教材的编写人员，都是从事对外汉语教学多年并具有丰富教学经验的教师，以往都开设过阅读课程，因此本书具有较好的教学实践基础。其中，张丽娜选编了本书的全部课文并对每篇课文的练习进行了修改审定，梁静完成了第1～40课练习的编写，巨伟完成了第41～80课练习的编写。

在本套教材的编写过程中，我们从近年来国内出版的各种报刊以及网络上，参考或选用了一些适合汉语学习者阅读的语料。由于种种客观原因，我们无法与所选阅读语料的原作者一一取得联系，希望看到本教材的原作者尽快与我们联系，我们将按照有关规定支付稿酬并表示衷心的感谢。

本套教材在编写出版过程中得到西安外国语大学汉学院众多同人的关心和支持，北京语言大学出版社的侯明老师也提出了不少中肯的意见和建议，在此一并表示诚挚的感谢。

编者

目 录

一、114 岁老人膝下有 230 多个子孙　拿红包要排队 …………………… 1
二、创新家庭养老模式 …………………………………………………… 3
三、祖上冒犯皇帝名讳被迫姓苟　几经周折成功改姓 …………………… 6
四、取名字 …………………………………………………………………… 9
五、中国姓氏中的遗传密码 ……………………………………………… 11

六、舞蹈《千手观音》 ……………………………………………………… 14
七、白发昆曲　青春登场 ………………………………………………… 17
八、麻将的乐趣 …………………………………………………………… 20
九、书法——中国美术之魂 ……………………………………………… 23
十、中国岩画 ……………………………………………………………… 25

十一、浪漫 2 月的爱情消费 ……………………………………………… 27
十二、休闲户外运动业正成新兴产业 …………………………………… 30
十三、老总访谈：志高空调董事长——李兴浩 ………………………… 33
十四、书画拍卖新亮点 …………………………………………………… 36
十五、《申报》的经营策略 ………………………………………………… 39

十六、中国投资环境论坛会议须知 ……………………………………… 41
十七、2007 中国国际物流科技博览会 …………………………………… 44
十八、"亿龙及时通"项目介绍 …………………………………………… 48
十九、跨国经营管理硕士课程班招生简章 ……………………………… 50
二十、北京大学简介 ……………………………………………………… 54

二十一、顾客须知 ………………………………………………………… 56
二十二、"一日游"合同条款 ……………………………………………… 59
二十三、关于切实做好当前森林防火工作的紧急通知 ………………… 62
二十四、天津市房地产市场调查分析报告（节选） ……………………… 65
二十五、面向未来，实施核心竞争力战略 ………………………………… 68

二十六、《蓝海战略》译者序 ……………………………………………… 71

i

二十七、汽车的文明悖论 ··· 73
二十八、复杂的简单　深入的浅显 ································· 76
二十九、企业形象广告定位研究 ····································· 80
三十、政府的效率 ··· 83

三十一、兰州清汤牛肉面 ·· 87
三十二、又到粽子飘香时 ·· 89
三十三、中原茶俗趣谈 ··· 92
三十四、葡萄的种植及种类 ··· 94
三十五、酒的香气 ··· 97

三十六、足球机器人——未来的世界杯盟主 ···················· 100
三十七、"她"世纪的体育 ··· 102
三十八、人类的极限 ·· 106
三十九、古格王朝遗址 ··· 108
四十、杭州和上海 ··· 111

四十一、人类思维与"生物"计算机 ································ 114
四十二、为何只有人类的头发长个没完 ··························· 117
四十三、美貌的力量 ·· 120
四十四、爱你只有30个月 ··· 122
四十五、研究人员发现"快乐秘方" ································ 125

四十六、吼出来的健康 ··· 128
四十七、职业枯竭逐渐成为"流行病" ······························ 131
四十八、社交恐惧症：父母是主要原因 ··························· 134
四十九、行为心理学对幼儿孤独症的治疗 ······················· 136
五十、论赏识教育 ··· 139

五十一、保护地球的"肾"——湿地 ································· 142
五十二、全球正在走向土地沙漠化 ································· 145
五十三、云贵高原湖泊生态系统脆弱 ····························· 148
五十四、让竹子拯救地球 ··· 151
五十五、大西洋下藏第八大洲？ ···································· 153

五十六、氧气是哺乳动物统治地球的关键 ······················· 156

五十七、万年前长毛象可能复活 ………………………………… 159

五十八、"埃狼"遭遇狂犬病 …………………………………… 162

五十九、普氏原羚：濒危的高原精灵 …………………………… 164

六十、小海龟为何在呵护中逝去 ………………………………… 167

六十一、鸟鸣声声何处来 ………………………………………… 170

六十二、国宝大熊猫 ……………………………………………… 173

六十三、裸鳃类软体动物——海兔 ……………………………… 176

六十四、蜗牛 ……………………………………………………… 179

六十五、春蚕吐丝 ………………………………………………… 181

六十六、沙漠人家 ………………………………………………… 184

六十七、食掌莺怎样灭绝了自己 ………………………………… 187

六十八、好人？坏人？ …………………………………………… 190

六十九、第一场胜利 ……………………………………………… 193

七十、百万富翁培训班 …………………………………………… 196

七十一、在人和树木中间 ………………………………………… 199

七十二、金钱的阴谋 ……………………………………………… 202

七十三、懒惰的智慧 ……………………………………………… 204

七十四、致命真相 ………………………………………………… 207

七十五、驾驭好欲望这匹野马 …………………………………… 210

七十六、《靠近你　温暖我》剧情介绍 ………………………… 213

七十七、评阎连科长篇新作《受活》 …………………………… 216

七十八、论"言之无物" …………………………………………… 218

七十九、晋商起源于盐 …………………………………………… 221

八十、鲲鹏展翅逍遥游——庄周 ………………………………… 224

参考答案 ………………………………………………………… 228

一、114 岁老人膝下有 230 多个子孙　拿红包要排队

（本报讯）这几天，永嘉的陈爱香老人总是乐呵呵的。从大年初一开始，子孙们就陆续从各地赶来，给她老人家拜年了。

老人今年 114 岁，是我省第一寿星，膝下有 230 多个子孙。老人家年纪大了，每年最开心的时候就是过年，那种儿孙绕膝、团团圆圆的感觉最温馨了。

子孙轮流给老人敬茶

"祝您新年快乐，活到千岁！"

大年初二，在永嘉县张溪乡张溪村的陈爱香老人家里，欢声笑语塞满了整个屋子。

中午 11 点多，老寿星端坐在堂前，重外孙张毅双手捧着一杯茶，递上前去。老人笑得眯缝着眼睛，接过杯子，又把一大捧长寿饼塞到重外孙手里。

堂屋里总共有 20 多个人，排着队给老人敬茶，就像在拍电影一样。他们都是老人的子孙，是从不同的地方赶来给老人拜年的。最年长的是老人的大女儿，已经 91 岁了，最小的是第六代，去年才出生，还由妈妈抱在怀里。

敬完茶，该吃饭了。但人太多，屋子里摆不下，只好连屋外也摆上了。老人心情好，喝了点儿酒，一边吃着，一边和子孙们聊家常。老人说起了自己给隐蔽在张溪乡的地下党员们送过饭、洗过衣服的光荣往事，小孩子们围在旁边，津津有味地听着。

因暴风雪的原因，在江西等地没能回家的子孙昨天也纷纷打来电话，给老人拜年。

大家多见见面以增进感情

前天来拜年的子孙算是少的了。根据老人的安排，大多数儿孙将在大年初五那天来拜年，因为那天是老人二女儿的 80 大寿。到时大家都聚在一起，喜上加喜。

老人这样做是有道理的。230 多个子孙中，只有 100 多个在本村。子孙们多了，要聚在一起可不容易，长时间不见面又容易疏远。老人就想，趁着大家给自己拜年的时候，给子孙们创造一个增进感情的机会。

重外孙张毅平时在老家待的时间不多，有好些亲戚他都不认识。因此每年上老人那儿拜年，他都不缺席，而且总能见到几个以前没见过的亲戚。他说，初五那天，他准备和父母一起去，"自己的亲戚都不认识，多不应该啊！所以大家要尽量多聚聚。"

这是个和谐的大家庭

张溪村位于楠溪江畔，风景秀丽，民风淳朴，给人以世外桃源的感觉。陈爱香老人在这里度过了 100 多年。

当年怕母亲年纪大了没人照料，3 个女儿都主动嫁在了本村。在子女们的悉心照料下，老人如今依然身体硬朗，除了耳朵有点儿背，其他什么毛病都没有。

老人怕给家里人添麻烦，平时很少出门。她还老抢着干活儿，在 104 岁之前，衣服都是自己洗的。

"我每天都会去看看母亲，帮母亲做点儿事。但每次阻力还不小，母亲要自己干活儿，

嫂子说什么也不让我帮,说婆婆这么长寿,是全家的福气,她有义务照顾好婆婆。"91岁的大女儿滕月英说。

如今老人睡眠规律,食量也不错,一日三餐,吃饭能吃一小碗,偶尔还要喝点儿自家酿的老酒。

4个子女虽然都已年逾古稀,但身体也都挺棒的。大儿子如今还种地,能挑一百多斤的担子。

(1108字)

(选自:《都市快报》 作者:陈翔 等 有改动)

练 习

一、根据课文内容,选择正确答案

    1. 张毅在陈爱香老人的后代中属于
       A. 第二代   B. 第三代
       C. 第四代   D. 第五代

    2. 大年初二,陈爱香老人家里
       A. 气氛非常热闹   B. 在拍一场电影
       C. 第6代孙子刚刚出生了   D. 20多个人和老人一起喝茶

    3. 为什么老人让子孙都来拜年?
       A. 每年她最开心的只有过年   B. 为了让子孙多见面增进感情
       C. 为了大家都聚在一起喜上加喜   D. 喜欢儿女绕膝全家团圆的感觉

    4. 老人现在
       A. 身体有些问题了   B. 衣服都是自己洗
       C. 听力有些不太好了   D. 需要孩子们精心照顾了

    5. 关于老人的家庭,下面哪种说法正确?
       A. 大家都住在一起   B. 总共有230多个孙子
       C. 亲戚之间感情都很好   D. 是一个和谐长寿的家庭

二、根据课文内容,判断正误

    1. 大年初一这天,老人的身边围绕着230多个子孙。   ( )
    2. 老人很喜欢给孩子们讲自己过去的故事。   ( )
    3. 在江西的子孙不想回家,只是通过电话给老人拜了个年。   ( )
    4. 张毅不常去老人那里拜年,所以好些亲戚他都不认识。   ( )
    5. 老人的4个子女都70多岁了。   ( )

三、选词填空

　　A. 欢声笑语　　B. 津津有味　　C. 喜上加喜　　D. 世外桃源

1. 当其他志愿者_____地吃着美味的午餐时，餐饮志愿者还在忙着分发饭菜。
2. 敬老院一改往日的冷清，到处充满了_____。
3. 两个节日合在一起真是_____。正因为如此，市民们探亲、出游、购物，有了别样的温馨，也有了更值得解读的内涵。
4. 一年一度的重阳节登高活动在一片_____中落下了帷幕。
5. 来长岛游玩的人都觉得这里土地肥沃，风景优美，人们安居乐业，简直就是_____。

四、简答题

1. 为什么大多数儿孙将在大年初五来拜年？
　　答：_____。
2. 张溪村是一个什么样的地方？
　　答：_____。
3. 老人的大儿子现在怎么样？
　　答：_____。

五、回答问题

1. 介绍一下陈爱香老人家拜年的仪式。
2. 为什么大女儿觉得帮母亲做事会有阻力？
3. 介绍一下陈爱香老人现在的状况。

二、创新家庭养老模式

　　目前，中国已进入老龄化社会，"老有所养"正成为社会关注的焦点。随着"421"型家庭（一对夫妻、4个老人、1个小孩儿）的增多，家庭养老这一传统养老方式将随家庭结构的变化逐步向社会养老过渡，但并不意味着家庭养老退出历史舞台。

　　根据国情和传统，今后一段时期，无论城市还是农村，仍需要保持家庭养老这种方式。因为，从城市来说，目前还没有做到每个老人都能享受社会养老保险，即便是能够领取养老金的离退休人员，也常担心生活会受到物价上涨的冲击，完全离开家庭势必影响晚年生活质量。至于农村，社会养老保险尚未起步，个人养老保险能力明显不足，对家庭养老的依赖性远远大于城市。更重要的是，对老人来说，生活在熟悉的住所或社区里，保持原有的生活方式和人际关系，既符合心理需求，又利于身体健康。

社会在经济上向老人提供援助比较容易，但要从生活上、精神上帮助则存在着操作上的困难，许多老年人仍希望能依靠家庭养老度过晚年。随着现代生活节奏的加快，子女对老人照料时间愈加有限，即使选择居家养老的老年人也不得不把各种需求的满足从家庭转向社会和社区，尤其是在生活照料、日常保健、心理诉求和疾病护理等方面。因此，"居家养老"中的"家"不一定是子女或家属的家，可以是老人所在社区里的老年服务设施。老人住在这样的家里，既可与社区及不同年龄层次人员接触、交流，又可在熟悉的环境中接受医疗、护理等专业服务，同时还为更多的社区成员关心参与养老公益活动创造了条件。

在现阶段的中国，越来越多的年轻人正离开老人到外地工作，使得待在家里的老年人虽然经济上不愁供养，但在生活上无人照料、精神上无人慰藉。这就需要通过家庭养老与社会养老的有机结合，实现对传统家庭养老模式的创新。具体而言，城市应在政府、社会、家庭和个人之间形成合力，建立并完善"以家庭养老为基础、以社会养老为依托、以社区养老为网络"的居家养老新模式；农村则应针对社会养老程度偏低的现状，建立"村民互助、协议养老"的居家养老新模式。

（822字）

（选自：《人民日报·华南新闻》 作者：史顺兴 有改动）

练 习

一、根据课文内容，选择正确答案

1. 本文讨论家庭养老的大背景是

    A. 中国进入了老龄化社会

    B. 中国出现了"421"型家庭

    C. 家庭养老已经成为一种历史

    D. 中国的家庭结构正在迅速变化

2. 从课文第二段中我们可以知道

    A. 农村人更喜欢家庭养老制度

    B. 城市的老人都能够领取养老金

    C. 在农村目前社会养老保险制度还没有开始实行

    D. 因为社会养老不如家庭养老，所以目前社会养老保险还没有推广

3. 社会养老很难做到的是

    A. 给老人提供一个熟悉的家庭环境

    B. 给城乡的老人提供均等的养老保险

    C. 避免物价上涨给老人生活带来的冲击

    D. 从生活上照顾老人，精神上满足老人需求

4. 在现阶段的中国，
   A. 很多年轻人无法照顾父母
   B. 很多老人在发愁谁来养活自己
   C. 越来越多的年轻人不愿赡养老人
   D. 越来越多的老人不得不依靠社区来养老
5. 本文主要探讨
   A. 怎样完善社会养老保险   B. 家庭怎样更好地照顾老人
   C. 政府应该采取怎样的养老政策   D. 家庭养老怎样与社会养老相结合

二、根据课文内容，判断正误
   1. 家庭养老这种方式在中国还是一种非常重要的方式。   （　　）
   2. 在熟悉的地方和熟悉的人生活在一起对老人的身心健康大有好处。   （　　）
   3. 由于现代生活的快节奏，子女照顾父母的时间越来越少。   （　　）
   4. 随着社会的发展，越来越多的老人遇到了经济的困难。   （　　）
   5. 作者提出的养老新模式特别强调了政府的力量。   （　　）

三、近义词选择填空
   A. 创新   B. 创造   C. 创办
1. 奥巴马当天指出，公共和私营部门必须找到更多的途径来_____就业机会。
2. 现在应该把主要的注意力转向加快_____，尽快实现产业升级和整个增长模式的转型。
3. 5月30日上午，由农民企业家陈中兴投资_____的宁波华夏现代农业研究所正式挂牌成立。

   D. 设施   E. 设备
4. 未来几年内，北京市将投资7.6亿多元用于动物防疫体系基础_____建设。
5. 国家发展和改革委员会官员近日发出警告："风力发电_____和（作为太阳能电池原料的）多晶硅的产能已经出现较严重的过剩。"

   F. 照料   G. 照顾
6. 考生在高考报名前已经取得的政策性_____项目在网上预报名时必须填写。
7. 多年来，丽珍含辛茹苦、细心_____体弱多病的公婆，从无怨言和倦意。她的孝心、贤慧，深受夫家人和邻居的好评和赞赏。

   H. 援助   I. 支援
8. 很多网友在积极呼吁尽快组织救援队为地震灾民提供_____，而更多的人在为灾区人民祈祷。
9. 近年来，天津市给予西藏昌都地区大力_____，截至目前，天津已分5批派遣援藏干部167名。

J. 冲击   K. 打击

10. 当时雷曼兄弟倒闭引发的金融海啸_____全球，大批富人财富缩水，国际投资银行也不断裁员。
11. 余丽遭受婚变_____，痛苦不堪。她背起了行囊远离家乡，开始了她的打工生涯。

L. 完善   M. 改善

12. 长江三峡蓄水不是导致干旱的主要原因，相反，它还有助于_____长江最枯季节中下游地区的用水条件。
13. 这次改革对考试制度又作了进一步调整_____，主要是基于四个方面的考虑。

四、简答题

1. 什么是"421"型家庭？
   答：_____。
2. "居家养老"中的"家"是指什么？
   答：_____。
3. 在农村，理想的居家养老模式是什么？
   答：_____。

五、回答问题

1. 养老方式在中国出现了什么变化？
2. 家庭养老有哪些好处？
3. 作者提出了怎样的养老新模式？

三、祖上冒犯皇帝名讳被迫姓苟　几经周折成功改姓

（本报商洛讯）祖上本来姓"敬"，却因为犯了皇帝的名讳而被迫改为姓"苟"。如今他们几经周折终于找回了自己的原姓，560人先后通过公安机关成功将"苟"姓改为"敬"姓。这是记者昨日从商洛市公安机关了解到的一起集中改姓事件。

祖上冒犯皇帝名讳被迫改姓

据商洛市疾控中心敬百善讲：他在商州区沙河子镇石门沟村，从小就听老人们说他们的"苟"氏"敬宗堂"族世代就流传着"祖先原姓'敬'，因某代朝廷中一'敬'姓大臣犯皇帝名讳，为避免满门抄斩保留'敬'姓血脉，忍辱改'敬'姓为'苟'姓"之说。因"苟"和"狗"同音，后人常遭人戏谑备感尴尬。81岁的父亲苟志仁曾经提倡村民改姓；一些苟姓村民也打算改姓；自己的哥哥苟英贤1975年在沙河子中学教书时，就曾经用

"敬"姓一年多时间,但到年终报销有关费用时遇到了难题,没有办法只好又用"苟"姓;而自己的子女在上学时,都嫌"苟"姓不好听,曾经改用妻子的姓,但后来由于其他原因又用"苟"姓。

2005年8月,敬百善偶然从媒体上得知河南省有一部分"苟"姓居民集体恢复"敬"姓后,他便产生了改回祖姓的想法。他与同姓族兄当即回到石门沟村召开了五代族人会议,并商议决定联名申请改姓。

几经周折560多人成功改姓

2005年9月,商州公安分局接到544名"苟"姓人的联名申请,要求改回祖姓"敬"。接到申请后,分局领导非常重视,户政股教导员卢煜等带领几名民警到沙河子镇石门沟村详细调查,发现沙河子镇石门沟村里建有一座"敬宗堂"祠堂,是"苟"姓宗族世代聚集纪念祖宗的活动场所,据记载,生长在这里的"苟"姓村民已繁衍生息了18代人,姓"苟"的宗族有500多人。随后,卢煜带领户籍民警赶赴河南、山西等地进行实地调查。返回后,准许他们弃"苟"姓改"敬"姓的申请,以"敬"姓确立户籍。

2005年11月21日,苟百善从那天开始,将不再姓"苟",而是改姓"敬"。随后,其家人也将在今后的日子逐渐恢复"敬"姓姓氏。随后,村里的"苟"姓村民纷纷申请要求改姓,300多名居民实现了更改"敬"姓的愿望。看到商州"苟"姓居民成功改姓,山阳县户垣镇竹洼等村的居民也纷纷申请要求改姓。

昨日,记者了解到,在各级公安部门的帮助下,截至目前,商洛"苟"姓成功改"敬"姓的居民已经达到560多人,另有300余"苟"姓居民正在申请办理改"敬"姓当中。

(917字)

(选自:《三秦都市报》 作者:冀晖、郑博斐 有改动)

一、根据课文内容,选择正确答案

1. 本文是
   A. 一篇小说　　　　　　　B. 一篇报道
   C. 一个历史传说　　　　　D. 一个传奇故事

2. 从课文中我们可以知道,改姓需要
   A. 先联名申请　　　　　　B. 通过公安机关
   C. 通过族人会议　　　　　D. 先找回自己的原姓

3. 苟姓村民想改姓的主要原因是
    A. 为了保留"敬"姓血脉
    B. "苟"和"狗"同音，很不好听
    C. 从小老人就告诉他们应该改回原姓
    D. 河南的一部分苟姓居民改成了敬姓

4. 他们改姓的过程
    A. 比较顺利　　　　　　B. 经历了几个月
    C. 花费了好几周　　　　D. 经历了很多麻烦

5. 从课文中我们可以了解到
    A. 苟姓村民共有800多人
    B. 苟姓都集中居住在商洛市
    C. 苟姓村民世世代代在为改回自己的原姓而努力
    D. 古代有因为姓和皇帝的名字相同而被迫改姓的现象

二、根据课文内容，判断正误
1. 敬百善的孩子有一段时间用的是妈妈的姓。（　）
2. "苟"和"狗"同音使苟姓人遭受了很多屈辱。（　）
3. 苟姓村民在石门沟村已经生活了18代了。（　）
4. 2005年11月21日，苟百善和他的家人成功地恢复了敬姓。（　）
5. 目前，苟姓村民已经全部改为敬姓。（　）

三、选词填空
　　A. 几经周折　　B. 繁衍生息　　C. 戏谑　　D. 尴尬　　E. 冒犯

1. 距今六七千年前，古代先民们就在这片土地上_____。
2. 这个场景，像是小学男生对女生的起哄，虽然不含恶意，但有些_____的味道。
3. 东北大豆加工企业在政策与市场之间陷入进退两难的_____境地。
4. 他热爱文字，想找份和文字相关的工作，_____之后，他终于如愿以偿，去了那家大型网站。
5. 当别人对你说一些轻视或_____的话语时，不要轻易发火，你首先要弄清楚他是不是有意的。
6. 丁超试着给这个号码打了电话，询问是不是失主的朋友，_____，终于联系到了失主周先生。
7. 以"解放区"命名卫生间是餐厅的一个得意之作，很多客人纷纷称奇，但也有人表示，这样使用一个很严肃的名词过于_____了。
8. 英国第一大零售商"乐购"（Tesco）15日向顾客道歉，因为其出售的圣诞卡片_____了长着红色头发的人。

四、简答题
1. 村民们的祖先最初由"敬"姓改为"苟"姓的原因是什么？
   答：_____。
2. "敬宗堂"是一个什么地方？
   答：_____。
3. 沙河子镇石门沟村有多少苟姓村民？
   答：_____。

五、回答问题
1. 找出能简要概括全文内容的三个句子。
2. 介绍一下石门沟村民为改姓所作过的尝试。
3. 商州公安分局接到改姓的申请后做了哪些工作？

四、取名字

"富人养骡马，穷人养娃娃。"家乡的人过去总这么说。所以，甭管家道多么贫，孩子多么多，都是爹娘心中的宝贝疙瘩。心啊，肉啊，爱得不行。其实也是，穷人中兴家道的希望、养老送终的寄托，除了孩子还能有什么呢？

有了孩子，便得有名字。原先说，有了孩子还愁起名？到真有孩子，名字还真叫人费一番脑子。就算是你后来每每呼叫起那些名来有多别扭，多不文明，那也是当初让父母花了不少心血的。

说起这起名字，便有许多学问，时下叫"文化"。我家乡早年有过一个晚清的秀才，专门给孩子起名。抱了一些黄卷，翻出一些雅字，所以那一带的孩子，名字让城里人看了，也觉不俗。据说我的名字就是他的作品。只是后来弄了文学，我嫌那名字有点儿迂，便将"书"改为"抒"，将"彦"改为"雁"。我认识的一些小伙伴叫"书俊"的、"书儒"的，似乎后来就一直在山乡叫老了。

但多数孩子的名字是父母起的，且那些年代多数父母都是文盲，所以，女孩子的名字除了花呀、草呀之外，就是琴呀、娥呀、淑呀、娟呀，男孩子的名字更是五花八门了。

归起类来，一种是希望孩子健健康康，平平安安，有吃有穿的。如柱子、满囤、保柱、平安、金寿、银寿……这种很常见，无多大特色。

另一种就是叫得随意，但是看似普通，倒是让人喜欢。如石头、铁蛋、羊子、牛娃……多是农家常见常用的。据说是越叫得随意，越不易丢失。

还有一种便是用了些很生僻的字，或者方言，给后来的老师造成了很多麻烦。父母原想名字随人叫，倒是没想到要写在纸上的。我认识一位叫"别子"的，觉得甚为别扭。一打听，原来他小时父母起的名字，"别"字其实就是"鳖"字。上学时，一报名，年轻的女教师傻眼了，不会写那个"鳖"字，便问："你弟兄几个？"答道："五个。"又问："你是老几？"又答："老四！"老师问："大哥叫什么名字？"答："大鳖子！""二哥呢？""二鳖子！""那么不用说老三叫三鳖子了！""不，叫鳖三！"

那时，他不懂老师为什么问这些，后来才知道，老师是想从那些名字中找个会写的字。一打听都离不了这个"鳖"字，最后一线希望是老五了，一问，更麻烦，叫"鳖鳖"。老师倒也机灵，一想算了算了，干脆写个别字，这个"别子"就生生伴他一世。

人常说，名字不过是一个人的符号，叫什么倒不重要，但是，有阵子家乡人也爱赶时髦，给孩子起了许多时尚名字，一个村子的人名排起来，老老少少，竟像一部时代的编年史，每个人都是一个里程碑。譬如解放、建国、水利、跃进、文革，等等。

近几年改革开放了，新的文化对家乡人有很大冲击，据说，孩子的名字也起得洋了，女孩子里也多了"妮妮"、"宁宁"、"婷婷"、"苹苹"之类。

(1064 字)

(选自：《名字的幽默》 作者：雷抒雁 有改动
来源：《答问》，中国工人出版社，2006 年 6 月版)

练 习

一、根据课文内容，选择正确答案

1. "富人养骡马，穷人养娃娃。"这句话要表达的含意是

   A. 孩子是穷人的希望　　　　B. 孩子越多家里越穷
   C. 穷人对孩子都非常溺爱　　D. 穷人比富人更喜欢孩子

2. 关于穷人家的孩子，下面哪种说法不正确？

   A. 不能过分溺爱　　　　　　B. 依靠他们养老送终
   C. 是家庭未来的希望　　　　D. 是父母心中最珍爱的

3. 作者以前的名字是

   A. 抒雁　　　　　　　　　　B. 书彦
   C. 书俊　　　　　　　　　　D. 书儒

4. "别子"这个故事是要说明

   A. 名字不能起得太随意　　　B. 名字的用字不能太生僻
   C. 一些教师的水平很差　　　D. 兄弟们的名字都是相互关联的

5. 近几年家乡人起名字有什么变化？
　　A. 变得很有文化了　　　　B. 都和历史事件有关系了
　　C. 孩子们的名字比较洋化了　D. 女孩儿的名字都变成了两个字

二、根据课文内容，判断正误
　1. 原先人们说，有了孩子最发愁的就是起名字。　　　　　　　　（　）
　2. 父母费了不少心思起的名字常常是很别扭的。　　　　　　　　（　）
　3. 作者以前的名字是家乡的一个读书人给起的。　　　　　　　　（　）
　4. 有一段时间家乡人喜欢用社会事件给孩子起名。　　　　　　　（　）
　5. 改革开放也影响到了孩子的名字。　　　　　　　　　　　　　（　）

三、猜测下面的名字最有可能代表的是男性还是女性
　1. 王长寿　（　　）　　　2. 李建国　（　　）
　3. 张淑琴　（　　）　　　4. 田　军　（　　）
　5. 马　玲　（　　）　　　6. 赵桂荣　（　　）
　7. 刘佳佳　（　　）　　　8. 孙　斌　（　　）
　9. 高海涛　（　　）　　　10. 石梅婷　（　　）

四、简答题
　1. 为什么作者要改掉他的名字？
　　　答：_____。
　2. 过去女孩子常用的名字都有什么？
　　　答：_____。
　3. 为什么说有一阵子家乡的老老少少"每个人都是一个里程碑"？
　　　答：_____。

五、回答问题
　1. 介绍一下过去男孩子名字的特点。
　2. 女教师为什么把那个学生的名字改成了"别子"？
　3. 时尚的名字有什么特点？

五、中国姓氏中的遗传密码

　　中国人初次见面时常会问："您贵姓？"得知彼此同姓后往往顿生亲近："我们五百年

前是一家。"17年来，中国科学院有一位学者从遗传学的角度对中国人的姓氏进行了数据统计和分析，结果发现，通过对姓氏的研究可以揭示人类基因的奥秘，特别是男性Y染色体的奥秘，并且，同姓者未必"五百年前是一家"。

2000年，中国科学院遗传研究所的群体遗传学家袁义达将宋、元、明、当代四个时期的100个常见姓氏的人口分布曲线绘出后兴奋不已。"这四条几乎重合的曲线说明，一千年来中国人的姓氏传递是连续和稳定的。"这是袁先生的成果，同时也是进一步研究的基础。

中国姓氏有史可查且可靠的记载，主要为秦汉以后的文献。五千年来，自伏羲氏时代开始，中国人的姓氏基本上都是依父系传递，姓氏的传递方式与人类男性Y染色体的遗传方式一样，都是以父传子的方式垂直传递。因此，群体遗传学家假定，姓氏为一种遗传性状，对应男性Y染色体上的一个等位基因，这就是"姓氏基因"。目前汉族使用的姓氏大约3500个，也就是说中国人Y染色体上的"姓氏基因"有3500多种等位基因。

"Y染色体是人类遗传过程中最稳定传递的染色体，而目前我们对它所知甚少。由于姓氏与Y染色体传递模式惊人相似，姓氏文化记录了中国人五千年父系社会的进化史，也记录了Y染色体近五千年的进化史。"袁义达说。尽管中国人也存在改姓的现象，但是这在整个中国人口中所占的比例很小，很大一部分在第二代时又恢复原来的姓氏。在多数情况下，改姓往往选择已有的大姓，因此改姓不会严重影响群体内姓氏的分布。

群体遗传学者整理出中国各地汉族人口的ABO血型分布情况，然后进行亲缘关系比较；再整理各地姓氏分布情况，进行亲缘关系排列。结果发现，前后二者是一致的。仅一百年历史的现代遗传学基因理论与中国文化的某种契合让袁义达先生颇为惊叹。

"因为人的生命长度有限，通过血型只能进行近一百年的群体遗传学研究。而姓氏可上溯至几千年前，这就极大地拓展了群体遗传学的研究空间。"袁义达举了一个例子：从某古墓地挖掘出了男性尸骨，死者的姓氏得到确认，若有与之同姓的当代人想知道自己是否是死者的后代，可以把从尸骨中提取的Y染色体基因与当代人的相对照，如果一致就可断定死者是祖先。"'姓氏基因'可以帮助中国人寻根问祖。"袁先生说，"两个同姓的人，如果经检测发现其Y染色体基因不一致，则说明其祖先不同，必然有一个是改了姓的。"

"有多少个姓氏，就可以断定至少有多少位祖先。"袁义达1997年出版的《中华姓氏大辞典》收录了中国古今姓氏11969个。前不久他接到香港佛陀协会的电话，该协会建立了"姓氏祠堂"，已经做好了11969个祖宗牌位等待全世界的华人来祭拜。袁义达说："中国人五千年来的姓氏总数肯定远远不止这个数。我们还在继续收集和整理，目前收录到的姓氏已经超过了22000个。"

(1126字)

(来源：http://www.postshow.net/2006/10/post_1043.php 有改动)

练 习

一、根据课文内容，选择正确答案

1. 袁先生的研究成果是
   A. 发现了同姓者五百年前必定是一家
   B. 对中国人的姓氏进行了数据统计和分析
   C. 揭示了人类基因，特别是男性 Y 染色体的奥秘
   D. 发现了一千年来中国人的姓氏传递是连续和稳定的

2. 遗传学家们研究姓氏的目的是
   A. 揭示人类基因的奥秘   B. 揭示姓氏遗传的方式
   C. 要确定中国人到底有多少位祖先   D. 发现姓氏文化所记录的社会进化史

3. 遗传学家研究姓氏的意义在于
   A. 可以帮助中国人寻根问祖
   B. 可以极大地拓展群体遗传学的研究空间
   C. 可以确定五千年来中国人到底有多少姓氏
   D. 发现现代遗传基因理论与中国文化之间的关系

4. 本文告诉我们，五千年来中国人的姓氏
   A. 大约有 3500 个   B. 多达 11969 个
   C. 共有 22000 个   D. 超过了 22000 个

5. 本文主要探讨的是
   A. 姓氏的遗传方式   B. 姓氏的起源问题
   C. 姓氏中所包含的群体遗传信息   D. 同姓者五百年前是否是一家人

二、根据课文内容，判断正误

1. 从秦汉时期以后，中国人的姓氏就有了可靠的书面记录。（   ）
2. 中国人的姓氏是通过男性 Y 染色体传递的。（   ）
3. 历史上中国人存在着任意改姓的现象。（   ）
4. 现代遗传学基因理论和中国文化在某些方面正好一致。（   ）
5. 香港佛陀协会建立了一个"姓氏祠堂"。（   ）

三、选词填空

　　A. 未必   B. 重合   C. 颇为   D. 契合   E. 上溯   F. 拓展

1. 网络广告一直都是门户网络媒体的主要收入来源之一，其广告效果已被认可，发展前景_____乐观。

2. 北京近日出炉的两份精品图书榜单有不少交叉_____之处，更有一些反差，"读"来很有意思。
3. 制片人选中叶璇出演杨玉瑶，除去她自身的精湛演技之外，叶璇身上所透出的极具古典气质的东方女性美与剧中人物杨玉瑶的完美_____，也是一个重要的原因。
4. 在多年的市场_____中，公司有过进入房地产市场的机会，但他们抵制住了冲动和眼前利益，稳健经营，坚持打造百年老店。
5. 主场作战一贯是足坛力争的一大优势，但事实上主场作战的结果_____就能够称心如意，达到主队的意愿。
6. 普通人群即便在健身房里挥汗如雨，也_____适宜喝运动饮料，其效果反而不如在家自制的淡盐水。
7. 品味红茶，泡法_____重要，既要控制冲泡的水温，也要掌握浸泡的时间。
8. 王老师建议考生多做"立意训练"，通过这种较简便的方式来_____思维，达到事半功倍的效果。
9. 当我们_____上海的百年春节历史后发现，春节也是社会发展变迁、时代集体情绪的一面镜子。

四、简答题

1. 袁义达先生进行了一项什么研究？
   答：_____。
2. 中国人姓氏传递的方式是什么？
   答：_____。
3. 什么是姓氏基因？
   答：_____。

五、回答问题

1. 专家们是怎样发现遗传学基因理论与中国文化的某种契合的？
2. 为什么说姓氏研究可以拓展群体遗传学的研究空间？
3. 你如何理解本文的题目？

六、舞蹈《千手观音》

舞蹈《千手观音》是聋哑女孩儿邰丽华领着20位聋哑演员排练出来的，她曾以表演舞蹈《雀之灵》被广大观众熟知，也是中国唯一登上两大世界顶级艺术殿堂——美国纽约卡内基音乐厅和意大利斯卡拉大剧院的舞蹈演员。

《千手观音》的编导是总政歌舞团团长张继钢。由于聋哑人听不到声音，而舞蹈又要求动作统一协调，所以在演出的现场，有四位艺术团的手语老师分别位于舞台四角用手语指挥聋哑人演出。聋哑演员们虽然听不到音乐，但是手语老师就是她们的耳朵。在手语的提示下，她们随着音乐的节奏翩翩起舞，将舞蹈的意境演绎得美轮美奂。

　　2004年9月，在雅典残疾人奥运会的闭幕式上，《千手观音》一舞世界惊。该节目正式收到参加春节联欢晚会演出的邀请是1个月前，时间很短，为了保持好的演出状态，这些聋哑演员每天都要早起跑步。很多演员刚从南方回来，在瑟瑟的寒风中脸吹得生疼。她们克服重重困难，每天都从早上排练到深夜。

　　在中国残疾人艺术团，聋哑女演员邰丽华绝对是个"大腕"，她是《千手观音》的领舞。如果说《千手观音》是昨晚春晚的一个高潮，邰丽华绝对称得上是高潮的"灵魂"。

　　邰丽华来自湖北宜昌，两岁时因高烧注射链霉素失去了听力。此后，她虽然生活在无声的世界里，自己却茫然不知。直到5岁，幼儿园的小朋友轮流蒙着眼睛，玩儿辨别声音的游戏，她才意识到自己和别人不一样。7岁时，邰丽华进入聋哑小学。学校有一门特殊的课程叫律动课，老师踏响木地板上的象脚鼓，把震动传达给学生。嘭，嘭，嘭，有节奏的震动通过双脚传遍小丽华的全身。邰丽华说，一刹那，她震颤了——一种从来没有过的幸福体验撞击着她的心。她趴在地板上，用整个身体去感受这最美妙的声音！从此，舞蹈成了她看得见的彩色音乐，也成为她表达内心世界的美丽语言。

　　邰丽华15岁才开始正规的舞蹈训练，由于听不到音乐，只能靠教练的手势和自己的感觉去跳。训练中，身上经常是青一块紫一块的。1994年，邰丽华考上了湖北美术学院学习装潢设计。她听不见老师讲课，就坐在第一排用眼睛看，看老师的口型和板书，课后又借同学的笔记抄写领会。她不仅以优异的成绩拿到美术专业的学位，还获得了文学学士学位，设计的酒类包装还在湖北得过奖。

　　迄今，邰丽华已到30多个国家演出过。前年，她和一位电脑工程师组成了幸福的家庭。邰丽华说，虽然她失去了听力很不方便，但她拥有了艺术，舞蹈就是她和外界沟通的语言。

（954字）

（选自：《成都商报》　作者：宋红、周帅　有改动）

练　习

一、根据课文内容，选择正确答案

　　1. 舞蹈《千手观音》

　　　　A. 演员都是聋哑人　　　　　　B. 是中国顶级的舞蹈艺术

　　　　C. 有部分美国和意大利舞蹈演员　　D. 曾在世界最好的音乐厅和剧院演出

2. 《千手观音》的演出
   A. 是由团长张继钢带领的　　　　B. 主要依靠音乐的节奏
   C. 是通过手语来统一协调的　　　D. 对她们的听力有些帮助
3. "邰丽华绝对称得上是高潮的'灵魂'"这句话的意思是
   A. 她带领晚会进入高潮　　　　　B. 高潮的时候只有她一个人独舞
   C. 她的表演是最出色的　　　　　D. 《千手观音》完全表达了她的内心世界
4. 邰丽华爱上舞蹈是因为
   A. 舞蹈是一种彩色的音乐　　　　B. 节奏给了她极大的幸福体验
   C. 她意识到了自己和别人不一样　D. 学校里开设了一门特殊的课程
5. 关于邰丽华，下面哪种说法不正确？
   A. 她是舞蹈演员　　　　　　　　B. 她是美术设计师
   C. 她是文学学士　　　　　　　　D. 她是电脑工程师

二、根据课文内容，判断正误

1. 邰丽华是以领舞《千手观音》而成名的。　　　　　　　　　　　　（　）
2. 《千手观音》在雅典残疾人奥运会闭幕式上的表演获得了极大的成功。（　）
3. 邰丽华是中国残疾人艺术团最重要的演员之一。　　　　　　　　　（　）
4. 5岁时，邰丽华才知道自己听不见声音。　　　　　　　　　　　　（　）
5. 前年，邰丽华结婚了。　　　　　　　　　　　　　　　　　　　　（　）

三、选词填空

A. 翩翩起舞　　B. 美轮美奂　　C. 茫然不知　　D. 青一块紫一块

1. 江西景德镇烧制的青花瓷器散发出的_____的艺术魅力，受到了有眼光的收藏家的关注和追捧。
2. 古朴典雅的园林，清幽曼妙的乐曲，_____的灯光，"五一"期间游人的纷至沓来，让古老的溶洞焕发出了新生的魅力。
3. 昨天是"母亲节"。8日上午，越西新村剑桥第二幼儿园的一群小朋友，在老师的带领下_____，向妈妈们表达爱心和祝福。
4. 当问及国家对返乡农民工的相关优惠政策和补贴时，很多农民工都_____。
5. "我身上经常被打得_____，但还是不敢吭声。"小兰颤抖着说。
6. 在第一个节目《和谐欢歌》表演中，56个民族的舞者踏着舞步，以中华民族共同的热情，层层出现在舞台上_____，欢迎世界各地宾客的到来。
7. 许多患者得了慢性肺炎也_____，往往错过了最佳治疗时机，导致病情一再贻误。

四、简答题

1. 两大世界顶级艺术殿堂是指哪里？

答：＿＿＿＿＿＿＿＿＿＿＿＿＿＿＿＿＿＿。

2. 本文提到了《千手观音》的几次演出？分别是在哪里演出的？

答：＿＿＿＿＿＿＿＿＿＿＿＿＿＿＿＿＿＿。

3. 什么是律动课？

答：＿＿＿＿＿＿＿＿＿＿＿＿＿＿＿＿＿＿。

五、回答问题

1. 聋哑人是怎样表演舞蹈的？
2. 在大学里，邰丽华是怎样学习的？
3. 介绍一下邰丽华的经历。

七、白发昆曲　青春登场

2007年5月11日，白先勇携他的青春版《牡丹亭》在北京北展剧场进行第100场的演出。在此之前，青春版《牡丹亭》已经在全世界演了99场，引来了无数年轻人的追捧，创造了戏剧世界的一个奇迹。

昆曲发源于江苏昆山，被称为"百戏之祖，百戏之师"，从产生到现在，已经整整600年。许许多多的地方剧种，都受到过昆剧艺术多方面的哺育和滋养。600年来，昆曲从繁荣到没落，几乎遭遇绝种的命运。

作为中国古典艺术的代表，昆曲自有它骄傲的地方，美丽的吴侬软语和纷繁复杂的音律曾经让无数人心动不已。在它诞生之后的几百年里，无数的文人才子为它倾倒终生，一大批在中国文学史上赫赫有名的人物都和它有剪不断的关系。

不过这样的辉煌并没有坚持到底。晚清以降，大时代的变革改变了整个民族的艺术环境，没有人能够再静下心来去欣赏一段纯粹的音乐和诗词。吴侬软语成了颓废和消极的代名词，何况大多数人也听不懂，繁复的音律使人们懒于花太多的精力去学习和钻研。昆曲没落的原因，正好是它辉煌的原因。

2001年5月18日，联合国教科文组织在巴黎宣布第一批"人类口头和非物质遗产代表作"的名单，共有19个申报项目入选，昆曲是其中之一。不过很明显的是，文化遗产的名头并没有激起更多人对于昆曲的兴趣，昆曲仍旧是高山流水，举世滔滔，和者无人。

2004年4月，由白先勇主持制作，两岸三地艺术家携手打造的"青春版"昆曲《牡丹亭》开始在世界巡演，第一站是北京。这一次的演出并不普通，因为它的制作者们给了它一个全新的面目，完成了从"美丽的古典"到"青春的现代"的转变。

改变的是姿态。第一个就是演员，昆曲艺术家们大都已经垂垂老矣，尽管他们演技精湛，尽管他们技术高超，可是他们却不够青春，他们不是《牡丹亭》需要的演员，因为《牡丹亭》归根结底讲的是年轻人的爱恨情仇。因此，它的第一个事情就是要寻找年轻的演员，因为他们有飞扬的青春，有俊丽的体貌。然后就是服装、道具、舞台、灯光，等等，白先勇他们的目标观众是大学生，他们的戏要走进校园，要把年轻的观众们都拉回剧场。

没有改变的是内容。青春版《牡丹亭》的剧本是由汤显祖的原作脱胎而来的，剧本完全是删而不改，五十五折的原本被浓缩成了二十八折，三天连台演完。据这部戏的一位编剧说，虽然删减了原本的很多情节，但在唱词上却是全部用的汤显祖的原文，因为它本身已经足够完美，不必去改，也无人能改。所以这样一场戏就成了一股现代社会里的古典风潮。

从2004年北京的第一场开始，《牡丹亭》已经演出了整整100场，演出的范围是全世界。记录显示，青春版《牡丹亭》在海外巡演的时间里，最少有超过10万的观众看过了演出。而在国内，这个数字要翻几倍。调查显示，在青春版《牡丹亭》的数十万观众里，70％以上都是年轻人，在看电影、听流行音乐之外，年轻人的品位并不是许多人批评的那么不堪。这至少说明，年轻人喜欢的并不仅仅是快餐，同样也喜欢一切好看的艺术，只是社会给予年轻人这样的东西太少而已。

很显然，在600年后，这一出《牡丹亭》再次以青春的姿态登上了舞台，虽然还没有重现它当初的辉煌，但至少它已经引起了人们的注意。一个几乎绝迹的文化遗产，或许会重新焕发出属于它自己的青春。

(1274字)

（选自：http://www.sina.com.cn　华夏时报　有改动）

练 习

一、根据课文内容，选择正确答案

1. 第一段中"戏剧世界的一个奇迹"是指

    A.《牡丹亭》在北京北展剧场的演出

    B. 昆曲能成为"百戏之祖，百戏之师"

    C. 昆曲从产生到现在，已经整整600年

    D.《牡丹亭》能在全世界演出100场并受到年轻人欢迎

2. 关于昆曲，下面哪种说法正确？

    A. 再次开始辉煌　　　　　　　　B. 昆曲产生于清朝晚期

    C. 历史上很多文人都喜欢昆曲　　D. 现在更多的人对昆曲产生了兴趣

3. 白先勇的《牡丹亭》最大的改变是
   A. 让戏剧走进校园　　　　　　B. 起用了一批年轻演员
   C. 目标观众定为大学生　　　　D. 起用了演技精湛的演员
4. 青春版《牡丹亭》完全没有改变的是
   A. 剧本　　　　　　　　　　　B. 唱词
   C. 情节　　　　　　　　　　　D. 演出长度
5. 青春版《牡丹亭》的成功说明
   A. 昆曲开始重新焕发青春　　　B. 年轻人是很喜欢看昆曲的
   C. 年轻人的艺术品位确实很高　D. 古老的艺术只要好看也会受欢迎

二、根据课文内容，判断正误
1. 很多年轻人追随着《牡丹亭》的演出去了世界上很多地方。（　）
2. 昆曲是用南方方言演唱的。（　）
3. 昆曲从清朝晚期以后就开始渐渐不受欢迎了。（　）
4. 青春版《牡丹亭》是由大陆、台湾、香港的艺术家一起创作的。（　）
5. 在中国，有10多万人看过青春版《牡丹亭》。（　）

三、选词填空

A. 追捧　　B. 滋养　　C. 没落　　D. 打造　　E. 赫赫有名

1. 集巴黎的奢华、米兰的典雅、伦敦的经典和纽约的简约风格于一身的就是_____的香港铜锣湾了。
2. 湿地是_____生命的摇篮，是孕育文明的源泉。
3. 美籍华裔球员、前美网冠军张德培最受中国球迷_____。
4. 舞台上的每一个光鲜亮丽、个性鲜明的人物造型，其背后都经过造型师的精心_____。
5. 世界的变迁总是从一个朝代过渡到另一个朝代，而市场的变迁则是从一次崛起到一次_____。
6. 目前，医院在实现了全部科室无烟化的同时，还积极鼓励吸烟的医生戒烟，从而_____真正的"无烟科室"。
7. 在大清的开国史上，有八位_____的王爷，他们不仅是皇帝的嫡系子孙，而且都曾对清朝开基创业或统一全国立有大功。
8. 随着人们生活水平的提高，原本是出行主力的自行车也开始_____了。

四、简答题
1. 为什么昆曲被称为"百戏之祖，百戏之师"？
   答：_____。

2. 昆曲辉煌和没落的原因是什么？

    答：_____。

3. 青春版《牡丹亭》第一次在北京演出的意义是什么？

    答：_____。

五、回答问题

1. 介绍一下青春版《牡丹亭》的演出情况。
2. 介绍一下昆曲这种艺术。
3. 青春版《牡丹亭》有哪些特点？

八、麻将的乐趣

有华人的地方就有麻将。在这项超级普及的运动中，论技艺精湛，随便哪条大街上的人群中都极有可能藏龙卧虎。

有网站做调查曰"你认为中国的第一运动是什么"，麻将竟然出人意料地击败"名门正派"如足球、乒乓球、等等，得票遥遥领先。不必板起面孔再分析什么原因，麻将自有其不可抗拒的魅力。子曰："饱食终日，无所用心，难矣哉！不有博弈者乎，为之犹贤乎！"[1] 注梁启超说："唯有打麻将可以忘记读书，唯有读书可以忘记打麻将。"胡适则认为："从各国对游戏的特殊爱好来看，可以说英国的国戏是板球，美国的国戏是棒球，日本的国戏是相扑。中国呢？中国的国戏是麻将。"柏杨说："对一个人个性和品格的观察，仅从表面上不容易得到结论，但若请他打个小牌，便很容易看得明明白白。"厉以宁说："西方人做生意，就像是打桥牌，要先找好合作对象，然后全力攻击对手；日本人做生意，就像是下围棋，可以损一些角落，但一定要占住大局；中国人做生意，就像是打麻将，专心看着别家，死命盯住下家，谁也别想占他便宜。"

麻将牌，又称麻雀牌，已经有三千多年历史了。它是由明末盛行的马吊牌、纸牌发展演变而来的。而马吊牌、纸牌等娱乐游戏，又都与历史上最古老的娱乐游戏——博戏有着千丝万缕的"血缘"关系。现在流行的棋、牌等博弈戏娱，无不是在博戏的基础上发展、派生、演变而来的。据《史记》和其他有关文字的记载，博戏的产生至少在殷纣王之前。这么悠久的历史，也难怪麻将在中国各地处处开花了。无论城乡，逢过节、周末，老老少少合家团聚，打几圈儿麻将，成了最普通不过的休闲活动。

尽管中国各处都有麻将之景，然而遇到成都，也都只好老实承认小巫见大巫了。那一城麻将众生使成都给人的听觉印象的确与众不同，麻将牌声简直成了萦绕耳边挥之不去的动静。

饭馆茶馆打牌当然已经是约定俗成。夸张的是，走在大街上，一辆大卡车停在路边，上面竟然也会有四个人怡然打着麻将，心无旁骛。早春时节，成都人相约去踏青：早上一起出发至郊外爬山，至午间，通常是一顿简朴但丰盛的"农家菜"，此后才算切入"正题"——找一个风景不错的地方支起麻将桌,开始"砌墙",成都人管这个叫"风景麻将"。若是正值桃花烂漫,那景观更是大有看头——几乎每棵桃树下都会有一张麻将桌,落英缤纷之中切磋技艺,岁月就这样颇具诗意地悄悄溜走。此种意境恐怕能与昔日文人墨客"流杯亭"中畅饮相较。

一个流传了3000多年的游戏到底有多少魅力呢?个中滋味,当然需要高手们慢慢去品味,不过能在闲暇时刻噼里啪啦打上几圈,能和家人好友共享天伦,能在游戏中体味到战斗的快乐,这番趣味,可是只有麻将能给予诸位。

(1043字)

(来源:中体传媒 南方网 有改动)

注释:

1. 孔子说:"整天吃得饱饱的,一点儿也不肯动脑筋,这样的人可真是无聊啊!不是有下棋之类的游戏吗?玩儿玩儿这些,也比一点儿不动脑筋好啊。"

练 习

一、根据课文内容,选择正确答案

1. 在网站的一项调查中,多数中国人认为中国的第一运动是
   A. 围棋　　　　　　　　　B. 足球
   C. 麻将　　　　　　　　　D. 乒乓球

2. 厉以宁先生的这段话主要告诉我们
   A. 西方和东方流行的运动不一样
   B. 桥牌、围棋、麻将的打法不一样
   C. 中国人做生意比其他国家的人做得更好
   D. 西方人、日本人和中国人做生意的方式不同

3. 麻将的另一个名字是
   A. 纸牌　　　　　　　　　B. 博戏
   C. 马吊牌　　　　　　　　D. 麻雀牌

4. 在成都,关于麻将的最大特点是
   A. 打麻将的声音特别大　　B. 到处都有打麻将的
   C. 饭馆茶馆都可以打麻将　D. 发明了一种新的麻将

5. 春天成都人去郊外玩儿,最重要的事情是
   A. 一起爬山　　　　　　　B. 吃一顿"农家菜"
   C. 欣赏打麻将的风景　　　D. 找个风景好的地方打麻将

6. 关于麻将，本文作者的态度是
   A. 只有麻将才能让人共享天伦体味快乐
   B. 只有麻将打得很好的人才能品味出它的乐趣
   C. 打麻将既能享受团聚的乐趣又能感受战斗的快乐
   D. 打麻将浪费了大量宝贵的时间，让人们虚度时光

二、根据课文内容，判断正误
   1. 有中国人的地方就有玩儿麻将的高手。（ ）
   2. 麻将被认为是中国的第一运动出乎很多人的意料。（ ）
   3. 麻将与古老的博戏有着密切的难以割断的联系。（ ）
   4. 《史记》中就有如何打麻将的记载。（ ）
   5. 成都人已经习惯了在饭馆茶馆里打麻将。（ ）
   6. 在成都，到处都能听到打麻将的声音。（ ）
   7. 麻将是中国老百姓最喜爱的休闲活动。（ ）

三、将下列词语和它们的正确解释连起来
   1. 藏龙卧虎　　　A. 长期以来被人们共同认定而形成的习惯或名称
   2. 千丝万缕　　　B. 花儿开过后纷纷飘落的景象
   3. 小巫见大巫　　C. 形容专心致志，注意力非常集中
   4. 约定俗成　　　D. 形容水平或成绩远远高出其他人
   5. 心无旁骛　　　E. 相互之间联系密切复杂
   6. 落英缤纷　　　F. 互相比较，一个远远比不上另一个
   7. 遥遥领先　　　G. 形容隐藏着很多了不起的人物

四、简答题
   1. 柏杨说打麻将可以看明白什么？
      答：＿＿＿＿＿＿＿＿＿＿＿＿＿＿＿＿＿＿＿＿。
   2. 厉以宁认为中国人做生意的特点是什么？
      答：＿＿＿＿＿＿＿＿＿＿＿＿＿＿＿＿＿＿＿＿。
   3. 什么是"风景麻将"？
      答：＿＿＿＿＿＿＿＿＿＿＿＿＿＿＿＿＿＿＿＿。

五、回答问题
   1. 课文第二段引用了几个名人的话，想说明什么问题？
   2. 根据本文介绍一下麻将的历史。
   3. 作者认为中国人喜欢麻将的原因有哪些？

九、书法——中国美术之魂

任何民族文字的书写都会在使用过程中提出美化的要求,从而逐渐形成本民族的书法艺术,但是绝大部分民族的书法艺术都属于装饰艺术的范围,只有中国以及受汉民族文化影响较深的一些民族,才使书法超越了装饰阶段,成为一种富有抒情色彩的独立艺术,并且在本民族文化中取得重要地位。

中国书法是用毛笔书写汉字,并使其保持丰富表现力的艺术。它看似十分简易,仿佛凡会书写汉字的人都可以参与,能使用毛笔在宣纸上书写汉字,似乎就成了书法家。其实不然。书法作为一种艺术创作,是玄妙而艰深的。写汉字容易,真的走进书法艺术境界的书法家并不是很多的。

书法,是在洁白的纸上,靠毛笔运动的灵活多变和水墨的丰富性,在纸面上形成有意味的黑白构成,所以,书法是构成艺术;书家的笔是他手指的延伸,笔的疾厉、徐缓、飞动、顿挫,都受主观的驱使,成为他情感、情绪的发泄,所以,书法也是一种表现性的艺术;书法能够通过作品把书家个人的生活感受、学识、修养、个性等悄悄地折射出来,所以,通常有"字如其人"、"书为心画"的说法;书法还可以用于题辞、书写牌匾,因此,也是一种实用的艺术。总之,书法是具有极强的综合性的艺术,是更倾向于表现主观精神的艺术。它比较集中地体现了中国艺术的基本特征。

造型艺术都由可视的形象因素所构成,形象因素的最小单元是"点","点"移动的轨迹为"线",点与线的有机组合,构成书法,"线"移动的轨迹又形成"面",点、线、面的有机组合,构成绘画,"面"移动的轨迹,形成体积,于是又构成雕塑、工艺美术品以及建筑等。

正像在西方美术中建筑和雕塑统领着其他门类造型艺术一样,书法和绘画则统领着中国美术的其他门类,被列为中国美术之首。当把书法与绘画并提时,又将书法摆在绘画前面,称之为"书画",如"书画同源"、"琴棋书画"、"书画缘"、"能书会画",等等。书法与传统中国画的关系是十分密切的。特别是在宋元文人画出现以后,绘画用笔讲究从书法中来,水墨写意与书法的行草意趣相通。中国古代雕塑中也蕴涵着书法的特征。中国古代雕塑的纹理即是线的组合,造型的装饰性与书法中的篆隶保持着内在联系。中国古代建筑从布局到主体的梁柱结构,都遵循对称、均衡、主从关系等法则,园林建筑中的含蓄、借景,以及亭、台、楼、榭(xiè)追求的空灵、飞动等都与书法的结体、章法和节奏、气韵密切相关。至于工艺美术和民间美术,也不同程度地受到书法的影响。可以说,中国艺术的许多特点,都在书法艺术中率先成熟,或者在书法中得到充分发展。书法可以视为中国美术之魂。

(1031字)

(根据中国书法网资料综合编写)

练 习

一、根据课文内容，选择正确答案

1. 书法艺术的形成源于
   A. 其具有实用性　　　　　　B. 其他艺术门类的影响
   C. 其可以表现主观精神　　　D. 对书写的审美化的要求

2. 从本文中我们可以知道中国艺术的基本特征是
   A. 倾向于表现主观精神　　　B. 由可视的形象因素构成
   C. 点、线、面的有机组合　　D. 具有极强的实用性和综合性

3. "字如其人"的意思是
   A. 好人写出来的字就一定漂亮
   B. 漂亮的人写出来的字一定好看
   C. 人品的优劣决定了书法的好坏
   D. 书法能折射出书写人的特点和感情

4. 书法的哪些特点影响着中国园林？
   A. 点、线、面的有机组合　　B. 对称、均衡和主从关系
   C. 含蓄、借景和空灵、飞动　D. 结体、章法和节奏、气韵

5. 之所以说书法是中国美术之魂，是因为
   A. 任何一种艺术都离不开书法
   B. 人们把书法放在了中国美术之首的位置
   C. 中国美术是在书法的基础上发展起来的
   D. 中国美术的很多特点都是在书法中先成熟或充分发展的

二、根据课文内容，判断正误

1. 只有中国书法才成为一种独立的艺术。　　　　　　　　　　　　（　）
2. 只要能使用毛笔在宣纸上书写汉字就能成为书法家。　　　　　　（　）
3. 书法能够充分表达书家的主体情趣。　　　　　　　　　　　　　（　）
4. 中国的书法艺术深刻地影响着其他艺术门类。　　　　　　　　　（　）
5. 中国书法对绘画的影响是从宋元以后才开始的。　　　　　　　　（　）

三、选择下列词语的正确解释

1. 玄妙　　　　　A. 非常迅速
2. 艰深　　　　　B. 灵活而不可捉摸
3. 顿挫　　　　　C. 很缓慢
4. 空灵　　　　　D. 微妙而难以理解的
5. 气韵　　　　　E. 高深难懂的
6. 疾厉　　　　　F. 起伏、转折
7. 徐缓　　　　　G. 意境或韵味

四、简答题

1. 与其他民族的书法艺术相比，中国书法具有什么独特性？

   答：_____。

2. 为什么说书法是构成艺术？

   答：_____。

3. 在西方美术中统领其他造型艺术的是什么？

   答：_____。

五、回答问题

1. "点"、"线"、"面"是如何构成造型艺术的？
2. 为什么说书法是一种综合性的艺术？
3. 书法是怎样影响其他艺术门类的？

十、中国岩画

　　岩画是指古代凿刻或绘制在山崖岩壁上的图画。中国岩画分为南北两个系统。南系除广西左江流域，还有四川、云南、贵州、福建等地。南系岩画大都以红色涂绘，颜料是以赤铁矿粉调合牛血等而成的。制作年代在战国至东汉期间。北系以阴山、黑山、阿尔泰山等为主，绵延数千里，气势宏阔。北系岩画大都是刻制的，刻制又包括磨制、敲凿与线刻。制作时间的跨度很大，最早的可能在新石器时代，最晚的在元代。

　　黑龙江、内蒙古阴山山脉、贺兰山北部乌兰察布高原等地是北系岩画集中的地区。北方岩画多表现狩猎、游牧、战争、舞蹈等，原始人在岩壁上刻下他们的信仰和种种生活印迹图形，有狩猎、游牧、战争、反映生殖崇拜的男女交媾、怪异的人头像，以及穹庐、毡帐、车轮、车辆等器物，还有天神、地祇、祖先、日月星辰、原始数码以及手印、足印、动物蹄印等。贺兰山的岩画，形象古怪，面目各异。新疆岩画多为生殖崇拜的内容。这些图像大都凿刻在深灰或灰蓝色的岩石上，凿刻或磨刻的图像斑驳、稚拙、粗犷、简洁、浑然而多变。连云港的岩画刻在深褐色的岩石上，岩画的纹路和岩石的色彩既一致，又有微妙的变化。色彩的深浅交替，使图像产生一种跃动的感觉。

　　在南系岩画的十几个地点，共有图形一千多个。这些岩画表现了人们祭祀以及生产生活的场面。南系岩画普遍用红色涂染，这同原始艺术中习惯使用红色的现象是一致的。原始人在他们频繁的狩猎和战争活动中，鲜血不断地刺激他们的视觉神经，导致红色在视觉中的稳定性。红色那炽热的调子和生命之火相呼应，使岩画获得了无限的生命展现，当红色置于某种祭祀仪式氛围中时，红色和血色使岩画产生强烈的刺激效果，充满了恐惧感、神秘感。

随着气象变化，岩画周围的环境也发生变化，从而使岩画具有不同的整体效果。岩画和巫术仪式的结合须要选定某个特定的季节和时间，这样更能增加仪式的空间氛围。

内蒙古阴山磴（dèng）口县莫勒赫图沟崖壁上刻有许多人面形，这里巨石兀立，深谷苍凉，容易使人产生敬畏感。江苏连云港将军崖的岩画，刻在锦屏山南面入口处凸出的巨石上，形似穹窿，灰蒙蒙的色彩给人造成如神灵在天上飘然而立的感觉，令人肃穆。绘于河流转弯处峭壁上的花山岩画，由近两千个红色人形构成的巨大场面，造成随时都有可能压迫过来的沉重感。岩画对面是开阔地，高耸的画壁同绿色植物形成强烈的对比，与江水的流动合成一种神秘而凝重的氛围，在阳光或月光下呈现出奇异的色彩。可以想象，祭祀中人们的歌声、水声、鼓噪声混合交织，响成一片，红色岩画也仿佛和人们一起跃动起来，产生了难以言喻的庄严神秘的效果。

(1036 字)

（选自：http://baike.baidu.com）

练 习

一、根据课文内容，选择正确答案

1. 下面哪一个地点的岩画不属于南系岩画？
   A. 贵州　　　　　　　　　　B. 四川
   C. 阿尔泰山地区　　　　　　D. 广西左江流域

2. 下面哪一种方法属于南系岩画的手法？
   A. 涂绘　　　　　　　　　　B. 磨制
   C. 敲凿　　　　　　　　　　D. 线刻

3. 贺兰山岩画的特点是
   A. 以生殖崇拜为内容　　　　B. 形象古怪，面目各异
   C. 都是反映各种生活印迹的图形　　D. 岩画的纹路和岩石的色彩很协调

4. 南系岩画的主题是
   A. 红色和血色　　　　　　　B. 祭祀和生产生活
   C. 狩猎和战争活动　　　　　D. 恐惧感和神秘感

5. 原始艺术习惯使用红色是因为
   A. 红色的稳定性较好　　　　B. 原始人习惯了鲜血的红色
   C. 南系岩画普遍用红色涂染　　D. 红色给人恐惧而神秘的感觉

二、根据课文内容，判断正误
1. 北系岩画刻制一直延续到元代。（   ）
2. 北系岩画的制作方法有四种：刻制、磨制、敲凿与线刻。（   ）
3. 北系岩画大都凿刻在深灰或灰蓝色的岩石上。（   ）
4. 岩画必须要选定某个特定的季节和时间开始制作。（   ）
5. 课文最后一段主要说明岩画带给人的神圣感。（   ）

三、将下列地名和它们的岩画特色连起来
1. 新疆   A. 形象古怪，面目各异
2. 花山   B. 崖壁上刻有许多人面形
3. 贺兰山   C. 刻在凸出的巨石上，形似穹窿
4. 莫勒赫图沟   D. 多为生殖崇拜的内容
5. 连云港将军崖 E. 绘于河流转弯处峭壁上

四、简答题
1. 什么是岩画？
   答：_____。
2. 南系岩画的红色颜料是怎样制成的？
   答：_____。
3. 北系岩画表现的内容有哪些？
   答：_____。

五、回答问题
1. 南系和北系岩画哪一个出现得早？为什么？
2. 连云港岩画的特色是什么？
3. 花山岩画属于南系还是北系？它的庄严神秘感是怎样形成的？

十一、浪漫2月的爱情消费

说到交女朋友，中央戏剧学院的大四学生小陈无奈地摇摇头："就连春节回家的车票钱都是向朋友借的。"小陈家住上海，从北京到上海的硬卧学生票237元，硬座只需90元。每次都坐卧铺回家的他，这次选择了硬座。

小陈每月生活费800元，算上平时赚来的"外快"，每月约有1000元零花钱。购买车票时，2月刚刚过去一半，他怎么就没钱花了呢？

大学生中像小陈这样在2月感到手头"特别紧"的人不在少数。大学生们纷纷表示，每年2月是情感消费的"旺季"。

鲜花，红酒，法式大餐……情人节的浪漫氛围，总是让人浮想联翩；香水，首饰，情侣手表……情人节的商场促销，总是让人眼花缭乱。回首刚刚过去的情人节，不少大学生表示"消费不起"。

今年情人节正值假期，上海的锦江乐园、东方绿洲、室内滑雪场等游乐场所成了大学生情侣的首选。节日当天，笔者在锦江乐园售票处看到，许多情侣模样的年轻人正手持学生证希望能够买到学生票。锦江乐园的门票价格为每人40元，联票每人70元，学生票仅以团队方式出售。

在北京，情人节前几天，高校周边的礼品小店、西单华威、中关村电脑市场、五道口小店里，前来挑选情人节礼物的学生络绎不绝。

中国公安大学附近一家礼品商店的营业员告诉记者，大学生在这里买情人节礼物的价位一般在50元到70元之间。营业员小李说："高中生和大一、大二的学生来我们这里买礼物的比较多，高年级的再送这些，就有点儿掉价了。"

采访中，笔者注意到，情人节两人同在一个城市，双方见面、牵手、约会，花上一两百元还算"节约"的，一些身处两地的大学生情侣的花销就有些"深不见底"了。

"今年情人节比较特殊，我和女朋友都回家了。"中央财经大学大四的小吴这次别出心裁地用网上订花的方式给远在深圳的女友送去了鲜花。在深圳这家网上花店，笔者看到，一束束设计新颖、捆扎巧妙、色泽纯正的鲜花煞是诱人，标价从118元一束到4178元一束不等，其中价格在200元到300元之间的花束品种最多。小吴选购了一束218元的鲜花，还为女友购买了一只112元的毛绒玩具熊。

小吴告诉记者，谈恋爱以后，通讯费、就餐费、购物费等等都增加了不少。"就拿吃饭来说吧，原来每天早餐2元，午餐晚餐各5元，一天一般不会超过15元。谈恋爱以后就不同了，两个人加起来吃一顿饭都不止15元。"小吴说，"现在她也常常付账，她的开销也比原来大了不少。"

"每次情人节前1个月，我就要开始节省开支，为过节作打算了。"小吴"节前狂省"的做法曾经被班里许多正在谈恋爱的男生效仿过，"今年这招儿不行了，情人节、春节都赶在一块儿了，过年还要花钱的！"

小吴表示，他已同父母商量好，今年春节将采取"预支"3月份生活费的方法让他"解解急"。当然，这笔生活费到了3月会不会有剩余，目前还是一个未知数。

(1099字)

练 习

一、根据课文内容，选择正确答案

1. 2月，很多大学生觉得钱不够用主要是因为
   A. 火车票非常贵　　　　　　B. 情人节在2月
   C. 这个月要放假回家　　　　D. 这个月纷纷开始交女朋友

2. 关于小陈，下面哪种说法正确？
   A. 他有时自己也挣些钱　　　B. 他回家总是买硬座票
   C. 他常常向朋友借钱生活　　D. 平时他常常去外边打工

3. 关于公安大学附近的那家礼品商店，下面哪种说法正确？
   A. 这是一家专卖情人节礼物的商店
   B. 这里的商品价格都在50～70元之间
   C. 高年级大学生很少到这里来买礼物
   D. 高年级大学生来买礼物价格会便宜一些

4. 这个情人节，小吴给女朋友花了多少钱？
   A. 218元　　　　　　　　　B. 112元
   C. 330元　　　　　　　　　D. 200～300元

5. 本文主要介绍
   A. 大学生谈恋爱的成本　　　B. 恋爱中的大学生的消费情况
   C. 大学生在情人节的消费情况　D. 大学生们的钱都花在哪儿了

二、根据课文内容，判断正误

1. 这是情人节后的一篇新闻报道。　　　　　　　　　　　　　（　）
2. 今年情人节的时候大学已经放假了。　　　　　　　　　　　（　）
3. 身在不同城市的大学生情侣花钱会少一些。　　　　　　　　（　）
4. 今年小吴带着他的女朋友一起回家了。　　　　　　　　　　（　）
5. 小吴和女朋友在一起时总是他花钱。　　　　　　　　　　　（　）

三、选词填空

   A. 浮想联翩　　B. 眼花缭乱　　C. 络绎不绝　　D. 别出心裁

1. 日本是个既现代又传统的国家，东京的摩天大楼，现代时尚的空间设计让人＿＿＿＿＿＿＿。
2. 公园中一年四季景色优美如画，观光游客终年＿＿＿＿＿＿＿。
3. 在那个青春萌动的年代，这本插图版的英语书让很多人＿＿＿＿＿＿＿，觉得英语课本

讲述的就是一个缠绵悱恻的爱情故事。
4. 搭配是一门学问，如果搭配得巧妙，则既能抓住众人的眼光，又显得自己_____。
5. 进入冬季以来，全国各地的旅游看房团_____，不断推高海南房价。
6. 魔术的魅力就在于演员可以在观众的众目睽睽之下，将手中的道具变得时有时无，让观众_____。

四、简答题

1. 为什么2月刚过一半，小陈就没钱花了？
   答：_____。
2. 介绍一下上海锦江乐园的票价。
   答：_____。
3. 这个情人节小吴怎样给女朋友送花？
   答：_____。

五、回答问题

1. 根据课文介绍一下大学生们情人节的消费情况。
2. 每年小吴是怎样为情人节作准备的？
3. 现在小吴遇到了什么问题？他准备怎么解决？

十二、休闲户外运动业正成新兴产业

在一家公司当部门经理的江先生，昨天上午赶到南京国展中心，一睹正在这里举行的亚洲户外用品展风采。他说，平时一有时间总会驱车到郊外玩儿玩儿，算是个户外活动爱好者。这次南京举办这样的专业展，他既想开开眼界，还想买一顶野营帐篷。

据活动组织者介绍，作为国内首次举办的户外用品顶级国际展，亚洲户外用品展在国内引起不小反响。其实，这次展会针对的主要对象是经销商、零售商、户外运动专业组织等专业人士，而非大众消费者，门票也卖到50元一张。尽管如此，开展两天来，光顾的人还是络绎不绝。

记者从多家参展商那里了解到，他们接待的客户90%以上都是经销商。大家表示，虽然没有欧洲展那么火暴，但人气不错。专做户外服装和用品的韩国厂商销售代表千云哲告诉记者，开展第一天就接待了三四十家全国各地的经销商，其中不少达成了初步协议。他说，因为中国市场潜力很大，他们公司正在产品定位上进行调整，从原来非常专业的户外运动产品向专业材料时尚产品方向转变，以使更多的中国消费者接受他们的产品。

和这家韩国品牌商一样,很多参展商都是首次进入中国内地市场。意大利一家企业带来了登山杖、滑雪杖、健行杖等系列产品。销售代表蔡先生透露,参展效果不错,特别是华东、华南地区的经销商对登山杖情有独钟。来自东莞的一家高档运动鞋生产厂负责人李先生对刚刚起步的国内户外用品业更是充满信心。他做这一行已有十几年,以前为老外定牌生产,前两年才打自己的牌子在国内销售。他说,他们的产品无论材料还是生产工艺,都不比国外顶级品牌逊色,凭着国外一双鞋卖四五千元、而他们只卖千把元的价格优势,一定会在国内打开销路。作为业内人士,他认为,随着人们户外用品消费观念的增强,户外产业潜力一定会得到充分释放。

对中国户外用品产业的发展,国内外专家和业界人士一致看好。年增速50%的中国户外用品市场,被德国菲德烈斯哈芬展览公司总裁维尔曼和亚洲户外展顾问耶格称为世界上增长速度最快的市场,他们相信,落户南京的亚洲户外展很快将成为世界第三大展。进入中国运动面料市场十几年的德国戈尔公司负责人也作出判断:在五年内,中国户外用品产业50%以上的增速不会改变。国内户外产业专家张吉大则分析指出,户外运动在发达国家已从"小众运动"变成大众运动,美国户外用品年产值100多亿美元,欧盟年销售550亿欧元,而中国去年只有10个亿。巨大的潜力对欧美以及日韩等户外用品已趋饱和的国家来说,无疑就是挡不住的引力,在内外力量的共同作用下,中国的户外用品产业必将迅速发育成长。

(1014字)

(来源:新华报业网 有改动)

练 习

一、根据课文内容,选择正确答案

1. 江先生来南京国展中心是为了
    A. 寻求合作伙伴 B. 开车到郊外玩儿
    C. 与韩国厂商谈判 D. 参观并买一顶野营帐篷
2. 来参加这次展会的绝大多数是
    A. 零售商 B. 经销商
    C. 大众消费者 D. 户外运动专业组织
3. 与欧洲户外用品展相比,这次亚洲户外用品展
    A. 更火暴 B. 规模较小
    C. 人气更旺 D. 签约率更高

4. 开展几天来，文中提及的韩国公司的主要收获是
   A. 发现中国市场潜力很大
   B. 与不少经销商达成了初步协议
   C. 接待了三四十家全国各地的经销商
   D. 中国消费者已经接受了他们的产品
5. 关于中国户外用品产业的发展，下列哪种说法正确？
   A. 每年的户外用品生产量增加50%
   B. 中国的户外用品业产值已经超过了国外
   C. 中国的户外运动已经成为一种大众化运动
   D. 中国户外用品市场是世界上增长速度最快的市场

二、根据课文内容，判断正误
   1. 这次亚洲户外用品展引起了很多人的关注。（ ）
   2. 这次户外用品展的门票很便宜，所以来参观的人很多。（ ）
   3. 意大利一家公司的登山杖很受广大经销商的喜爱。（ ）
   4. 李先生的工厂刚刚开始生产高档运动鞋。（ ）
   5. 落户南京的亚洲户外展已成为世界第三大展。（ ）

三、选词填空

   A. 大开眼界   B. 情有独钟   C. 反响   D. 逊色   E. 火暴   F. 饱和

1. 上世纪50年代，没多少人喜欢汉学，可是我却从小对汉学_____。
2. 今年第一季度车市_____风潮已经逐步显现，今年市场的争夺也将更加激烈。
3. 网络平台刚一搭建，就在网友们中间引起强烈_____，大家纷纷就自己关心的话题在贴吧里发表看法，提出建议。
4. 近日我应邀到广东参加一个食品展览会，虽然参加此类活动已不是第一次了，但此行仍有_____的感觉。
5. "我这个人特别喜欢吃醋，对太原的醋_____。"他笑言。
6. 中国制造的电器质量丝毫不比进口产品_____。
7. 我国工程机械经过多年发展，市场已经趋于_____，机械保有量大，设备需要更新。
8. 会做菜的机器人大厨，除了让人_____之外还能让人一饱口福，令人印象深刻。
9. 我相信我们这个专业的学生不论将来到哪个国家，其专业结构和专业知识都不比那里的同行_____。

四、简答题

1. 这次会展主要面向哪些人群？

   答：_____。

2. 韩国厂商将对产品进行怎样的调整？

   答：_____。

3. 来自东莞的李先生怎样看待户外产业的未来？

   答：_____。

五、回答问题

1. 国内户外用品经销商如何看待中国户外用品产业的发展？
2. 国内外专家和业界人士是怎样看待中国户外用品产业发展的？
3. 你认为课文最后一句中的"内外力量"是指什么？

十三、老总访谈：志高空调董事长——李兴浩

第100届广交会首日，志高空调便收获了1.2亿美元的意向订单。其中，志高在欧洲市场的一个老客户当场便签下一笔9万套的巨额订单。志高空调董事长李兴浩在志高展区现场接受本报记者采访时说，广交会为志高构筑了进军全球市场的快捷通道，它也是中国民族工业"走出去"的最好方法。

参展广交会经历"三部曲"

"志高跟广交会结缘始于2000年。由于当时我们没有摊位，采取的办法是，临时聘请一些大学生进入展馆将外商带到公司参观洽谈，带来一个给500元，成交了则给1000元。第二年，我们便在东方宾馆租了一点儿场地，靠近展馆'拉生意'。即便这样，成交量也达到了500万美金。2001年10月志高获得进出口经营权，2002年正式参加第91届广交会，并分到一个摊位，为志高创造了1000万美元的成交量。"回首志高涉足广交会的这段"三部曲"，李兴浩仍记忆犹新。李兴浩还说，志高参加广交会的"三部曲"，其实是很多中国民族企业从小到大、从国内走向海外的缩影。广交会为他们这些企业提供了一个登上"国际舞台"的最佳机会。

广交会将全球客商聚到身边

"广交会无疑是志高走进国际市场一个非常好的平台，它把世界客商都聚焦到了我们的身边，不出远门就能面对面地洽谈生意。"李兴浩告诉记者，自从志高参加第91届广交会之后，就与广交会结下不解之缘。最令他感到欣慰的是，从2004年开始，志高在广交会的摊位不仅增加到了12个，而且还进入了中国名牌展区，到2006年第99届广交会，志高的成交意向性金额达到了4.5亿美金。李兴浩认为，近年来，参加广交会的商品愈来

愈多，种类达数十万之众，新技术产品数目及行业内强势企业明显增加，所以，从这个方面来说，能不能参加广交会也意味着企业的国际竞争力是否强大，参加广交会对于品牌国际形象的建立具有非常重大的意义。另一方面，来自世界500强及政府采购的团体越来越多，如在历次的广交会上，志高相继接待了来自法国欧尚、家乐福、B&Q等大型连锁超市及美国惠尔浦、爱默生、开利，日本三井物产等全球500强企业的客人，从而为民族企业与跨国企业的合作架设了桥梁。

参展的都是民族工业的精华

李兴浩告诉记者，每届广交会他都会到展位去看看，为的是去感受一下中国民族工业振兴所带来的喜悦。他认为，参展的都是中国民族工业的精华，也是中国民族工业的骄傲。相关统计数据显示，2006年志高营销网络已遍布全球180多个国家和地区，日均出口额达到1300万元，并在加拿大、芬兰、阿尔及利亚、马来西亚、埃及、尼日尔、莫桑比克等15个国家的出口量位居国内品牌第一。李兴浩认为，志高空调的国际化还只是刚刚起步，作为国产品牌应怀着强烈的产业报国意识，更加积极地拓展国际市场，更加积极地学习国外跨国企业的先进经验，而参加广交会是中国企业"走出去"的最好办法。

(1091字)

(来源：http://www.sina.com.cn 金羊网－新快报 有改动)

练 习

一、根据课文内容，选择正确答案

1. "三部曲"的意思是

    A. 三支歌曲 B. 发展的三个阶段

    C. 一步一步地进步 D. 有意思的三件事

2. 志高空调参加第89届广交会的情况是

    A. 没摊位，在宾馆租场地

    B. 亲自到展会上去拉生意

    C. 花钱请人把外商从展馆带到公司谈生意

    D. 一个摊位就创造了1000万美金的成交量

3. 志高老总李兴浩认为

    A. 参加广交会是谈生意的最佳方式

    B. 是广交会造就了志高空调这个品牌

    C. 广交会的发展是中国民族企业从小到大的缩影

    D. 参加广交会是中国民族企业走向世界的最佳机会

4. 对于一个企业来说，参加广交会意味着
   A. 能够得到巨额订单　　　　　　B. 能够迅速发展壮大
   C. 已经成为国际品牌　　　　　　D. 其国际竞争力比较强大
5. 李兴浩每届广交会都去看看，是为了
   A. 和外商洽谈生意　　　　　　　B. 了解行业发展情况
   C. 接待世界500强企业的客人　　 D. 感受中国民族工业振兴所带来的喜悦

二、根据课文内容，判断正误
   1. 志高空调是通过广交会开始向海外市场发展的。　　　　　　　（　　）
   2. 志高老总对于他们参加广交会的经历记得非常清楚。　　　　　（　　）
   3. 2000年，志高空调第一次正式参加广交会。　　　　　　　　　（　　）
   4. 只有获得进出口经营权才能正式参加广交会。　　　　　　　　（　　）
   5. 广交会为中国民族企业提供了一个向世界展示自己的机会。　　（　　）

三、选词填空
   　　A. 意向　　B. 涉足　　C. 三部曲　　D. 记忆犹新　　E. 缩影　　F. 不解之缘
   1. 如果说家庭是社会的细胞，那么社区就是社会的_____，派出所就是个"百管部"，居民们戏称社区民警是"百管部长"。
   2. 调查结果显示一年内有购房_____的人只有12%。
   3. 二十年前在国外的那段生活，我至今仍_____。
   4. 小菁是学汉语言的，对遣词造句略知一二，加之爱好朗诵，_____这一领域很有优势。
   5. 中国古典诗歌从一开始就与音乐有着_____，但是诗最终与音乐分离，并且在与音乐分离之后，走向了自己的成熟和繁荣。
   6. 从相识到相知再到相爱，这就是他们感情发展的_____。
   7. 正是由于早期市场"蛋糕"的巨大与高额利润，不少厂商纷纷_____，尤其是2000年之后，涌入这一市场的品牌就有七八十个。
   8. 我从80年代初筹资购买第一台打米机开始，就与农业机械结下了_____。
   9. 作为农牧区的一个普通村庄，扎西岗的发展变化就是西藏大地近几十年来发展变化的_____。

四、简答题
   1. 志高老总在哪里接受了记者的采访？
   　　答：_____。
   2. 志高老总认为广交会的好处是什么？
   　　答：_____。

3. 2004年志高空调的参展情况如何？

答：＿＿＿＿＿＿＿＿＿＿＿＿＿＿＿＿＿＿＿＿＿＿＿＿＿。

五、回答问题

1. 志高空调参加广交会经历了哪"三部曲"？
2. 以志高空调为例，说明广交会对企业成长的作用。
3. 根据本文介绍一下近年来广交会的发展情况。

十四、书画拍卖新亮点

近日，京沪两地的迎春拍卖好戏连台，虽然鲜有高价出现，但是热点颇多，特别是海派二线画家身价的崛起，成为艺术品拍卖市场的第一抹亮色。笔者认为，其中也有一些带普遍性的规律，值得在书画中淘金的投资者作为参考。

专辑拍卖成亮点

1月20日，上海嘉泰拍卖行举行了迎春拍卖会，其中格外引人注目的就是申石伽作品专辑，虽然只有11幅作品，但是市场反响强烈，成交了9幅作品，其中一幅《竹石》以9900元成交，平均成交价超过了7100元，这在以往申石伽作品的拍卖中是比较少见的。

将一位海派画家的作品汇集成专辑，是申城艺术品拍卖的一大特色。通过拍卖行的运作以及投资者的重新认识，一大批海派书画热点由此诞生。最典型的莫过于陶冷月身价的崛起。2004年是陶冷月诞辰110周年，上海敬华从画家的家人、弟子和亲友的手中，征集到了一批精品力作，在春拍会上推出13件，形成了一个专辑。陶冷月仅一尺大的《柳夜孤舟》镜心[1]，估价2.8～3.8万元，成交价达8.14万元，刷新了当时画家单尺拍卖成交的最高纪录。此后，陶冷月的作品开始为市场所关注，在秋拍中更有不俗的表现，其《平湖夜月》镜心，估价15～25万港元，成交价达到了207.84万港元，创下了新纪录。陶冷月的《黄山迎客松》镜心在去年朵云轩的秋拍中估价6～8万元，成交价为50.6万元，成为内地拍卖的最高价。

专辑拍卖的最大特点，就是几乎每件画作都有一定的特色，拍卖行往往会独辟蹊径，通过不同作品的组合展现画家的功力。对于广大的买家来说，这无疑是挖掘市场亮点、寻找投资机会的最佳途径。

一二三法则找黑马

提起海派画家，人们首先想到的就是赵之谦、吴昌硕、任伯年。其实作为一个海纳百川的画派，海派画家究竟有多少人或许连专家都数不清楚。海派画家中许多早年颇有名望的画家，其画作目前的市场价格却非常低，形成了一流的画技、二流的名望、三流的价位的局面。不过从今年迎春拍卖会的情况来看，投资者已经把目标转向这批画家，这样寻找画坛黑马，可以归纳为书画投资的一二三法则。

最典型的例子是北京荣宝的迎春拍卖会上，胡也佛的《云烟依旧图》估价6~8万元，成交价却高达44万元。胡也佛的人物画线条流畅、飘逸，造型准确而又生动，为众多藏家所喜欢，但作品价格总是在万元上下。从2004年开始，胡也佛作品的价格开始上了新的台阶：在崇源的秋拍中，胡也佛的《洞庭秋波图》从2.8万拍到了18万。在瀚海的秋拍中，胡也佛的《巫峡云涛》最后以50.6万元的价格成交，成为其作品拍卖的最高价。此次在荣宝迎春拍卖会上的优异表现，更加坚定了他的市场价位。

类似胡也佛这样的画家在海派中还有许多。近年来，随着市场投资观念的转变，一大批原先价位处于三流的画家，身价已经开始向上拓展。这也告诉我们，从海派绘画中淘金，关键应该从画家的画法及其原先的市场地位入手，而不仅仅看这两年的拍卖纪录。

(1118字)

(选自http://finance.sina.com.cn 上海证券报（网络版） 作者：方翔 有改动)

注释：
　　1. 镜心：一种简易、方便的国画装裱方式。

练 习

一、根据课文内容，选择正确答案
　　1. 最近京沪两地的迎春拍卖会有什么特色？
　　　　A. 有很多精彩的戏剧演出
　　　　B. 出现了令人意想不到的高成交价
　　　　C. 海派二线画家作品的价格开始提升
　　　　D. 为艺术品拍卖市场带来了丰富的色彩
　　2. 在上海，艺术品拍卖的一大特色是
　　　　A. 推出海派一流画家陶冷月　　　B. 能提供投资的最佳途径
　　　　C. 每件画作都有一定的特色　　　D. 把一位画家的作品集中拍卖
　　3. 陶冷月的哪幅作品的成交价创下了拍卖新纪录？
　　　　A.《云烟依旧图》　　　　　　　B.《柳夜孤舟》镜心
　　　　C.《平湖夜月》镜心　　　　　　D.《黄山迎客松》镜心
　　4. 作者在这篇文章中想传达给读者的信息是
　　　　A. 现在是投资书画的好机会
　　　　B. 海派二线画家的作品现在开始升值了
　　　　C. 应该多注意那些曾经著名的上海画家
　　　　D. 文中提到的那些画家的作品现在很有投资价值

5. 这篇文章最有可能是
   A. 一则书画拍卖的广告　　　　B. 一篇关于书画市场的调查报告
   C. 一篇关于书画拍卖的新闻报道　D. 一篇关于书画拍卖方式研究的论文

二、根据课文内容，判断正误
   1. 以往申石伽作品的成交价比较低。　　　　　　　　　　　　（　）
   2. 海派画家陶冷月先生为上海敬华拍卖行提供了自己的一批精品力作。（　）
   3. 专辑拍卖对于提高海派画家的身价有积极作用。　　　　　　　（　）
   4. 胡也佛的作品被众多藏家所喜欢，其拍卖价格一直很高。　　　（　）
   5. 通过一二三法则有可能找到最有投资价值的画家作品。　　　　（　）

三、选词填空
   A. 好戏连台　　B. 独辟蹊径　　C. 海纳百川　　D. 引人注目
   1. 她在竞争激烈的孕婴产品市场中_____，开办京城首家孕妇餐厅，经营两年多来，逐渐打出了自己的名声。
   2. 他们从自己开始要求所有管理团队_____，接纳各种文化中最精华的部分。
   3. 首届国际木偶艺术节_____，经典木偶剧《真假孙悟空》明天将在艺海剧院献演。
   4. 在哈尔滨先后建起过30多座教堂，如今留下的只有17座，在这些教堂中，最_____的就是圣索菲亚大教堂。
   5. 地方性法规要有一种不偏不倚的公正精神，还要有一种_____的宽容气质。
   6. 许多企业避开市场竞争主战场，_____，开辟无人涉足的细分市场，一举获得成功，达到了扬长避短、避实击虚的效果。

四、简答题
   1. 文中提到的海派画家都有哪些？
      答：_____。
   2. 列举文中提到的胡也佛的作品。
      答：_____。
   3. "一二三法则"中的"一二三"是指什么？
      答：_____。

五、回答问题
   1. 为了提高海派画家的身价，拍卖行是如何运作的？
   2. 简述陶冷月作品的拍卖情况。
   3. 海派二线画家身价的崛起给投资者带来怎样的启示？

十五、《申报》的经营策略

《申报》是旧中国影响力最大、经营得最成功的报纸之一,早在 100 多年前就已经有了现代报业经营管理的某些理念。《申报》发展历史中,比较重要的经营策略包括以下几个方面:

1. 降低成本

《申报》创建初期,在与当时已经占据上海报业市场半壁江山的《上海新报》竞争时,没有和其一样使用进口白纸,而是用土产的连史纸[1]印报,成本甚低,每份零售价定为 8 文[2],大大低于每份 30 文的《上海新报》,占据了竞争优势。

2. 发行灵活

现代报业发展之初,报纸收入主要靠发行,所以《申报》在发行上下了很大的工夫。它在上海设立了 22 个代销点,并请人给各商号上门服务,还雇报童沿街叫卖。对外埠,一面请各信局捎带销售,一面设立了一批代销处。批给分销处卖报人的报纸每份 6 文,而且是先取报,月底缴款,销剩的报纸月底可退回,不收报价。这大大激发了各分销处的销售积极性。

3. 发展广告

《申报》较早认识到广告是报纸的最主要的收入来源这个经营理念,大力招登广告。它推出政策:凡连登两天者,价格优惠。该报还对华人和西人采取不同收费标准,华人的广告费相当于西人的四分之一。另外,在外埠延揽广告者可得到相当于广告费 50% 的"饭费"。

4. 多种经营

比如:1872 年 11 月《申报》出版了第一份文艺期刊《瀛(yíng)寰(huán)琐记》;1878 年出版了一种通俗附刊《民刊》,并被认为是中国最好的白话报纸;1884 年出版了中国第一份时事画报《点石斋画报》。

这些经营上的理念和策略,至今值得我们好好儿研究和借鉴。

从世界新闻媒介产业化集团化的历史来看,报业集团化有三个明显的历史阶段:一是单一媒介的集团化;二是跨媒介跨行业的集团化;三是 20 世纪 50 年代以来的超国界的集团化。在 19 世纪末 20 世纪初,《申报》表现出了单一性的集团化趋势,正好处于第一阶段,是与世界媒体发展脚步合拍的。

实现集团化后的《申报》从一开始就非常重视购并后的整合工作。通过收购和多种经营实现规模扩张之后,《申报》将其拥有的子报、子刊、子公司的优势互补,从人员到资金,从新闻的硬到软,从媒介流通渠道的初端到终端,都进行了资源的重新配置,根据优势互补的原则经营,取得了很大的成功。

近百年前的《申报》作为旧中国民营报纸的经营典范,在集团化发展方面跟上了世界新闻业发展的脚步,这固然是积累到一定程度的报业资本不断扩张和横向联合的必然结果,但也表明《申报》在经营理念和运营环境等方面,有值得我们分析、学习、借鉴之处。

(964字)

(来源:www.hexun.com 作者:吴建华 有改动)

注释:
1. 连史纸:一种采用嫩竹做原料,手工制作的纸,其纸质薄厚均匀,洁白如玉,书写、图画均宜。
2. 文:过去的货币单位。

练 习

一、根据课文内容,选择正确答案

1. 《申报》能够成功主要在于其
   A. 创建得非常早　　　　　　　B. 得到了政府的支持
   C. 在旧中国影响力很大　　　　D. 经营理念和策略很先进

2. 《申报》的发行方式非常灵活,文中提到了几种发行方式?
   A. 2种　　　　　　　　　　　B. 5种
   C. 4种　　　　　　　　　　　D. 6种

3. 现代报业发展之初,报纸收入主要靠
   A. 发行　　　　　　　　　　　B. 广告
   C. 多种经营　　　　　　　　　D. 降低成本

4. 《申报》降低成本的方法是
   A. 使用进口白纸　　　　　　　B. 大力招登广告
   C. 大量设立代销点　　　　　　D. 使用土产的连史纸

5. 对于哪种广告,《申报》会给予广告费50%的回扣?
   A. 连登两天的广告　　　　　　B. 中国人招揽的广告
   C. 外国人招揽的广告　　　　　D. 从上海以外地区招揽的广告

二、根据课文内容,判断正误

1. 《申报》是中国的第一家报纸。　　　　　　　　　　　　　　　(　　)
2. 《上海新报》曾经占领上海报业市场一半的份额。　　　　　　　(　　)
3. 《申报》的发展趋势符合了世界媒体的发展趋势。　　　　　　　(　　)
4. 《申报》通过发展广告从而在与《上海新报》的竞争中占据了优势。(　　)
5. 《申报》是旧中国官办报纸成功的典范。　　　　　　　　　　　(　　)

三、根据课文内容连线

1.《申报》　　　　　　A. 中国最好的白话报纸

2.《上海新报》　　　　B. 使用进口白纸，每份 30 文

3.《点石斋画报》　　　C. 第一份文艺期刊

4.《民刊》　　　　　　D. 中国第一份时事画报

5.《瀛寰琐记》　　　　E. 使用土产的连史纸，每份 8 文

四、简答题

1.《申报》的经营策略主要包括哪些方面？

答：_____。

2. 报业集团化的发展一般要经历哪几个历史阶段？

答：_____。

3.《申报》先后开办了哪些附刊？

答：_____。

五、回答问题

1.《申报》发行灵活的特点体现在哪儿？

2. 实现集团化后的《申报》采取了什么措施从而使企业取得了更大的成功？

3.《申报》的哪些经验值得我们学习、借鉴？

十六、中国投资环境论坛会议须知

欢迎尊敬的阁下参加中国投资环境论坛会议。为保证此次会议的圆满召开，敬请阁下注意以下事项：

一、会务安排

1. 会议安排阁下入住江门市逸豪酒店。5 月 27 日上午 10：00 开始报到。

报到地点：逸豪酒店大堂。

报到后请阁下领取嘉宾证件（胸卡）、会议材料和房间匙牌。

2. 论坛会场设在逸豪酒店四楼国际会议中心。日程如下：

• 5 月 28 日 8：30——12：00 举行论坛开幕式、嘉宾演讲、讨论答问。

• 5 月 28 日 14：00——17：30 嘉宾演讲、讨论答问。

• 5 月 29 日 9：00——12：00 论坛同时举行两个专题研讨会，欢迎与会嘉宾选择参加：

A. "世行项目与中国城市的发展"专题研讨会，设在逸豪酒店四楼国际会议中心。

B."中国城市投资环境的评估及实践方法"专题研讨会,设在逸豪酒店四楼多功能厅。

　　3. 会议期间,请阁下佩带会议证件(胸卡)出席会议、用餐、乘车、观看电影及参加其他有关活动。

　　4. 会议进行中,请将手机等通讯工具关闭或调到静音状态。会场内请勿吸烟,会场外设有吸烟区。

　　5. 会议现场提供同声翻译服务,专用耳机放置在座位上,频道1为汉语,频道2为英语,专用耳机用毕后请放回座位。

　　6. 本次论坛的新闻采访由论坛组委会办公室统一协调安排。

　　7. 大会组委会将统一分发与论坛有关的资料和纪念品。会场外设有专门资料架摆放会议宣传品、有关报刊,欢迎索取。

　　二、餐饮、娱乐

　　1. 会议用餐时间和地点安排:

　　用餐时间:早餐:7:00——9:00;午餐:12:00——14:00;晚餐:18:00——19:30。

　　用餐地点:酒店一楼波士顿西餐厅。

　　2. 会间休息安排水果和茶点供阁下享用。

　　3. 5月27日、28日20:30——22:00,逸豪酒店四楼小电影厅播映大会安排的专场电影。

　　三、组委会服务

　　1. 论坛会务处设在逸豪酒店861、862房间,阁下如需咨询有关服务,请亲临该处或拨内线"3+房号"(外线拨3928888转房号),会议工作人员将提供24小时服务。

　　2. 医疗保健室设在逸豪酒店863房间,内线电话为"3+房号"(外线拨3928888转房号),医务人员24小时值班。

　　3. 酒店报到处设有专门订票点为与会嘉宾服务,阁下如需订购回程机票/火车票/船票,请移步该订票点,工作人员将现场出票或提供送票服务。

　　4. 请注意保管阁下的个人贵重物品。退房时间为每日14:00前,如需继续留在此酒店住宿,请移步论坛会务处与大会工作人员联系。阁下退房时,请勿遗漏行李,并请将匙牌交回酒店前台。

　　5. 组委会设有往返酒店至广州新白云机场的交通服务,上车地点为酒店大堂前停车场。请阁下于28日中午前将返程航班(车次/船次)和起飞(开出)时间告知论坛会务处,以便工作人员为阁下进行交通安排。

中国投资环境论坛组委会

20＊＊年＊月

(990字)

练 习

一、根据课文内容,选择正确答案

1. 课文中多次出现的"阁下"是
   A. 特指参加会议的人
   B. 一种表示复数的用法
   C. 正式场合对工作人员的称呼
   D. 正式场合用来称呼对方的敬语

2. 根据会务安排,报到后就
   A. 开始开会　　　　　　B. 必须佩带胸卡
   C. 准备会议材料　　　　D. 可以拿到房间钥匙

3. 根据会议日程安排
   A. 每位与会嘉宾都要发表演讲
   B. 每位与会嘉宾都要参加两个专题研讨会
   C. 嘉宾们可以参与讨论问答,自由选择专题研讨会
   D. 这两天的会议全部在酒店的四楼国际会议中心举行

4. 怎样获得更多关于这次会议的资料?
   A. 去酒店前台要　　　　B. 在会场里座位上拿
   C. 报到时跟工作人员要　D. 在会场外的资料架上拿

5. 组委会要求与会嘉宾
   A. 按时去电影厅观看电影
   B. 参加统一安排的新闻采访
   C. 用完专用耳机后放回座位
   D. 去会场外的资料架取宣传品和报刊

6. 离开酒店退房时应注意
   A. 通知组委会　　　　　B. 交回会议材料
   C. 交回酒店的钥匙牌　　D. 交回会议证件(胸卡)

7. 本文主要告诉读者
   A. 这次会议的主题　　　B. 这次会议的安排和要求
   C. 会议将提供什么服务　D. 逸豪酒店内部的一些情况

二、根据课文内容,判断正误

1. 会议期间,参加会议的人应该佩带胸卡参加所有相关活动。　(　)

2. 开会时不能带手机等通讯工具进入会场。　(　)

3. 组委会将为与会者保管个人贵重物品　　　　　　　　　　（　）
4. 会议期间如果有问题必须去会务处所在的房间咨询。　　　（　）
5. 组委会工作人员将统一为每位与会嘉宾订回程票。　　　　（　）
6. 组委会将于28日中午前提供往返酒店至机场的交通服务。　（　）

三、根据会议安排列出会议日程表

会议日程表

日期	时间	会议内容	地点
5月27日			
5月28日			
5月29日			

四、简答题

1. 参加会议的人报到后要领取哪些东西？

　　答：_____。

2. 逸豪酒店四楼多功能厅将举行什么会议？

　　答：_____。

3. 会议期间晚上有什么活动？

　　答：_____。

五、回答问题

1. 参加会议的嘉宾要注意哪些问题？
2. 介绍一下组委会的服务。
3. 此次论坛同时举行两个专题研讨会，任意选择一个话题，谈谈你的看法。

十七、2007中国国际物流科技博览会

展会时间：2007年5月23——25日

展会地点：江苏省苏州市

展会场馆：苏州国际博览中心

主办单位：江苏省科技厅

江苏省对外贸易经济合作厅
苏州市人民政府
承办单位：江苏新国际会展集团有限公司
江苏省对外科技交流中心
苏州国际博览中心有限公司

随着中国经济的飞速发展以及对外贸易的频繁往来，中国物流市场呈现出一派欣欣向荣的景象。如此巨大的市场活力吸引着来自全球的众多目光，为了加快全球物流经济一体化进程，加强与国际先进物流技术与服务的交流合作，提升并优化中国物流产业链，"2007 中国国际物流科技博览会"应时而生，为您营造高效和谐的国际物流科技家园。

"2007 中国国际物流科技博览会"是以"科学创新、高效服务、和谐共赢"为主题，以国际物流先进技术展示交易为主体，以科技投融资与贸易项目合作为主导，以技术市场服务与促进为支撑，集国际物流技术设备生产企业、科学技术市场促进机构与组织、物流市场服务知名品牌为一体的专业盛会。本届展会将云集来自多个国家和地区的参展商，邀请百余参展企业、万余专业观众参展参会。

参展范围：
物流设备、物流信息系统及技术、物流服务、专业协会及其他。

活动安排：
·国际物流发展趋势与国内配套政策研讨会：了解国际行业动态，了解国家政策导向，使您的企业应时发展，乘势而上。

·国际物流新技术、新产品、新成果展示与项目合作洽谈会：邀请各企业针对其物流新技术、新产品召开专题说明会，使目标客户及市场第一时间了解其功能和应用。

·中国租赁论坛暨物流设备租赁研讨会：研究行业发展的趋势、设备租赁与融资，探讨如何缓解企业融资困难，论坛为您提供不同的设备收购和经营解决方案。

·保税物流与服务贸易发展论坛：邀请各保税物流园区及中心就其保税优惠政策等向企业进行推介介绍。

·中外物流企业发展案例分析讲座：从中领悟物流企业发展的得失，给您的企业定位与战略管理带来更多的启迪。

·大买家采购交流沙龙：将与行业门户网站联合组织大买家采购团，让您在展会上直观地了解客户的需求，增加产品的市场占有率。

·参观苏州保税物流园：苏州没有机场，但却有"苏州空港"在全球的同行中闻名，我们邀您一起进行参观考察。

咨询电话：0512－＊＊＊＊＊＊＊＊

（874 字）

（来源：http://www.smexm.gov.cn 有改动）

练 习

一、根据课文内容，选择正确答案

1. 举办这次会议的大背景是
   A. 中国的物流市场非常具有活力
   B. 全球物流经济正在向同一个方向发展
   C. 全球都在关注着中国物流市场的发展
   D. 中国的物流产业需要加强相互之间的合作

2. 保税物流与服务贸易发展论坛的主题是
   A. 提供企业定位与战略管理理念
   B. 让企业了解国际物流行业动态
   C. 相关单位向企业推介其保税优惠政策
   D. 各物流企业对其新技术、新产品进行推介

3. 如果参会者想增加自己企业产品的市场占有率，最好参加
   A. 大买家采购交流沙龙
   B. 中外物流企业发展案例分析讲座
   C. 中国租赁论坛暨物流设备租赁研讨会
   D. 国际物流发展趋势与国内配套政策研讨会

4. 苏州在物流企业界非常有名是因为
   A. 那里没有机场
   B. 那里的空港建设得很好
   C. 那里的保税物流园建设得很好
   D. 同行们都参观过那里的保税物流园

5. 这是一份关于"中国国际物流科技博览会"的
   A. 广告　　　　　　　　　　B. 报道
   C. 通知　　　　　　　　　　D. 邀请函

二、根据课文内容，判断正误

1. 这次博览会的主办方是苏州国际博览中心。　　　　　　　　　　（　　）
2. 这次博览会是由三家单位具体组织举办的。　　　　　　　　　　（　　）
3. 参加本次博览会的都是专业团体和个人。　　　　　　　　　　　（　　）
4. 在这次博览会上可以了解一些新的行业政策和动态。　　　　　　（　　）
5. 本次博览会上举办的讲座主要是为了对物流企业的发展进行评价。（　　）

三、选词填空

A. 欣欣向荣　　B. 应时而生　　C. 乘势而上　　D. 营造
E. 云集　　　　F. 启迪　　　　G. 优化

1. 现在越来越多的年轻人选择墙绘，可是又担心自己技术水平有限把握不好影响墙面整体效果，于是一种叫墙贴的好东西_____，你可以把自己喜欢的图案贴到墙面上，简单方便，又有手绘的效果。

2. 公交公司应该对现有公交线路加以_____，以适应城市扩展的需要。

3. 5月13日上午10点，深圳古玩城商贾_____、宾朋满堂，为期五天的第六届文博会深圳古玩城分会场隆重开幕。

4. 我们的主要任务是动员公司全体员工抓住机遇，_____，为实现公司持续快速健康发展而努力奋斗。

5. 走进美通无公害物流中心，耳濡目染着市场内的车水马龙，客商如云，深切感受到了商贸流通业的_____。

6. 其实想让家有情调一点儿都不难，只要有慧心，哪怕是一盏灯，也能_____出居室别样的氛围。

7. 在这一大背景下，房展会的强大而详尽的服务功能凸显出来，可以说房展会是_____，也是生逢其时。

8. 各种思想的相互碰撞总能给人以_____，使人类的大脑更充实，双手更灵活。

9. 家长要善于抓住这个时机，在肯定和鼓励的基础上，给孩子提出新的目标和要求，引导孩子_____，把一时的热情转化成持久的动力。

10. 活动当日，笔者受邀到了活动现场，只见会所内一片_____之景，人山人海热闹非凡。

四、简答题

1. 举办这次国际物流科技博览会的目的是什么？
   答：_____。
2. 这次国际物流科技博览会的主题是什么？
   答：_____。
3. 这次"中国国际物流科技博览会"的规模如何？
   答：_____。

五、回答问题

1. 这次"中国国际物流科技博览会"有哪些特点？
2. 这次"中国国际物流科技博览会"举办的研讨会将涉及哪些领域？
3. 参展商在博览会上将会有何收获？

十八、"亿龙及时通"项目介绍

亿龙软件技术有限公司自己开发的有自主知识产权的"亿龙及时通"短讯服务系统是针对全国各行业用户的个性化短讯服务系统，主要针对交通系统、养老院、学校以及一些需要提供客户服务的企业单位。其功能主要是把交通情况、养老院的老人、学生、客户等的情况以短讯的方式发送到司机、儿女、家长或用户的手机上，收费实行用户包月。本系统现已开发完毕，开始进行软件技术测试和计费测试。

一、市场情况

我公司为推广我们的系统，已在西安、上海、深圳、重庆、杭州、北京、武汉相继成立了分公司或总代理，投入近千万资金开发市场。

在上海，约有15所学校的部分班级参加，现已有约3万用户，每月有45万流量；9月份开学后约有50所学校，约10万用户，200万流量；到年底，预计有50万用户，每月约有1000万流量。

二、发展前景

1. "亿龙及时通"是一个很有发展前景的项目，它针对目前中小学学校和家长沟通存在的缺陷而开发。该系统通过高科技快速处理信息系统，将中小学生每天在学校的动态及时反馈给家长，使学生家长能全面了解孩子在学校的各种信息，协助学校更好地教育管理学生。

2. 该项目还可以运用到交通管理系统，把司机违章信息、道路交通管制信息、年检时间、交通法规等信息及时传达到司机、车主的手机上。

3. 该系统也可以把医院的病人、养老院的老人的情况以短讯的形式传到病人（老人）家属、儿女的手机上。

4. 该系统也可以为有会员制的企业和有特殊用户的单位提供短讯服务。

三、社会效应

我们开发的"亿龙及时通"不仅有广阔的发展前景，同时也有很好的社会效应：

1. 不用教育主管部门投资一分钱，就可以建起大型的数据采集、评估系统。"亿龙及时通"的最大功能就是把学生（信息源）每天的各种行为、表现如实地进行采集，进行系统的处理，日积月累，就可以对每个学校、每个校长、每个老师、每个学生的综合表现进行数字化处理，为教育主管部门提供真实的评价材料，为评价校长的能力、学校教学质量、教师教学水平、学生的成长过程提供了最基础的依据。

2. 为学校和家长之间的沟通提供了最快捷、最方便、最及时的方法。

3. 该系统可以对每个学生的各科成绩以及在本校、本省及全国所处位置进行评估，从而为家长调整孩子的主攻方向、辅导科目、选择高考志愿提供第一手资料。

综上所述，我公司开发的"亿龙及时通"是一个有着良好的社会效应和巨大的发展前途的产品，希望贵公司能支持我们，帮助我们，以便使本产品尽快进入全国市场。

西安亿龙软件技术有限公司
（992字）

练 习

一、根据课文内容，选择正确答案

1. "亿龙及时通"的收费方式为
   A. 按人数收取费用　　　　　　B. 按使用的流量收费
   C. 按月收取约定费用　　　　　D. 一次性交清所有费用

2. "亿龙及时通"软件已经
   A. 进入全国市场　　　　　　　B. 赚取了大量利润
   C. 开始进行各项测试　　　　　D. 得到用户的充分认可

3. "亿龙及时通"系统的开发缘于
   A. 医院管理系统的缺陷　　　　B. 交通管理系统的缺陷
   C. 一些特殊用户的要求　　　　D. 中小学学校和家长沟通存在的缺陷

4. "亿龙及时通"最大的功能是
   A. 流量大，用户多
   B. 具有超强的智能化处理功能
   C. 能够科学化系统化地对学校进行管理
   D. 能及时采集信息源的行为表现并进行系统处理

5. 本文最有可能是
   A. 一份产品推广说明书
   B. 向公众普及一种科技知识
   C. 一个公司的年度总结报告
   D. 向公众介绍一种新的教育管理模式

二、根据课文内容，判断正误

1. "亿龙及时通"正处于产品开发阶段。　　　　　　　　　　　　（　　）
2. "亿龙及时通"是一个短讯服务系统。　　　　　　　　　　　　（　　）
3. "亿龙及时通"将在每所学校建起大型的数据采集、评估系统。　（　　）
4. "亿龙及时通"可以为学生选择高考志愿提供参考数据。　　　　（　　）
5. "亿龙及时通"是一个有着良好社会效应的产品，所以在研发过程中得到了政府的资金投入。　　　　　　　　　　　　　　　　　　　　　　　　　　（　　）

三、选词填空

　　A. 第一手　　B. 日积月累　　C. 如实　　D. 反馈　　E. 动态　　F. 前景　　G. 相继

1. 语言学习和其他学科最大的不同在于它是一个_____的过程，从来没有一步登天的捷途。
2. 我们收到客户对产品的任何_____，不管是正面还是负面，差评还是好评，都会认真地记录下来。
3. 要加强投资信息平台建设，及时向社会公开发布国家产业政策、发展建设规划、国内外行业_____等信息，引导民间投资者正确判断形势，减少盲目投资。
4. 他们在企业发展规划中非常明白要进入中国市场必须认真了解中国消费者的_____真实信息。
5. 随着城市配套设施的完善，这一区域在客户心里的价值预期肯定会越来越高，所以说这个楼盘是很有升值_____的。
6. 我们客服团队的能力和素质已经在_____中逐渐达到完善。
7. 国瑞地产加快了集团化、规模化发展的步伐，在原有地产开发、销售的基础上_____成立了监理公司、物业公司、商业管理公司及独立的广告公司等，并积极拓展其他项目领域。
8. 研究院在招聘工作管理办法中规定，应聘人员必须_____填写人事资料，如有虚假内容，不予录用。
9. 新浪财经专注于报道最新的财经新闻、财经评论，提供_____的财经资讯。
10. 在收到用户的确认_____后，信息服务商才能向用户提供服务并相应计费。

四、简答题
1. "亿龙及时通"的服务对象主要是哪些？
  答：_____。
2. "亿龙及时通"的主要功能有哪些？
  答：_____。
3. "亿龙及时通"主要通过何种方式进行信息沟通？
  答：_____。

五、回答问题
1. 如果一所学校选用了该系统，对其管理有什么好处？
2. 目前，该系统的市场发展情况如何？
3. 你认为该系统的发展前景如何？

十九、跨国经营管理硕士课程班招生简章

面对 21 世纪经济全球化的竞争和挑战，为了有效地构建企业未来管理者的综合素质

和能力，西安交通大学管理学院专门为有志在国际性商务环境中发展职业生涯的大学毕业生和大中型企业管理人员设计了跨国经营硕士核心课程项目。该课程注重专业管理人士所需的理念、方法和技能的培育，帮助学员熟悉多变的国际商务环境，从而提高其在国际商务管理中分析和解决问题的能力。为此，本项目设置了针对企业跨国经营、海外商务特别是欧美商务管理所需的特色课程。

课程设置

核心课程：企业全球经营管理知识与技能、管理经济学、营销管理、财务管理、战略管理、管理决策方法、人力资源管理。

主修课程：欧洲商务环境与企业管理实务、国际管理战略、全球金融、管理与跨文化沟通、欧洲经济一体化、欧盟商务、国际贸易管理、管理组织学、财务会计、管理会计和控制、商务统计学。

项目优势

★领悟国际前沿管理理念，提升学员管理能力

在老师的指导下，学生将在第一学期确定硕士项目的内容和实习企业。在核心课程结束后，学生将深入企业，了解企业在管理中特别是国际经营中的难题，收集资料，提出方案，准备论文。论文答辩在比利时完成。

★提供全方位职业生涯规划和支撑

安特卫普大学管理学院（UAMS）的职业生涯管理旨在为学生提供就业支持。通过一系列有关职业规划、应聘技能的培训课程，学生将在大学老师和专家的指导下，设计自己的职业生涯，提高竞争能力。同时，学校组织企业在校园举办招聘面试会，并通过校友等其他网络，增加学生的就业机会。

招生标准

具有良好个人品行和道德风貌，身体健康的公民。

大学本科毕业，有良好的英语听、说、写水平（英语4级以上）。

有国际学习、工作经历的学生优先。

学习期限：半年。

授课语言：英文授课。

学习方式及学分转移

学生通过资格审查及面试后，参加西安交通大学管理学院举办的跨国经营管理核心课程班学习，修完所有课程且成绩合格者颁发西安交通大学管理学院结业证书。

本课程所修学分获比利时安特卫普大学认可，将转入欧洲学分体系（ECTS）（共24个学分，含课程学习18个学分，实习6个学分）。学员可赴比利时安特卫普大学管理学院完成主修课程（27个学分）并完成毕业论文（9个学分）。考试合格、论文通过答辩的学生将获得安特卫普大学的跨国经营管理硕士学位。该学位是由比利时弗兰芒大区政府注册、美国高等商学院联合会AACSB认可的正式学位。

费用：学费2万元人民币，赴比利时学费3000欧元。

开课时间：全年接受报名，开课时间初定 2007 年 9 月；本期开班限额招生 35 名。
教学地点：中国西安咸宁路 28 号西安交通大学管理学院＊＊＊室
邮政编码：710049
联系电话：086－029－＊＊＊＊＊＊＊＊/133＊＊＊＊＊＊＊＊
联系人：张老师　高老师
传真：086－029－＊＊＊＊＊＊＊＊

（1077 字）

练　习

一、根据课文内容，选择正确答案

1. 这个课程班的学员将要在比利时学习
   A. 7 门课程　　　　　　　　B. 11 门课程
   C. 18 门课程　　　　　　　D. 27 门课程
2. 本课程班的学员总共需要修满多少学分？
   A. 24 个　　　　　　　　　B. 27 个
   C. 84 个　　　　　　　　　D. 60 个
3. 参加这个课程班的学习，需要通过
   A. 面试　　　　　　　　　　B. 英语考试
   C. 论文答辩　　　　　　　　D. 资格审查及面试
4. 课程班学员的实习是在
   A. 第二学期　　　　　　　　B. 第一学期
   C. 论文答辩后　　　　　　　D. 全部课程结束后
5. 跨国经营管理硕士学位最后由
   A. 西安交通大学管理学院颁发　　B. 比利时安特卫普大学颁发
   C. 美国高等商学院联合会颁发　　D. 比利时弗兰芒大区政府颁发

二、根据课文内容，判断正误

1. 该课程班招收的都是大中型企业管理人员。　　　　　　　　（　）
2. 该课程班对招收对象的英语水平有较高的要求。　　　　　　（　）
3. 该课程班需要学生在西安和比利时两地完成学业。　　　　　（　）
4. 跨国经营管理硕士课程班报名的时间没有限制。　　　　　　（　）
5. 本期跨国经营管理硕士课程班招生名额有限制。　　　　　　（　）

三、选词填空

　　A. 构建　　B. 生涯　　C. 前沿　　D. 规划　　E. 旨在　　F. 颁发

　　G. 认可

1. 在这一世界级的盛会上，你可以饱览来自世界各地的_____科技，感受科技为人类带来的改变。

2. 事实上，很多企业在育人方面相当吝啬，每年的培训预算费用少得可怜，也没有_____合理、系统的培训体系，只是任员工自由发展。

3. 为了让人们享受更好的教育资源，这个地区_____了2所幼儿园、1所小学、1所初中。

4. 4月21日至27日，市司法局向全市通过2009年度国家司法考试的56名合格人员_____了法律职业资格证书。

5. 政府、企业和社会应共同努力_____有利于企业发展的机制和环境。

6. 川剧《马前泼水》演出后还安排了变脸、吐火等节目，_____让青年全面领略川剧魅力。

7. 大连星海世博展示公司作为一家在业内最早响应"绿色展览"理念并践行的公司为业内所熟知和_____。

8. 如何给这款面向移动互联时代的新品融入更_____的设计理念和时尚元素，是这支创新设计团队必须用行动来回答的问题。

9. 尽管瑞士天王费德勒在进入红土赛季以来战绩不佳，但这并不足以动摇他对未来职业_____的信心。

10. 这是怒江政府在海外举办的第一个高规格推广宣传活动，_____展示怒江大峡谷的独特风光，宣传中国唯一的傈僳族自治州浓郁的民族风情。

四、简答题

1. 跨国经营管理硕士班的核心课程有哪些？

　　答：_____。

2. 学校是怎样帮助增加学生就业机会的？

　　答：_____。

3. 学员将要在哪里进行毕业论文答辩？

　　答：_____。

五、回答问题

1. 跨国经营管理硕士课程班的培养目标是什么？

2. 要完成毕业论文，需要作哪些准备？

3. 跨国经营管理硕士课程班最吸引人的地方在哪儿？

二十、北京大学简介

北京大学创办于1898年，初名京师大学堂，是第一所国立综合性大学，当时既是中国的最高学府，也是中国最高的教育行政机关。1912年5月，京师大学堂改名为北京大学，著名的教育家、启蒙思想家严复出任北京大学第一任校长。1916年12月，蔡元培先生出任校长，坚持"兼容并包、思想自由"的治学理念，在学术和思想上将北大造就成中国首屈一指的大学。

北京大学始终保持"爱国、进步、民主、科学"的传统和"勤奋、严谨、求实、创新"的学风，百余年来，北大英才辈出，为民族复兴、国家强盛作出了不可替代的贡献。改革开放以来，北京大学在继续加强和发展基础学科的同时，着力发展国家经济建设、科技进步和社会发展急需的应用学科、交叉学科和新兴学科。2000年4月北京大学和北京医科大学合并成立新的北京大学。目前北京大学已经成为一所拥有自然科学、技术科学、新型工程科学以及人文科学、社会科学、管理科学、教育科学、医药科学和语言科学等多种学科的新型综合性大学，充分发挥着人才培养、科学研究、社会服务的功能。

北京大学现有普通本科学生14240人、硕士生8498人、博士生4234人，共有5个学部、45个院系、271个研究所（中心）、16个国家重点实验室、18个附属和教学医院。北京大学图书馆为亚洲最大的大学图书馆，现有藏书703万余册。

北京大学校园又称燕园，与圆明园、颐和园相毗邻，在明清两代曾是皇家的"赐园"。未名湖区湖光塔影，飞阁流丹，题词碑刻随处可见；教学区端宁恢弘，林荫大道和爬满常春藤的建筑山墙让人难以忘怀。"槛外山光，窗中云影"，这里正是读书学习之佳处。

随着教学科研经费的增加，北京大学的硬件设施得到了长足的发展。崭新的现代化理科教学楼群、亚洲高校最大的大学图书馆和即将建成的文科教学楼群是北大新的标志性建筑，这些建筑群与历史悠久的皇家园林式建筑相映生辉，使美丽的燕园既古朴幽雅又不失现代气息。学生住宿条件也有很大的改善，校园网已经通达每一间学生宿舍，学生可以在轻松舒适的环境中去知识的海洋里遨游。

北京大学是国际性、开放性的大学，置身于此，可以放眼世界，胸怀天下。现有来自近百个国家的四千余名留学生在北大求学，每年都有外国元首与政府首脑访问北大。9位诺贝尔奖得主曾登上北大讲台，8位国家元首与政府首脑曾莅临北大发表演讲。

（917字）

（根据网站资料综合编写）

练 习

一、根据课文内容，选择正确答案

1. 北京大学的前身是
   A. 燕园　　　　　　　　　　B. 京师大学堂
   C. 教育行政机关　　　　　　D. 国立综合性大学
2. 文章第二段主要介绍北京大学的
   A. 传统　　　　　　　　　　B. 学风
   C. 历史　　　　　　　　　　D. 特色
3. 文章第三段主要介绍北京大学的
   A. 规模　　　　　　　　　　B. 学生人数
   C. 院系设置　　　　　　　　D. 科研实力
4. 下面哪一个是北京大学的别名？
   A. 燕园　　　　　　　　　　B. 赐园
   C. 颐和园　　　　　　　　　D. 圆明园
5. 文章第五段介绍的是
   A. 北京大学的经费问题　　　B. 北京大学的校园特色
   C. 北京大学建筑的特点　　　D. 北京大学硬件设施的发展

二、根据课文内容，判断正误

1. 北京大学曾经既是中国的最高学府，也是最高的教育行政机关。（　　）
2. 严复奠定了北京大学的基本治学理念。（　　）
3. 北京大学建校一百多年来，出现了很多杰出的人才。（　　）
4. 北京大学与圆明园、颐和园相隔不远。（　　）
5. 有9位诺贝尔奖获得者曾在北大发表演讲。（　　）

三、选词填空

　　A. 英才辈出　　B. 首屈一指　　C. 相映生辉
　　D. 古朴幽雅　　E. 难以忘怀　　F. 不可替代

1. 广西自然资源丰富，水资源和海洋资源在中国南部省份_____。
2. 湖南作为我国中部地区的一个重要省份，人口众多，资源丰富，山川秀美，文化灿烂，自古_____，是毛泽东的故乡，有着悠久的革命传统。
3. 经过历时9年的建设，三峡人家已发展成为目前三峡地区旅游功能最全、基础设施最完善的风景区，它与三峡大坝_____，成为湖北旅游的一张闪亮名片。

4. 明清时期的古城墙以及40多幢_____的古民居构成了三峡库区保存最完整的一座古城。
5. 伴随着那首欢快的祝福歌曲，我度过了一个令我终生_____的美好夜晚。
6. 这些历史性人物，在其所处的位置上，都是_____的，具有"唯一性"。
7. 走在全运村，红色墙砖、黄色墙面与层次丰富的绿色植物_____，一个成熟的高档社区已然成型。
8. 作为全球_____的专业建筑用化学产品公司，西卡公司活跃于化学建材领域，主要由建筑工程和制造业应用两部分构成。
9. 城市绿化具有的这些生态特性，决定了其在改善城市生态环境方面_____的作用。

四、简答题

1. 蔡元培校长的治学理念是什么？
   答：_____。
2. 北京大学的学风是什么？
   答：_____。
3. 北京大学拥有哪些学科？
   答：_____。

五、回答问题

1. 简述一下北京大学的历史。
2. 根据课文，介绍一下北京大学的校园风光。
3. 为什么说北京大学是一所国际性、开放性的大学？

二十一、顾客须知

亲爱的顾客：

  欢迎您光临玛丽阿姨健康洗衣连锁店！本店采用全封闭环保干洗机及玛丽阿姨专业洗涤技术，精心呵护您的每一件衣服，请您在洗衣前详细阅读以下细则：

  一、将衣物的面料以及污渍的情况（包括污渍的性质、形成的时间等）详细告知前台收衣人员，以便我们更加有效地处理好您的衣物。

  二、衣物上的污渍我们将尽力去除，但原则上以不损坏面料为前提，因此，如有未去尽之处，敬请谅解。有些面料污渍去除后会出现发白、变浅、发花等情况，属正常现象；织物出现霉迹，毛织品被虫蛀之处洗后出现沙眼、小洞、断线等，不属于干洗质量问题，故本店不承担责任。

　　三、由于衣物本身的染色或其他质量问题而造成的褪色及损坏，以及在送至本店前经干洗/水洗而造成的损坏（如胶装起泡、变色等），本店表示遗憾，但不承担任何责任。

　　四、凡需要熨烫、漂白、织补、褪色、修改及特殊处理的衣物，收活儿时对衣况不作过细检查，本店将按您的要求尽力处理，但最终以本店标准为准。

　　五、由于挂衣架的容量有限，我们替您保管衣物的最长时间为十天，请您及时领取衣物，若需长期保存或有急事需延长时间请告诉我们，每天加收保管费 0.30 元/件，超过三个月未取走的衣物，如有丢失，本店不再承担责任。

　　六、当您取衣时请仔细检查，如发现有质量问题请立即告知店员处理，离店后发生任何问题本店概不负责。

　　七、当您的衣物价值较高（1000 元以上）时，为保护您的衣物，请您和收衣人员共同认定衣物价值并做出保质精洗的约定条款，保质精洗费为双方认定衣物价值的 3%～5%。

　　八、由于本店操作不当而使衣物丢失或损坏，我们将真诚向您致歉并作出适当赔偿，索赔事宜应在 24 小时内提出，并附有原洗衣单、商店的购买单据。赔偿将按洗衣行业的有关规定进行，有保质精洗条款的按保质精洗条款赔偿，没有约定条款的按衣物洗衣费的 5～10 倍赔偿。

　　九、当您的衣物属于人造革、涂层面料（防寒羽绒服大多属涂层面料）、复合面料或者静电植绒时，为保护您的衣物形态及面料，我们均采用防缩水洗，不影响织物的本身质量，若您坚持干洗，我们在票面上注明"干洗后果自负"，敬请谅解。

　　十、本店对以上须知及给您的承诺保留最终解释权，如您有任何意见和建议，请及时提出，以便我们向您提供更完善的服务。

（892 字）

练　习

一、根据课文内容，选择正确答案

　　1. 根据《顾客须知》，我们可以知道这家洗衣店在洗涤衣物时最为看重的是
　　　　A. 所洗衣物的洁净程度　　　　B. 保持衣物本身的颜色
　　　　C. 保证衣物的形状没有改变　　D. 保护衣物面料不受损坏

　　2. 什么情况下洗衣店应该承担责任？
　　　　A. 织物出现霉迹　　　　　　　B. 毛织品被虫蛀
　　　　C. 毛织品洗后出现沙眼、小洞、断线　　D. 污渍去除后面料发白、变浅、发花

3. 什么情况下最好和洗衣店签订保质精洗的约定条款？
　　A. 衣物价值较高　　　　　　B. 无法及时取走衣物
　　C. 衣物需要特殊处理　　　　D. 衣物本身有质量问题
4. 下面哪种衣物最好采用防缩水洗？
　　A. 有霉迹的织物　　　　　　B. 防寒羽绒服类
　　C. 被虫蛀的毛织品　　　　　D. 价值千元以上的衣物
5. 由于洗衣店的责任使衣物受到损坏时，洗衣店
　　A. 按商店购买单据赔偿　　　B. 在 24 小时内给予赔偿
　　C. 按衣物洗衣费的 5～10 倍赔偿　　D. 按洗衣行业的有关规定进行赔偿

二、根据课文内容，判断正误

1. 洗衣前应向工作人员介绍衣物的情况。　　　　　　　　　　（　　）
2. 衣物上的污渍如果没有洗掉，洗衣店需要承担责任。　　　　（　　）
3. 衣物洗涤过程中如果出现染色、褪色、变色，洗衣店不承担责任。（　　）
4. 熨烫、修改衣物等，洗衣店可以根据顾客的要求来做。　　　（　　）
5. 保质精洗的费用是根据衣物的价值来确定的。　　　　　　　（　　）

三、选词填空

　　A. 前提　　B. 谅解　　C. 赔偿　　D. 条款　　E. 完善

1. 在我们这个集团里，一切必须以有益于我们团体事业为_____。
2. 您放心，您这次住院的所有费用，包括误工费，我们都会_____的。
3. 为了专心创作，我谢绝了一切应酬，朋友们也能_____。
4. 我仔细研究了合同，觉得有些_____很不合理，应该进一步与对方商谈。
5. 随着技术的发展和_____，未来人们通过网络获得各种信息和服务，就像打开水龙头使用自来水一样快速便捷。
6. 街道办事处表示，为尽量减少对该路段交通的影响，只能夜间施工，望居民_____。
7. 在保证判决结果正确的_____下，应加强对个人权利的保护，强化当事人的请求权，提高权利保护的及时性。
8. 在市场机制尚不_____的情况下，更好发挥政府在调控方面的作用成为了工作重点。

四、简答题

1. 顾客洗衣前应该把哪些情况向洗衣店的工作人员说明？
　　答：_____。

2. 如果送洗的衣物丢失或损坏，应如何向洗衣店提出索赔？
   答：_____。
3. 哪些衣物适合防缩水洗？
   答：_____。

五、回答问题
   1. 如果洗过的衣物有变化，哪些情况下洗衣店不承担责任？
   2. 哪些情况下洗衣店应该赔偿顾客的损失？
   3. 你觉得洗衣店的"顾客须知"中的说明都合理吗？为什么？

二十二、"一日游"合同条款

1. 旅行社义务：
（1）应当在签约前向旅游者出示《营业执照》和《旅行社业务经营许可证》，如实告知有关旅游行程、餐饮、车辆、购物等方面安排的真实情况。
（2）应当按照约定为旅游者提供旅游服务，保证服务不低于《旅行社国内旅游服务质量要求》确定的标准，并不得指定购物、安排自费项目或医疗咨询；除约定费用或为满足旅游者特殊需要外，不得另行收取其他任何费用；未经旅游者书面同意，不得将旅游者转至其他旅行社合并组团。
（3）应当保证所提供的服务符合旅游者人身、财产安全的要求；对可能危及旅游者人身、财产安全的事宜，向旅游者作出真实的说明和明确的警示，并积极采取防止危害发生的措施。

2. 旅游者义务：
（1）应当确保自身身体条件能够完成旅游活动，并全额支付旅游费用。
（2）应当与旅行社互相协助共同完成旅游活动，不得因个人原因强迫旅行社改变约定的团队行程或擅自离团活动，并应当遵守国家的法律及有关规定，遵守公共秩序，尊重社会公德。
（3）应当妥善保管自己的行李物品，贵重物品应当随身携带或采取其他保护措施。

3. 旅游者退团：旅游者在出发日前一日 16：00 前通知旅行社解除合同的，旅行社应当全额返还旅游费用；旅游者在上述时间之后通知解除合同的，或未能按照约定时间、地点集合出发又未能中途加入的，旅行社可以在扣除 20% 的违约金后返还剩余旅游费用。

4. 旅行社取消：旅行社可以在出发日前一日 16：00 前通知旅游者解除合同，并应当全额返还旅游费用；旅行社在上述时间之后通知解除合同的，除全额返还旅游费用外，还应当按照旅游费用 20% 的标准支付违约金。

5. 旅行社责任：

（1）提供的旅游服务未达到约定或《旅行社国内旅游服务质量要求》确定的标准的，按照《旅行社质量保证金赔偿试行标准》或旅行社责任保险的有关规定进行赔偿。

（2）擅自指定购物、安排自费项目或医疗咨询的，应当按照旅游费用的50％向旅游者支付违约金。

（3）强迫或者变相强迫旅游者购物、参加自费项目或接受医疗咨询的，应当按照旅游费用的100％向旅游者支付违约金。

（4）在行程中单方解除合同的，应当承担由此给旅游者造成的滞留期间食宿费、返回出发点交通费等实际损失，并按照旅游费用的100％向旅游者支付违约金。

6. 旅游者责任：

（1）因自身过错、自由活动期间内的行为或自身疾病引起的人身、财产损失应当自行承担；由此给旅行社或第三方造成损失的，旅游者应当承担赔偿责任。

（2）在行程中因自身原因单方要求解除合同或自愿放弃某项旅游项目的，旅行社可以不退还相应旅游费用；未按照约定及时参加旅游项目或搭乘交通工具的，视为自愿放弃。

7. 意外事件及第三方过错：对由于交通阻塞等意外事件以及第三方侵害等不可归责于旅行社的原因导致旅游者人身、财产权益受到损害的，旅行社不承担责任，但应当积极协助旅游者解决与责任方之间的纠纷。

8. 争议解决：本合同项下发生争议，双方应当协商解决或向旅游质监所、消费者协会等有关部门投诉；协商、投诉解决不成的，可以向有管辖权的人民法院起诉，或按照另行达成的仲裁协议申请仲裁。

（1233字）

（来源：北京市政府门户网站）

练 习

一、根据课文内容，选择正确答案

1. 如果旅行中存在可能危及旅游者人身、财产安全的事，旅行社应当
   A. 去制止危害发生　　　　B. 取消相关的行程
   C. 如实告知旅游者　　　　D. 对旅游者提出安全要求

2. 关于旅行途中的购物，下面哪种说法正确？
   A. 旅行社应负责安排旅游者购物
   B. 旅游者不能擅自在旅游途中购物
   C. 旅行社不能指定或强迫旅游者购物
   D. 旅游者购物须向旅行社支付一定费用

3. 如果旅行社在出发当日取消了旅行，那么旅行社应当
   A. 提前通知旅游者　　　　　　　B. 和旅游者解除合同
   C. 退还旅游者全部费用的20%　　D. 退还全部费用并支付20%的违约金
4. 根据这份合同，旅游者在自由活动期间发生意外
   A. 可向旅行社要求赔偿　　　　　B. 需要自己承担一切后果
   C. 旅行社应退还其相应的费用　　D. 旅行社应退还其全部旅游费用
5. 旅游者在旅行过程中遭遇意外事件，旅行社应
   A. 承担全部责任　　　　　　　　B. 首先找到责任人
   C. 赔偿受害人损失　　　　　　　D. 积极协助旅游者解决问题

二、根据课文内容，判断正误
　　1. 签订合同前旅游者有权要求旅行社介绍行程的真实情况。（　）
　　2. 旅行社有权根据需要将旅游者转入其他旅行社合并组团。（　）
　　3. 旅游者如有特殊原因可请求旅行社改变团队行程。（　）
　　4. 行程中旅行社单方面解除合同只需全额退还旅游者旅游费用即可。（　）
　　5. 如果旅游者未能按照约定及时参加旅游项目或搭乘交通工具，旅行社不应承担责任。（　）

三、选词填空
　　A. 争议　　B. 纠纷　　C. 滞留　　D. 变相　　E. 返还
　　F. 妥善　　G. 擅自　　H. 另行　　I. 出示　　J. 告知

1. 细心的陈先生发现，一些换过包装的饮料容量缩小了，但价格却没有下降。对此，多数消费者认为，这是明摆着的_____涨价。
2. 今天上午10时许，甬金高速发生一起六车相撞交通事故，造成甬金高速往宁波方向罕见大堵车，警方很快打通了超车道，疏导_____车辆缓慢通过。
3. 郭德纲也一直是个有_____的人，批评他的板砖和赞美他的鲜花差不多一样火暴。
4. 根据我国《担保法》规定，给付定金的一方不履行约定的债务的，无权要求_____定金；收受定金的一方不履行约定的债务的，应当双倍_____定金。
5. 该公司所管理的9路公交线路都是确定了的，公交车司机没有权利_____更改线路。
6. 相关业内人士提醒，这些人基本没有签订正规的劳动合同，一旦发生_____，雇主财产损失不受法律保护。
7. 住建部将于9月至10月期间组织开展全国督查，具体时间_____通知。
8. 如选手中途退出比赛，必须_____裁判，并将被取消本场比赛资格。
9. 这首歌词犀利的单曲一经推出，立刻在网上引起网友诸多关注和_____。

10. 李某某说，作为此房的共有人，张某在没有征得自己同意的情况下，_____转让此房，合同应是无效的。
11. 民警上车后发现，车内除了一个酒气熏天的青年和一脸茫然的司机外，无其他可疑分子，于是责令司机_____驾驶证和行驶证。
12. 随着灾区永久性住房的相继完工，四川 60 万套临时过渡性板房将得到_____处理。

四、简答题

1. 一个合法的旅行社需要有哪些证件？
   答：_____。
2. 小李报名参加了 10 月 1 日的旅行团，但因突然生病，不得不在 9 月 30 日下午 5 时通知旅行社取消旅行。根据协议，旅行社将怎样处理小李的情况？
   答：_____。
3. 旅行社提供赔偿的依据是什么？
   答：_____。

五、回答问题

1. 根据这份合同，旅行社的责任和义务主要有哪些？
2. 这份合同主要对旅游者的哪些行为进行了约束？
3. 如果旅游者与旅行社发生争议，应当如何处理？

二十三、关于切实做好当前森林防火工作的紧急通知

各市、县人民政府，省政府有关部门：

2 月中旬以来，气温迅速回升，森林火险等级急剧增高，我省四大林区 4 级以上火险等级高达 20 天，一些地方相继发生森林火灾。当前，我省正值森林防火戒严期和火灾高发期，防火形势十分严峻。对此，省委、省政府高度重视，要求狠抓森林防火工作。为切实做好当前森林防火工作，经省政府同意，现就有关事项紧急通知如下：

一、加强组织领导，层层落实责任制。各地尤其是林区要切实把森林防火工作摆上重要议事日程，进一步加强领导，层层落实森林防火行政领导负责制，坚持"一手抓生产，一手抓森林防火"。要认真分析当前森林防火形势，汲取一些地方发生森林火灾的教训，举一反三，克服松懈麻痹思想，精心组织，周密部署，切实做好各项防火工作，真正做到山有人管、林有人护、责有人担，确保不发生大的森林火灾和人员伤亡事故。

二、严格火源管理，杜绝森林火灾隐患。各地要根据实际情况，适时发布森林防火戒严

令,划定戒严区域、戒严地段,采取必要的防范措施,严防发生火灾。要坚持"疏堵结合"原则,精心组织开展可燃物清理工作,既要加强对野外生产用火的技术指导和监督,又要通过组织开展隐患大排查工作,对重点部位和重点人员严防死守,坚决管住违规用火。要加强特殊时期、重点地段、重要时节的火源管理,杜绝可能引发森林火灾的隐患。要采取多种形式,充分利用新闻媒体,大力开展面向基层、面向群众、面向重点区域的森林防火宣传教育活动,真正做到家喻户晓、人人皆知,把预防森林火灾变为全社会的自觉行动。

三、完善应急预案,及时做好森林火灾扑救。各地要进一步完善森林防火应急预案,全面落实各项森林防火措施。一旦发生森林火灾,要立即启动预案,及时组织、科学指挥扑救,把损失减少到最低限度,确保不发生伤亡事故。要切实抓好森林防火物资储备工作,对现有扑火机具设施进行一次全面的检查检修,确保设备齐全完好。要加强各类森林消防队伍建设,随时做好扑救森林火灾的准备,提高扑救能力,做到早发现、早扑灭,实现森林火灾打早、打小、打了。

四、加强值班调度,严格火情报告制度。各级森林防火办公室必须坚持24小时值班和领导带班制度,保证信息畅通无阻。要严格火情报告制度,规范森林火情、火灾报送程序和时限。对国家林业局卫星林火监测中心通报的热点火情信息,必须认真核查,及时报告。

五、强化检查督查,严肃查处火灾案件。各级政府要由领导带队,抓紧深入到重点林区和火灾易发多发地区,逐项检查森林防火措施的落实情况,排查隐患,及时解决存在的问题。森林公安机关要切实做好森林火灾案件查处工作,依法严厉打击火灾肇事者,公开曝光典型案例,警示和教育广大群众引以为戒,对每起违章用火、每起森林火灾都要查清原因,依法从快从严追究。

(1112字)

(来源:安徽省人民政府网站　有改动)

练　习

一、根据课文内容,选择正确答案

1. 下发该紧急通知的背景是
   A. 气温升高得太快　　　　　　B. 各地接连不断发生火灾
   C. 该省进入了森林火灾的高发期　D. 该省四大林区的火灾已经持续20天了

2. 通知第一条的中心意思是
   A. 要加强领导,落实责任　　　B. 要安排好看护山林的人员
   C. 要开始重视森林防火工作　　D. 要了解当前森林防火的形势

3. 通知第二条主要是
   A. 安排预防森林火灾的各项工作
   B. 划定需要防火戒严的区域和地段
   C. 安排防火的重点部位和重点人员
   D. 列举可能存在的各种森林火灾隐患
4. 通知第三条的中心意思是
   A. 对森林火灾扑救提出标准
   B. 指导各地如何进行森林火灾扑救
   C. 指导各地制定森林火灾应急预案
   D. 要求各地完善森林火灾的应急预案
5. 根据本通知，如果发生森林火灾，必须
   A. 向公众公开   B. 查清火灾原因
   C. 找到火灾肇事者   D. 迅速、严厉地处理领导人

二、根据课文内容，判断正误
   1. 春天这个地区容易发生森林火灾。   （   ）
   2. 应该从上到下落实防火的各项工作，责任具体到个人。   （   ）
   3. 森林火灾高发期间要严格禁止野外生产用火。   （   ）
   4. 各级森林防火办公室必须24小时有人值班。   （   ）
   5. 各级政府都要派出领导去重点地区检查防火工作。   （   ）

三、选词填空
   A. 松懈麻痹   B. 严防死守   C. 畅通无阻
   D. 举一反三   E. 家喻户晓   F. 引以为戒

   1. 《西游记》、《水浒传》中的人物在中国是_____的。
   2. 毛泽东是一个善用奇兵之人，同他打仗，你不能有任何一点儿_____，晚上睡觉，都得像竖着耳朵半眯着一只眼的猫。
   3. 丰田汽车召回事件对快速扩张的中国汽车产业很有警示作用。国内汽车企业应_____，在追求效益的同时，应格外注重产品质量与安全。
   4. 对重点林区、地段、景区实行专人负责，24小时_____，坚决杜绝一切火种入山，严禁一切野外用火。
   5. 教师在教学的过程中要善于启发学生多动脑筋，多思考问题，这样学生学到的知识就会比较灵活，并且能够_____。
   6. 犯错并不可怕，希望你能_____，不要再自以为是了。
   7. 迪斯尼主题公园成功的关键在于其拥有众多_____的卡通人物，比如米老鼠、唐老鸭、白雪公主，等等。

8. 楼梯、通道、安全出口等是火灾发生时最重要的逃生之路，应保证_____，切不可堆放杂物或设闸上锁，以便紧急时能安全迅速地通过。

四、简答题
1. 这份紧急通知是由什么机构发出的？
   答：_____。
2. 森林火灾高发期间，林区领导的工作原则是什么？
   答：_____。
3. 一旦发生森林火灾，政府相关部门应该怎么做？
   答：_____。

五、回答问题
1. 你认为本文最重要的一个词语是什么？为什么？
2. 火灾应急预案包括哪些方面？
3. 对森林火灾案件应该怎样处理？

二十四、天津市房地产市场调查分析报告（节选）

近几年天津房地产市场发展取得了较大的成绩，但是，目前尚处于初步发展阶段，存在着诸多矛盾和问题。这是天津市权威部门一份调查研究报告对房地产市场作出的评价。

天津房地产市场调查研究报告认为天津房地产市场存在三方面问题：

一、房地产市场发展不均衡，结构需进一步完善。

到目前，天津房地产市场发展只有 20 余年时间，虽然市场主体的发育和交易数量已初步形成规模，但是市场结构并不完善。突出表现在：住房存量市场与增量市场发展不协调，成交不活跃，对增量市场的拉动作用没有充分发挥；销售市场活跃，租赁市场发育明显滞后，管理机制不健全，市场秩序较乱；中介服务市场明显落后于商品房市场的发展，中介专业化程度低，服务内容单一，从业人员素质低，市场信誉差，无法满足大规模市场流通的需要；市场经营主体数量多，但信誉好、实力强、规模大的开发中介企业市场占有率低等。

二、适应房地产市场经济发展的行政管理机制尚未建立。

天津房地产市场管理体制仍处在计划经济向市场经济转轨过程中，房地产市场宏观调控机制和管理机制仍不健全，不能充分发挥市场机制在房地产资源配置中的基础性作用。表现在：房地产市场管理机构分设，政出多门，土地市场的管理、房地产供应计划的管理以及销售管理相互脱节，住宅供应不能及时适应需求变化；商品房销售过程中缺乏有效的监管机制，造成市场竞争不公平；政府部门审批环节多，收费高，效率低，服务意识差，直接影响了住宅的建设和流通速度；政府公共信息服务系统尚不完善，缺乏对市场的科学分析和有效监控。

  三、法制建设需进一步加强，市场秩序需进一步规范。

  天津房地产执法依据以政府规章和规范性文件为主，房地产租赁等重要的经济活动还没有专项法律、法规。已有的法规、规章还需要进一步修订，立法的水平亟需提高。管理部门市场执法力度小，缺乏有效的监管。住宅销售中虚假广告、无证售房、虚假信息、签订不平等买卖合同、延期交房、面积缺斤短两、产权没有保证、中介乱收费、房屋质量差等侵害购房者权益的现象时有发生，极大地打击了购房者的信心，抑制了消费者的购房欲望。

（847 字）

（来源：中国天津企业网 有改动）

练 习

一、根据课文内容，选择正确答案

  1. 对于本文第一段，下面哪一句概括得最准确？

   A. 天津房地产市场发展很快

   B. 天津房地产市场存在三个问题

   C. 天津房地产市场取得了很大的成绩

   D. 天津房地产市场刚开始发展，问题很多

  2. 天津房地产市场结构不完善突出表现在几个方面？

   A. 10 个方面   B. 8 个方面

   C. 4 个方面   D. 3 个方面

  3. 属于政府行政管理问题的是

   A. 审批环节多、效率低   B. 租赁市场发展过慢

   C. 中介专业化程度低   D. 对住宅流通速度缺乏控制

  4. "房地产市场管理机构分设，政出多门"反映了什么问题？

   A. 市场秩序不规范   B. 缺乏有效的监管机制

   C. 政府管理机制不健全   D. 房地产市场发展不均衡

  5. 住宅销售中存在无证售房、延期交房等问题说明了什么？

   A. 购房者缺乏信心   B. 市场结构不完善

   C. 市场竞争不公平   D. 市场缺乏有效的监管

二、根据课文内容，判断正误
1. 天津房地产市场发展的时间还相对较短。（　）
2. 天津房地产市场中介服务人员数量过少，无法满足市场流通需要。（　）
3. 适应天津房地产市场经济发展的行政管理机制还没有建立。（　）
4. 天津市的土地市场的管理、房地产供应计划的管理和销售管理相互之间缺乏联系。（　）
5. 在房地产租赁方面天津市需要进一步完善自己的法律、法规。（　）

三、将下列词语和它们的正确解释连起来
1. 存量市场　　　A. 分别设立多个机构
2. 增量市场　　　B. 事物之间没有联系，互不衔接
3. 发育滞后　　　C. 已经饱和的市场
4. 转轨　　　　　D. 市场发展落后于需求
5. 宏观调控　　　E. 交易时短缺分量
6. 机构分设　　　F. 还有上升空间的销售市场
7. 政出多门　　　G. 转换体制
8. 相互脱节　　　H. 政府制定政策措施以调节市场经济的运行
9. 缺斤短两　　　I. 政令由许多部门发出

四、简答题
1. 天津中介服务市场存在的问题是什么？
答：_____。
2. 商品房销售过程中存在哪些问题？
答：_____。
3. 侵害购房者权益的现象都有哪些？
答：_____。

五、回答问题
1. 天津房地产市场结构不完善表现在哪些地方？
2. 天津市政府在房地产市场管理方面存在的问题是什么？
3. 房地产市场秩序不规范带来的后果是什么？

二十五、面向未来，实施核心竞争力战略

中国青基会的核心竞争力是与希望工程一道成长起来的，正是在发起和实施希望工程的过程中，中国青基会铸造了文化，锻炼了队伍，完善了管理，确立了品牌，而文化、队伍、管理和品牌及其有效整合构成了中国青基会的核心竞争力。尽管核心竞争力是与希望工程一道成长起来的，并且集中体现在希望工程这一核心项目上，但是它并不是希望工程的"寄生物"或"附属品"，它是独立于希望工程的属于中国青基会的无形资产。它不但可以造就希望工程，也可以成功地造就其他项目。它是过去、今天和未来中国青基会一切成功项目的基础和源泉。普拉哈拉德和哈默尔指出："核心竞争力是通过连续提高的过程建立起来的，这个过程得要十年或更长的时间。"

构成中国青基会核心竞争力的基本能力要素包括由强烈的社会责任感，对成功的渴望，对弱者的同情，不可遏止的创新激情，人与人真诚的尊重、信任、关心和平等所构成的机构文化；包括渗透了文化精髓并与管理体制一道成长起来的队伍及其团队精神；包括由项目开发能力、筹资能力、项目管理能力、完备的内部监督机制、开发和管理外部资源的能力所构成的管理能力；包括成功培育并拥有商标权的希望工程这一巨型公益品牌。

"文化"界定了"我们想干什么"，规定了我们必须遵循的最基本的价值观念和行为准则。但是，仅有雄心壮志是不够的，远大的目标必须落实为具体的项目，而成功的项目需要高效率的团队去实施和完成，"队伍"为此提供了保障。仅有目标、人和原则性的道德律令还不够，要把事情办好，还要有一套行之有效的项目开发和项目管理办法，"管理"使这一切成为可能。"品牌"代表了社会对我们的肯定和信任，它使我们能够取得广泛的社会认同，低成本地获得各种资源。可以说，文化、团队、管理和品牌构成了一个相对完整的能力组合，使得中国青基会能够通过不断创新，推出一系列满足社会需要的公益项目，获得广泛的社会支持和大量的资源，确立并保持自己的先进地位。更为重要的是，在这一过程中，中国青基会的核心竞争力也得到不断提升。

显然，这样的一组基本能力能够为公益事业作出贡献，因而也能够为青基会带来资源。其次，这样一组能力不仅能够成功地支持希望工程，也能够支持其他项目，如希望工程的系列衍生项目——展望计划、中华古诗文经典诵读工程、保护母亲河行动等项目。最后，也是最重要的，如果我们确定无疑地具备了这样一组能力，那么这种能力的组合将是难于复制和模仿的。这种难于模仿性来自独特的不可重复的历史环境，在日常工作中形成的默契、习惯和非正式人际网络，与文化、员工的工作方式高度和谐的管理体制，经过长期的努力建立起来的社会信任。

(1062字)

(选自：《回顾与展望：实施核心竞争力战略》　作者：徐永光　有改动
来源：http://www.project－hope.sh.cn/)

练 习

一、根据课文内容，选择正确答案

1. 构成了中国青基会的核心竞争力的因素是

   A. 它们的品牌文化和管理队伍

   B. 独立于希望工程的无形资产

   C. 与希望工程一起成长起来的能力

   D. 文化、队伍、管理和品牌及其有效整合

2. 第一段主要讲中国青基会的

   A. 核心竞争力的内容　　　　B. 核心竞争力的作用

   C. 核心竞争力从何而来及其作用　　D. 核心竞争力与希望工程的关系

3. 第二段主要介绍

   A. 核心竞争力的特色　　　　B. 如何才能具备核心竞争力

   C. 如何培育这种核心竞争力　　D. 构成核心竞争力的因素的内涵

4. 第三段的主要内容是

   A. 文化、队伍、管理、品牌的作用

   B. 文化、队伍、管理、品牌的内容

   C. 文化、队伍、管理、品牌之间的相互关系

   D. 中国青基会如何确立并保持自己的先进地位

5. 第四段中提到的"这样的一组基本能力"是指

   A. 中国青基会的管理能力

   B. 中国青基会的核心竞争力

   C. 中国青基会的团队协作能力

   D. 中国青基会在项目开发、管理和筹资方面的能力

二、根据课文内容，判断正误

1. 中国青基会在发起和实施希望工程的过程中形成了自己的核心竞争力。（　　）

2. 中国青基会拥有希望工程的商标权。（　　）

3. 文化界为中国青基会规定了必须遵循的基本的价值观念和行为准则。（　　）

4. 中国青基会已经推出了很多社会需要的公益项目。（　　）

5. 中国青基会的核心竞争力是值得学习和普及推广的。（　　）

三、选词填空

A. 造就　　B. 渗透　　C. 监督　　D. 公益　　E. 遵循　　F. 默契
G. 不可遏止　　H. 雄心壮志　　I. 行之有效

1. 地理上的阻隔，各人种对美食的不同认识，_____了世界上变化万千的各式菜品。
2. 没有人能够质疑詹姆斯的_____，他希望能够成为体育界史上最成功的商业巨子。
3. 大家一起背单词、做练习，互相_____，互相帮助，学习过程生动而有趣。
4. 我觉得减少饮食或者少摄取容易长胖的成分固然是个好办法，但是增加运动消耗卡路里也是另一种_____的减肥方法。
5. 音乐会在《柯里奥兰序曲》华美、激越的旋律中拉开序幕，扣人心弦的乐音_____地不断迸发。
6. 《圣经》是西方世界的历史、社会和文化的集中反映，《圣经》中的一些语言已经_____到英语的日常生活用语当中。
7. 这种企业一旦注入新的管理思想，有一套_____的管理办法，很快就能够被激活起来。
8. 父亲在青年时代就立下_____：决不靠祖宗的遗产生活，要靠自己的奋斗成为一个对社会有用的人。
9. 中国画受中国传统思潮影响，强调表现作者的内心情感而非外部物体，并不严格_____时空概念。
10. 这次校足球赛，由于我们班的队员配合_____，又技高一筹，终于取得冠军。
11. 人们追求生活质量的不断提升，追求汽车梦，这是一种_____的需求。
12. 他们追求的共同目标是：大公无私的政府、公平的税收、对公共事业公司的管理以及面向下层阶级的_____服务事业的扩大。

四、简答题

1. 中国青基会的机构文化是什么？
   答：_____。
2. 对中国青基会来说，"品牌"的意义是什么？
   答：_____。
3. 文中提到了中国青基会的哪些项目？
   答：_____。

五、回答问题

1. 介绍一下构成核心竞争力的四个因素之间的相互关系。
2. 为什么说中国青基会的核心竞争力是难以模仿的？
3. 这篇文章中最关键的一个词是什么？你对这个词有什么理解？

二十六、《蓝海战略》译者序

欧洲工商管理学院的 W·钱·金教授和勒妮·莫博涅教授所著的《蓝海战略》一书自 2005 年 2 月由哈佛商学院出版社出版后，在世界范围内获得了很大的反响，先后获得了"《华尔街日报》畅销书"、"全美畅销书"、"全球畅销书"的称号，迄今为止已经被译成 24 种文字，打破了哈佛商学院出版社有史以来出售国际版权的纪录。

《蓝海战略》所引起的热烈反响，在很大程度上反映了在当今的商业现实和竞争态势下，全球的企业界对寻求新的战略手段以实现获利性增长的强烈渴望。自从迈克尔·波特的《竞争战略》和《竞争优势》这两部战略管理专著问世后，"竞争"就成了战略管理领域的关键词。在基于竞争的战略思想指导下，企业常常在"差异化"和"成本领先"战略之间选择其一，确立自身的产品或服务在市场中的独特定位，以便打败竞争对手，最大限度地占有市场份额。然而，追求"差异化"战略意味着相应地增加成本，而以"成本领先"为导向的战略又限制了企业所能获取的利润率。今天，在越来越多的产业中，竞争白热化，而需求却增长缓慢甚至停滞萎缩。随着越来越多的企业去瓜分和拼抢有限的市场份额和利润，无论采取"差异化"还是"成本领先"战略，企业取得获利性增长的空间都越来越小。在这种情况下，企业如何才能从血腥的竞争中脱颖而出？如何才能启动和保持获利性增长？

金教授和莫博涅教授在《蓝海战略》中为企业指出了一条通向未来增长的新路。蓝海战略要求企业把视线从市场的供给一方移向需求一方，从关注并比超竞争对手的所作所为转向为买方提供价值的飞跃。通过跨越现有竞争边界看市场以及对不同市场的买方价值元素进行筛选与重新排序，企业就有可能重建市场和产业边界，开启巨大的潜在需求，从而摆脱"红海"——已知市场空间——的血腥竞争，开创"蓝海"——新的市场空间。通过增加和创造现有产业未提供的某些价值元素，并剔除和减少产业现有的某些价值元素，企业就有可能同时追求"差异化"和"成本领先"，即以较低的成本为买方提供价值上的突破。

从这个意义上来说，蓝海战略代表着战略管理领域的范式性转变，即从给定结构下的定位选择向改变市场结构本身的转变。由于蓝海的开创是基于价值的创新而不是技术的突破，是基于对现有市场现实的重新排序和构建而不是对未来市场的猜想和预测，企业就能够以系统性的、可复制的方式去寻求它；"蓝海"既可以出现在现有产业疆域之外，也可以萌生在产业现有的"红海"之中。

(973 字)

(选自：《蓝海战略·译者序》，商务印书馆出版　译者：吉宓　有改动)

练 习

一、根据课文内容，选择正确答案

1. 关于《蓝海战略》一书，下面哪种说法正确？
   A. 是全世界最有影响的书
   B. 创下了全球各类畅销书的纪录
   C. 是被翻译成的语种最多的畅销书
   D. 打破了哈佛商学院出版社出售国际版权的纪录

2. 《蓝海战略》引起热烈反响，反映了
   A. 商业社会的现实　　　　　　B. 畅销书的巨大影响力
   C. 当今的商业竞争非常激烈　　D. 企业界对新的战略手段的强烈渴望

3. 关于"差异化"战略，下列哪种说法正确？
   A. 追求差异化意味着增加成本　　B. 追求差异化意味着降低成本
   C. 追求差异化意味着增加利润　　D. 追求差异化意味着增加份额

4. "蓝海战略"的理念要求企业
   A. 重建市场和产业边界　　　　B. 关注并超越自己的竞争对手
   C. 找到一条通向未来增长的新路　D. 把关注的重心转向需求一方

5. "蓝海战略"
   A. 是对现有市场的重建　　　　B. 是对现有技术的突破
   C. 是一种战略管理的根本性转变　D. 需要企业系统性地去寻找它

二、根据课文内容，判断正误

1. "竞争"一直就是战略管理领域的关键词。　　　　　　　　　　　　（　）
2. 目前，企业取得获利性增长的空间越来越小。　　　　　　　　　　（　）
3. 蓝海战略引导企业对不同市场的买方价值元素进行筛选与重新排序。（　）
4. "成本领先"的战略会限制企业的利润率。　　　　　　　　　　　　（　）
5. 蓝海战略是一种对未来市场的猜想和预测。　　　　　　　　　　　（　）

三、选词填空

A. 迄今为止　　B. 有史以来　　C. 脱颖而出　　D. 所作所为

E. 萎缩　　F. 瓜分　　G. 剔除　　H. 萌生　　I. 筛选

1. 二战时期苏联和美国结成的反法西斯联盟是_____最重要的军事同盟之一。
2. 在做家庭装修时，要更多地去考虑生活在这个空间中的人，他的一种真实的需要，从这个角度去_____一些本身不必要的东西。
3. 大家嘴上说着一套一套的漂亮话，但是实际的_____又是另外一回事。

4. 在报名之后，我们将根据参赛规则对参选菜品进行_____，对被选出的菜品将进行下一轮评比。
5. 1914~1918年第一次世界大战是同盟国与协约国之间为_____世界、争夺殖民地和霸权而进行的首次世界规模的战争。
6. 尽管赛季还没有正式结束，但我们已经可以肯定地说，这是_____竞争最为激烈的一个赛季。
7. 德国医学家的研究表明，常年吸烟会使脑组织呈现不同程度的_____，易患老年性痴呆。
8. 对于我们经营者来说，如何让自己的茶店在众多同行中_____成了我们不得不思考的问题。
9. 个人如果缺乏自我发展意识和追求，缺乏实现自我发展的动力，就不可能_____，也不可能为整体作更多贡献。
10. 他自青年时代起，就对文字改革_____了兴趣并给予持续关注。
11. 经过简历筛选、逻辑测试、英语测试、雇主面试等多个环节的激烈角逐，16名选手_____。

四、简答题

1. 《蓝海战略》一书出版后反响如何？
   答：_____。
2. 本文共提到了几本战略管理方面的书？书名是什么？
   答：_____。
3. 文中的"蓝海"、"红海"分别指什么？
   答：_____。

五、回答问题

1. 《蓝海战略》问世的现实背景是什么？
2. 《蓝海战略》为企业提供了怎样的发展新路？
3. 企业能够以系统性的、可复制的方式去寻求蓝海战略的主要依据是什么？

二十七、汽车的文明悖论

我家小区有一成功人士，家里拥有一辆据说值五六十万块钱而且很体面的车和一条同样价格不菲也够体面的狗。车位空着的时候，一般就是男主人在外面忙活，如果天气好，很优雅的女主人就会出来遛狗，还时不时会端一本书在花园看着。这个场景从一年前的某个时候开始，直到今天还延续着，很是让人羡慕。我那命苦的老婆经常拿这来教育和督促我："你看人家……"当我决定也花上一点儿钱买条狗来陪伴她常常感到寂寞的日子时，她很是不屑："狗谁买不起啊？重要的是，你必须在拥有一辆像样的车之后，再拥有一条狗。"

  我老婆读书不多，但她却碰巧提及了一个叫福斯特的美国人在上世纪40年代所阐释的文明生活五要素中的两个关键：车和狗。福斯特在他那本并不是特别出名的《文明》一书中认为：汽车是工业文明截止到他那个时代认同率最高的符号，它意味着人驾驭自然和延伸自我的成就感。说到狗，福斯特的看法是：它与汽车对速度的追求截然相反的是它的慢。在他看来，人们透过对汽车的热爱，表达的是自身对以效率为核心的工业文明价值观的认同，而他们通过与狗这种动物维持某种亲密的关系，表达的却是一种相对人性化的诉求：忠诚、私密、休闲而又舒缓。

  福斯特生活的那个年代还没有真正进入所谓"汽车时代"，那时候，全世界跑着的汽车还不到3000万辆。在大多数人的心目中，汽车只是文明对人的延伸的一个方面罢了——它延伸了人的双脚，使行走更为快捷、省力而已。

  汽车在当代文明中的重要性是到了它变得便宜易得且超越了简单代步工具之后才显现出来的。同样，它的全部麻烦也是到了人对它的依赖越来越大、对它的喜爱越来越深以后才开始暴露出来的。

  经过100多年的发展，汽车文化正在用它特有的逻辑来强化这一机械物件对人们生活至高无上的重要性。它不断诱惑和激活人自身的种种欲望，并利用各种方式来赋予这些欲望以合理性——我所知道的最早的汽车广告语是：它能用最快的速度把你带到最远的地方。尽管汽车拥有量的增加带来了许多问题，但汽车文化会同时找到另外一套合理性来消除你的烦恼。比如，汽车造成城市市内拥挤而且空气不好，于是就出现了似乎是更人性化的郊区生活理念，等等。汽车文化就是这样不断完善和丰富自身那一套非常强大的修复和延展功能，并由此拥有了对所谓现代生活方式的最终解释权。

  其实，汽车的悖论反映的是整个文明的悖论。设想一下，我们生活中的哪样麻烦不是由我们现在所享受的让我们沉醉于其中的文明所带来的？就像我们已经离不开空调、手机、电视和互联网一样，我们离不开汽车，而这些最重要的东西又恰恰是最有问题的东西！在生活中能清楚地意识到汽车的种种弊端的人实在不在少数，但却很少有人真正想要放弃汽车。

(1072字)

(选自：《新周刊》 作者：刘希平 有改动)

练 习

一、根据课文内容，选择正确答案

1. 当我决定买狗时，妻子
   A. 很看不起我　　　　　　　　B. 认为狗太贵了
   C. 劝我先不要买狗　　　　　　D. 觉得好车才是最重要的

2. 在福斯特的时代，汽车
   A. 已经非常普及了　　　　　　B. 已经开始帮助人类了
   C. 带来的麻烦已经开始暴露出来了　D. 是工业文明中人们最喜欢的元素

3. 在福斯特时代，大多数人认为汽车只是
   A. 一种文明而已　　　　　　　B. 生活的一个方面
   C. 变成了人类的双脚　　　　　D. 使人走得更快更容易而已

4. 在当代文明中，汽车
   A. 变得很便宜　　　　　　　　B. 变成了很大的麻烦
   C. 显示出了它的重要性　　　　D. 便宜得成了简单的工具

5. 关于汽车文化，下列说法错误的是
   A. 能强化汽车的重要性　　　　B. 具有强大的修复和延展功能
   C. 能消除现代生活带来的烦恼　D. 能够解释我们现代的生活方式

二、根据课文内容，判断正误

1. 妻子常常让我去看看那位成功人士。（　）
2. 妻子在谈话中提到了福斯特的理论。（　）
3. 福斯特的《文明》一书在上世纪40年代特别流行。（　）
4. 人们对汽车的热爱表达的是对速度的追求。（　）
5. 汽车的弊端和诱惑形成了一种悖论。（　）

三、选词填空

　　A. 延伸　　B. 延续　　C. 延展

1. 摩托车产业向第三产业_____是未来的发展趋势。
2. 这个户型的厨房与过道仅有一墙之隔，把这道墙打掉，使厨房成了半开放式，就可以达到_____空间的效果，形成一个温馨而实用的用餐区域。
3. 人生中我们常常会面临一个两难的选择：是生命_____重要，还是生活状态的性质更重要？

D. 截然　　E. 截止

4. 同样一件事情，在各省立法过程中却出现如此大的差异，甚至是_____相反的态度，这至少是不正常的。

5. 今年省公务员考试缴费将于明日（15日）上午6：00_____，各位报考人员请抓紧时间缴费。

   F. 通过　　G. 透过

6. 走廊的玻璃都被做成橙红色，当室外阳光_____玻璃照进走廊时，自然形成了柔和的橙红色暖光，营造出一种温暖惬意的氛围。

7. 他告诉记者，希望能_____自己的表演把舞蹈和音乐完美地结合起来。

   H. 阐释　　I. 解释

8. 我们希望通过对澳大利亚特殊地貌的这种抽象表达，_____人与自然环境之间的密切联系，表达我们对于生命起源的尊重。

9. 一个有名的培训大师曾经用拆字的方法_____过这个"悟"字：悟者，每天五次口问心。

四、简答题

1. 福斯特认为对人类来说汽车意味着什么？

   答：_____。

2. 人们对狗的热爱表达着什么样的心理需求？

   答：_____。

3. 文中提到的最早的汽车广告语是什么？

   答：_____。

五、回答问题

1. "悖论"是什么意思？

2. 总结一下福斯特在《文明》一书中对汽车的定义。

3. 什么是文明的悖论？

二十八、复杂的简单　深入的浅显

20年前要买一管牙膏，我们只能在为数很少的几种之间选择，有时候甚至没有选择。然后，超市里的货架上摆满了上百种不同品牌、不同配方、不同大小的牙膏，这似乎正是我们想要的无数选择。不过绝大部分人购物都是"回头客"，重复购买同一款牙膏。

买一管牙膏只是小事，但它反映了一个企业需要应对的深刻变化：从没有选择，到有许多选择。然而消费者却是这种心态——有很多选择，却不选择（或者说有了一个设定的选择）。如果企业还固守靠表面上的微小变化创造许多选择的思维模式，它们只会成为繁荣市场选择的分母。

这种变化并不仅仅是关于选择。很多产品一开始是相当简单的，它只能满足消费者的基本需求；技术的发展、顾客提出的各种需求、超越竞争对手的压力使得产品越来越复杂，这种复杂也被全摆到消费者面前、呈现在最表面；但最终，真正受欢迎的是那些功能"按需呈现"的产品，一个产品可能有大量复杂而强大的功能，但表面上只呈现最常用的选项，复杂功能隐藏其后，需要的顾客自会选用。现在许多电子产品能提供许多顾客"可能会用的功能"，正是这样的思路的体现。当然，这也是因为技术发展使得增加功能和选项并不会显性地增加产品的制造成本。

未来很多事物可能都会呈现这样看似矛盾的形态：表面上选择少，实际上选择非常多；表面浅显，其后是深刻与深入；表面简单，背后却隐藏着复杂。为什么这样的变化会发生，并且成为未来的趋势？

以选择的多少为例，人们逐渐认识到可供选择的选项多到了一定程度之后，反而变成了无从选择，并且这些选择耗费我们的精力和时间，徒增压力与焦虑，降低了我们的满足感。因此，人们作出了最重要的选择：选择在某些时候不选择，而接受预设的选项，也就是他们要别人为他们选择好的"少"，要"深入的浅显"，要隐藏复杂细节的"简单"。

如何应对这种趋势？或者说现有产品与服务中有哪些成功的例子可以借鉴？微软的办公软件就是一个很好的例子。

虽然很多人认为微软办公软件如 Word 表面和内部都很复杂，但实际上，它表面上是非常简单的，最常用的10%的功能非常好地呈现在最前面，很容易学会，在用它时不常用的功能不会冒出来妨碍我们。同时，如果我们希望用它完成复杂的任务，它的那些功能随时待命。微软办公软件能被广泛接受，根本原因就是：表面的简单和背后能按需呈现的复杂功能。

最后，对企业来说矛盾的是，它们可以在产品中实现简单与复杂的平衡，也可以控制自己产品的种类，但不管怎样，它们所做的必然是增多市场中的选择，因为它无法控制竞争对手的行为。其实，解决之道也正在另一层面的简单和复杂的平衡之中，这里的简单是品牌和可组成一个整体的各类产品，而复杂是扩充自己的产品种类和功能。强大的品牌、可让人"一站购齐"的产品，同样减少人们的选择烦恼。

（1111 字）

（选自：经济观察网　http://www.eeo.com.cn　作者：方军　有改动）

练 习

一、根据课文内容，选择正确答案

1. 文章第一、二段主要介绍
   A. 牙膏生产出现的变化　　　　　　　　B. 选择与不选择的矛盾
   C. 市场出现的深刻变化　　　　　　　　D. 消费者购物心理的变化

2. 文章第二段的最后一句话意思是
   A. 由微小变化带来的许多选择能促使市场繁荣
   B. 企业应该不断制造变化从而给消费者提供更多的选择
   C. 企业如果能坚持自己的思维模式就能在市场竞争中获胜
   D. 企业如果不随着市场的变化而改变自己的思维模式就会被淘汰

3. 消费者真正喜欢的产品是
   A. 功能简单的
   B. 功能复杂而强大的
   C. 具有容易使用的功能的
   D. 表面简单，背后隐藏着复杂功能的

4. 面对日益增多的选择，消费者
   A. 还是无法满足　　　　　　　　　　　B. 选择了接受预设的选项
   C. 认识到了选择带来的坏处　　　　　　D. 请别人来帮助他们选择最好的

5. 面对这种市场变化，作者给企业提出的建议是
   A. 扩充自己的产品种类和功能
   B. 在产品中实现简单与复杂的平衡
   C. 控制自己产品的种类和竞争对手的行为
   D. 做大自己的品牌，将产品组成一个整体

二、根据课文内容，判断正误

1. 绝大部分人购物时都喜欢回头看看。　　　　　　　　　　　　　（　　）
2. 现在市场上的产品可选择的越来越多了，这让消费者感觉非常满足。（　　）
3. 增加产品的功能和选项会明显增加产品的制造成本。　　　　　　（　　）
4. 人们喜欢的简单是隐藏了复杂细节的简单。　　　　　　　　　　（　　）
5. 微软办公软件的 90% 的功能都被设计为按需呈现。　　　　　　 （　　）

三、选词填空

　　　A. 应对　　B. 心态　　C. 固守　　D. 借鉴　　E. 预设
　　　F. 设定　　G. 呈现　　H. 显性　　I. 耗费　　J. 妨碍

1. 生活原本是一杯水，贫乏与富足、权贵与卑微，等等，都不过是人根据自己的_____和能力为生活添加的调味。
2. 学习别人的方法固然不错，关键还看怎么学，从中_____些什么。
3. 地震多发的日本把防震重点转为建设地震发生后的快速警报系统，力求及时采取_____措施，挽救生命，降低损失。
4. 目前，我省引进和在建的商贸流通项目_____两个特点：一是档次高，二是规模大。
5. 此款专为老人设计的手机设置了"SOS亲情通"功能，_____3个亲情号码，老人如遇紧急情况，短按能够外放报警音，长按则能自动拨打亲情号码。
6. 对企业而言，很难再像以前那样容易_____一个稳定的利润区，拥有绝对稳定的客户。
7. 停车不要_____别人，这是基本的道德问题。
8. 此款3D海报由国内地面立体画第一画师齐兴华老师_____差不多一个月的时间创作而成。
9. 从5月15日至21日，本市相关专家将为市民解答如何节能减排、_____气候变化等问题。
10. 公司在制订招聘条件时，通常会分为_____任职条件和隐性任职条件这两个部分。
11. 该款游戏目标玩家群_____为25～35岁的男性玩家，游戏等级为成人级。
12. 在强手如林的音乐圈中，她选择了坚持，并将自己的独创专辑_____于大众眼前。

四、简答题

1. 现在产品变得越来越复杂的原因是什么？
　　答：_____。
2. 未来许多事物将会呈现怎样的矛盾形态？
　　答：_____。
3. 微软的办公软件为什么能被广泛接受？
　　答：_____。

五、回答问题

1. 什么是"按需呈现"？
2. 消费者在面对很多选择时是怎样的心态？为什么多数人是回头客？
3. 产品生产未来的趋势是什么？

二十九、企业形象广告定位研究

企业形象定位就是企业在进行广告宣传活动中，在广告的创意与信息表达上保持企业信息的一致性，从而促使社会公众形成对企业固有的认知。

从本质上来说，企业形象广告定位就是在消费者心目中找到位置并占据某一特殊的位置，以促使消费者在思想行为（特别是消费思想与行为）上产生有利于企业发展的倾向性。看到海尔"真诚到永远"的广告词，我们就想到海尔的优质服务，就增强了对海尔的好感。这就是海尔（海尔广告）留给我们的印象和促使我们产生的行为倾向。

企业形象定位是一个系统工程，它大到企业的经营战略，小到员工的衣食住行。企业形象广告定位的作用就是通过广告宣传把企业中的些些许许以广告的形式集中地表现出来，并且把它传达给消费者。宝洁的形象是通过对中国洗发水行业从无到有的培育过程不断积累而成的，它与宝洁长期大规模的广告投入是密不可分的。

以消费者为中心的现代营销观念表明，企业形象广告定位并不是企业单方面的事，它是企业与消费者之间双向交流的过程，是企业在仔细研究消费者心理的基础上，根据企业实际情况来确定的。夏新高端战略，是夏新根据消费者对高端产品的需求（心理需要）而制定的，它的成功归根于对消费心理的正确把握。

企业形象广告定位的重要性表现在以下几个方面：

1. 企业形象广告定位是广告定位发展的必然结果。广告定位从产品、品牌走到企业形象是广告定位的不断升级，是市场走向企业形象竞争阶段的必然要求。企业的广告定位必须与广告的发展状况相适应，目前有竞争力的广告已不再是吆喝产品怎么怎么好的"叫卖口号"，而是突出企业形象，提高知名度和美誉度的"情感引导"。

2. 企业形象广告定位具有很强的概括性。企业形象广告定位必须为整个企业的产品和品牌服务，它是企业产品、品牌特性的高度浓缩。因此，比之产品、品牌定位，它更抽象。

我们知道，越抽象的东西，它的适应范围就越广。所以，企业形象广告定位具有很强的延展性，一个好的企业形象广告定位，往往具有很强的市场开拓能力和抗御市场风险能力。

3. 企业形象广告定位具有不可复制性和排他性。企业形象广告定位的形成就在企业内外形成了对企业看法的定性思维，它很难被外来的思想所转化。同时，企业形象定位的过程是不可能一蹴而就的，需要长时间的积累。因而，在广告宣传中突出企业形象，给企业形象一个鲜明突出的形象定位是企业实行差异化战略、形成竞争优势的最好选择。

4. 企业形象广告定位的选择是大势所趋。在目前，中国市场上同质化盛行，没有一个独特的形象定位，企业的品牌资产就得不到很好的保护，企业随时都可能陷入为他人做嫁衣的无奈。

5. 良好的企业形象定位具有巨大的凝聚力和向心力。它在内增强员工自信心和自豪感，提高工作积极性；在外有利于吸引人才和开展各种社会公关活动。

(1117 字)

(选自：http://www.ad78.cn/article/vart75.html 有改动)

练 习

一、根据课文内容，选择正确答案

1. 企业形象广告定位的最终目的是
   A. 正确地把握消费者的心理
   B. 让消费者认可并购买企业商品
   C. 在消费者心目中找到一个位置
   D. 让企业的宣传活动与企业的信息保持一致性

2. 宝洁公司的例子是要说明
   A. 广告宣传需要涉及到企业的各个方面
   B. 企业形象定位是一个长期的系统工程
   C. 中国的洗发水行业经历了从无到有的过程
   D. 只有大规模的广告投入才能树立好的形象

3. 文中"为他人做嫁衣"是指
   A. 广告宣传没有特色
   B. 变成了给别人做嫁妆的广告
   C. 自己的广告宣传了别人的产品
   D. 企业的品牌资产得不到很好的保护

4. 企业在竞争中获得优势的最好选择是
   A. 要保护好企业的品牌资产
   B. 通过大量投放广告提高知名度和美誉度
   C. 要加强市场开拓能力和抗御市场风险能力
   D. 在广告宣传中确定一个鲜明突出的形象定位

5. "企业形象广告定位的选择是大势所趋"是指
   A. 企业形象广告定位的适应范围很广
   B. 企业随时都可能陷入一种为他人服务的境地
   C. 企业形象广告定位是广告定位发展的必然结果
   D. 中国市场上企业形象广告定位相同的情况很严重

二、根据课文内容，判断正误

1. 企业形象广告定位就是以广告的形式宣传企业的经营战略。（　）
2. 广告定位经历了一个从产品到品牌再到企业形象的发展过程。（　）
3. 企业形象广告定位与企业的市场开拓能力和抗御市场风险能力是成正比的。（　）
4. 现代营销观念是以消费者为中心的。（　）
5. 好的企业形象定位不仅能增强企业员工的信心，还有利于吸引人才。（　）

三、选词填空

　　A. 凝聚力　　B. 向心力　　C. 同质化　　D. 差异化　　E. 延展性
　　F. 排他性　　G. 不可复制性　　H. 概括性　　I. 一致性　　J. 倾向性
　　K. 知名度　　L. 美誉度　　M. 一蹴而就　　N. 大势所趋

1. 离婚对大牌明星来说属于丑闻，它不但不能提高_____，还会带来更多麻烦。
2. 教育其实是个"润物细无声"的积累过程，不可能_____，后者往往做的是"面子工程"。
3. 文体小组的工作宗旨为：通过开展文体活动，加深同事间的友谊，增强企业内部_____，丰富个人的业余生活。
4. 全球经济一体化时代的到来，使得注册会计师国际化成为_____、潮流所向。
5. 简历是一个人_____的自传，不应该漫无目的地长篇大论。
6. 一夜之间可能会拥有家喻户晓的知名度，但是，要拥有良好的_____却没有那么容易，它不仅需要用心经营，而且需要相当长时间的积累。
7. 这些问题的解决，不可能_____，也许要十几二十年。
8. 柔软、细密而富有_____的棉质连衣裙和和深V领棉T恤是这位时尚女王的最爱。
9. 相比于钻石，翡翠的"个性"更强，更具_____。
10. 细分消费者市场，利用不同的购物中心使产品形成_____竞争优势，是行业未来的发展趋势。
11. 政府采购代理机构要充分尊重专家意见，不能显示出任何_____。
12. 团队的_____在一定程度上取决于团队领导的人格魅力。
13. 体育赛事主办方一般都采取"行业唯一"的标准来寻找赞助商，_____让赞助品牌获得独特的竞争优势。
14. 保险和慈善有着本质上的_____。从某种意义上说，保险就是一种市场化、制度化的慈善事业。
15. 新能源车型向市场推进是一种必然的趋势，这在全球来说，都是_____。
16. 随着IT业的不断发展，IT产品的_____现象日益严重，使得IT厂商之间不得不展开激烈的价格竞争。

四、简答题
1. 企业形象广告定位的作用是什么？
   答：_____。
2. 什么样的企业广告才具有竞争力？
   答：_____。
3. 为什么说"企业形象广告定位具有不可复制性和排他性"？
   答：_____。

五、回答问题
1. 什么是企业形象广告定位？
2. 夏新成功的例子说明了什么？
3. 企业形象广告定位的重要性表现在哪些方面？

三十、政府的效率

一个政府效率如何，决定于很多因素。其中有三个方面是很重要的，一是组织效率，二是职能效率，三是政治效率。任何着眼于效率的政府改革，至少都包含着这三个方面的考虑。

从理想化状态来说，组织效率，主要体现在其组织结构的合理性方面。对一个国家的中央行政机关来说，一个充分实现组织效率的政府应该是这样的：

一个在总理无法正常行使职务权力时代行总理权力但平时是虚职的副总理，很多临时性的、没有行政责任的、直接为总理服务的专家或专家顾问小组，10~15个内阁成员，由内阁成员领导的10~15个内阁部，每个内阁部内部合理的决策与执行组织结构，总理直接领导很多职能相对单一、法律依据明确、立法机关和司法机关等易于监督的执法性质的行政机构。

职能效率主要体现在政府的职能是有限的。比如政府几乎不需要管理国有企业，或者需要管理的国有企业数量极少；有很强的市场经济自律制度，很多市场监管职能如金融、证券和一般市场监管不需要很强的行政监督，因为有很强的立法和司法以及社会舆论的监督；公共服务是层级化的，不需要行政机构直接提供大量的公共服务，如教育、体育、医疗、公共卫生等。很多比较特殊的部门，政府的职能也比较有限，与公民、企业和社会组织形成了良好的伙伴关系。在经济领域，资源配置完全由市场自身组织，市场的运行，大多数情况下也由行业协会等社会中介组织自主监管，政府主要是提供基本的法律与秩序，组织各方面的力量来提供基础设施，提供必要的公共服务。

政治效率主要体现在宏观政治框架是否合理，政治合法性机制是否到位。宏观政治框架主要体现在一个国家的政治事务、司法事务与行政事务应该有一个合理的分工，行政机关管辖行政事务，立法机关管辖政治事务，司法机关管辖司法事务，三个机关形成相互监督、相互良性合作、相互支持的关系。另外，一个国家体制、政策和领导人的政治合法性，需要有专门的政治途径来完成。如果专门的政治途径如选举等没有充分发达，不得不让行政机构直接承担政治合法性的汲取功能，也就是说国家的政策方针之民间认可，主要由行政机关来承担，那么行政机构的职能配置就不是最合理的，其组织结构也将超出行政效率所需要的水平。如果某个机构，比如行政机关，过多地承担了太多的立法事务和司法事务，那么行政机关的行政效率就会下降，因为行政机关的职能不得不夹杂很多政治和司法性质，政府职能无法达到最佳水平，职能配置自然不当，最终将导致组织结构无法达到最佳水平。

理想的政府是组织效率、职能效率和政治效率都处于最大化状态的政府。如果在某个方面没有最大化，其他方面的效率也将随之难以达到最大化。

(1063 字)

(选自：《中国政府体制改革的过去与未来》 作者：毛寿龙 有改动)

练 习

一、根据课文内容，选择正确答案

1. 一个政府如果管理大量的国有企业，说明
   A. 其职能效率很低   B. 其职能效率很高
   C. 对企业监督到位   D. 有很强的市场经济自律制度

2. 如果一个国家的领导人是由政府推举，说明这个国家
   A. 政治效率很高   B. 宏观政治框架合理
   C. 专门的政治途径不发达   D. 政策方针得到了民间认可

3. 组织效率、职能效率和政治效率三者之间的关系是
   A. 各自独立   B. 相辅相成
   C. 此消彼长   D. 文中未提及

4. 一个有着理想化组织效率的政府应该是
   A. 副总理可以代行总理权力
   B. 内阁成员应该由专家组成
   C. 有很多临时性的行政机构
   D. 总理直接领导执法性质的行政机构

5. 如果行政机关较多地承担司法事务，则
   A. 其行政效率将会下降　　　　B. 其政治职能将会提高
   C. 职能配置将趋于合理　　　　D. 组织结构会达到最佳水平

二、根据课文内容，判断正误
   1. 当政府的组织、职能和政治效率均达到最优时，则政府效率最高。（　）
   2. 教育、医疗、公共卫生等不应由行政机构直接提供大量的公共服务。（　）
   3. 政府不仅要为经济领域提供公共服务，还要为其提供资源配置。（　）
   4. 政治合法性机制健全了，政治效率就高了。（　）
   5. 行政、立法和司法之间应该相互监督、相互合作、相互支持。（　）

三、选词填空
   A. 决定于　　B. 着眼于
   1. 一个品牌的价值首先_____它所属的品类，品类衰落，品牌也会没落。
   2. 作为可持续发展的宜居城市，在城市规划方面要_____城市的长远发展。
   C. 行政　　D. 行使　　E. 执行
   3. 要全面落实新建建筑节能管理相关措施，严格_____建筑节能设计标准。
   4. 通过税收的形式，把国家与国有企业的分配关系确定下来，既保证了国家的收入来源，又有利于减少政府的_____干预。
   5. 领导干部要规范、正确地_____自己手中的权力，就必须用一颗"平常心"看待自己手中的权力。
   F. 功能　　G. 职能　　H. 职务
   6. 万学教育集团采取了明确分工的方法，管理人员和老师的_____完全分离，管理人员只负责管理，老师只负责讲课和研发。
   7. 可以毫不夸张地说，现在的手机_____只有你想不到的，没有做不到的。
   8. 集团董事会召开紧急会议，同意接受宋山辞去总裁_____的请求。
   I. 监管　　J. 监督
   9. 质监部门将进一步依法加强_____，对食品加工企业开展整治工作，从根本上改善食品安全状况。
   10. 官员财产公示制度要求，官员财产必须透明、公开，让群众知情，还要求充分发挥群众的_____作用。
   K. 基本　　L. 基础
   11. 秦始皇统一中国后，调集全国无数壮丁，在原先秦、赵、燕长城的_____上，修建万里长城。
   12. 17日夜间到18日白天，全省降雨_____结束，气温回升。

M. 机制   N. 体制

13. 据介绍，从今年开始，市实验学校恢复公办_____，并从秋季开始招收公办高中一年级学生。

14. 欧盟27国财长召开特别会议，讨论欧元区领导人提出的建立欧洲稳定_____的具体细节。

O. 机关   P. 机构   Q. 结构

15. 出版经纪人也称版权代理人，是指联系作者和出版商的中间_____或个人。

16. 上海积极推动信息技术在金融、航运、贸易等领域的运用，促进经济_____加快向服务经济转型。

17. 今年47岁的远方，曾经在当地是个小有名气的人物，在_____工作过，当过领导，多年被评为先进。

R. 管辖   S. 管理

18. 在她所_____的社区里，单位和群众不论大小事都爱征求她的意见。

19. 只要符合违章信息，民警就会将违法情况录入道路交通安全信息_____系统，作为日后处罚依据。

T. 决策   U. 政策   V. 政治

20. 西方哲学体系在后来的发展过程中，逐渐形成了自然哲学和民主_____两个方向。

21. 当地电台邀请了省、市有关领导现场解答群众问题，宣传最新_____，并在网上进行同步视频直播。

22. 信息是取得工作主动权的先决条件，有了信息，就有了工作的_____权和主动权。

四、简答题

1. 组织效率、职能效率、政治效率分别指什么？
    答：_____。

2. 对于职能效率高的政府来说，金融、证券市场监督应由谁来完成？
    答：_____。

3. 国家的立法、司法与行政机关分别承担哪些事务？
    答：_____。

五、回答问题

1. 合理的国家中央行政机关组织架构应是什么样的？
2. 一个职能效率非常低的政府会是怎样的？
3. 到位的政治合法性机制表现在哪些方面？

三十一、兰州清汤牛肉面

牛肉面俗称"牛肉拉面",是兰州最具特色的大众化经济小吃。兰州人吃牛肉面吃出了名堂,吃上了瘾。相传,牛肉面是清末光绪年间一个叫马保子的回民厨师所创制的面食,后辈们再代代推陈出新,硬是将这种面食文化发挥到了极致,吃得个名扬天下。如今,兰州市的每条街巷,无论大小,至少都有一两家牛肉面馆。黄河岸边的古城兰州,弥漫在大街小巷的,永远有那股牛肉面的清香。

别以为煮面条加上牛肉片就是牛肉面了。兰州牛肉面的精致与吃法的考究令人瞠目。拉面师傅操起面节,一搓一拉,连抻数次,即变戏法似的拉绕出一碗细长的面条。看起来似乎容易,其实做面的工序相当复杂。

首先是选用富含面筋、韧性强的优质精粉,以兰州当地的草木烧制的蓬灰和成软面。往往在前一天,由膀圆力大的小伙子先将大团软面反复捣、揉、押、拉、摔、掼后,捋成长条,揪成茶杯粗、筷子长的一条条面节,然后随食客的爱好,拉出大小粗细不同的面条。喜食圆面条的,可以选择粗、二细、三细、细、毛细5种款式;喜食扁面条的,可以选择大宽、宽、韭叶3种款式;想吃出个棱角分明的,拉面师傅会为你拉一碗特别的"荞麦楞"。拉面是一手绝活,一个面节正好拉一大碗面,每拉一下,要在手腕上回折一次,拉到最后,双手上下抖动几次,则面条柔韧绵长,粗细均匀。观看拉面好像是欣赏杂技表演,拉到最后时的"一拉一闪"又仿佛是舞蹈演员在挥舞着彩带。

牛肉拉面的优劣取决于清汤。兰州人吃牛肉面,先喝一口汤,便知是不是地道。熬汤时常选用草原上出产的肥嫩牦牛肉或黄牛肉,加大块牛头骨和腿骨,再按比例加入牛肝汤和鸡汤,在特大罐形铁锅内熬成。肉汤气香味浓,清亮澄澈。食用时只选用清汤,加入清煮萝卜片和调味料。煮熟的拉面浇上萝卜清汤,佐以牛肉丁(或片)、香菜和蒜苗,调入红亮的辣椒油即可食用。

兰州清汤牛肉面有"一清、二白、三红、四绿、五黄"五大特点。即牛肉汤色清气香;萝卜片洁白纯净;辣椒油鲜红漂浮;香菜、蒜苗新鲜翠绿;面条则柔滑透黄。兰州人似乎对醋特别偏爱,端来一碗面,先操起大腹醋壶,调入一股香醋,仿佛只有这样才能吃出牛肉面的酸辣清香。

要在中国找一个没有兰州风味牛肉面馆的城市,难。不过,牛肉面一走出兰州就变了味儿。在兰州街头的任何一家牛肉面馆,都可吃到地道的清汤牛肉面。只要是食客如云的牛肉面馆,其味必定绝佳。因此,面馆的招牌上大多没有打出"正宗"字样。而在别处,别看都打出了"正宗"的招牌,但要吃到真正正宗的牛肉面,恐怕并不容易。

(1003字)

(据网站资料综合编写)

练 习

一、根据课文内容，选择正确答案

1. 为什么说牛肉面"是兰州最具特色的大众化经济小吃"？
   A. 牛肉面是兰州特有的面食　　　　　B. 在兰州到处都有牛肉面馆
   C. 牛肉面是一种历史悠久的面食　　　D. 它是兰州人发明创造的面食

2. 牛肉面制作的工序主要有
   A. 和面、制作面节、拉面　　　　　　B. 捣、揉、抻、拉、摔、掼
   C. 前一天准备，第二天拉制　　　　　D. 拉开，抖动，最后一拉一闪

3. 牛肉面的形状主要有
   A. 两种　　　　　　　　　　　　　　B. 三种
   C. 八种　　　　　　　　　　　　　　D. 九种

4. 判断一碗牛肉拉面的好坏主要看
   A. 牛肉面的汤　　　　　　　　　　　B. 牛肉面的颜色
   C. 面条拉出来的形状　　　　　　　　D. 拉面师傅的拉面技巧

5. 关于兰州牛肉面，下面哪种说法正确？
   A. 全国各地都能吃到正宗的兰州牛肉面
   B. 只有在兰州才能吃到真正的兰州牛肉面
   C. 兰州的任何一家牛肉面馆都是食客如云
   D. 兰州的牛肉面馆大多没有打出招牌

二、根据课文内容，判断正误

1. 牛肉面是一位回族师傅发明的。　　　　　　　　　　　　　　　　（　　）
2. 兰州牛肉面就是在煮好的面条中加上牛肉片。　　　　　　　　　　（　　）
3. 兰州牛肉面制作的方式很奇特。　　　　　　　　　　　　　　　　（　　）
4. 兰州牛肉面是在特大的罐形铁锅内熬成的。　　　　　　　　　　　（　　）
5. 在中国的其他城市很难找到兰州牛肉面馆。　　　　　　　　　　　（　　）

三、给下列汉字注音并找出与牛肉面制作有关的动词

拉　招　择　捣　摔　推　捋　折　抖　挥　搓
技　按　操　找　掼　打　揉　抻　扬　揪

四、简答题

1. 制作兰州牛肉拉面的原材料是什么？
   答：_____。

2. 制作兰州牛肉面汤的原材料是什么？

答：_____。

3. 在兰州，怎样去寻找好吃的牛肉面馆？

答：_____。

五、回答问题

1. 介绍一下兰州牛肉面的发展历史。
2. 介绍一下兰州牛肉面的制作过程。
3. 兰州牛肉面的五大特点是什么？

三十二、又到粽子飘香时

周日到街上闲逛，到处都是卖粽叶、红枣的摊点，煮熟了的粽子的香味也不时地飘过来。再看看来来往往的行人，手里都大包小包地提着包粽子用的材料。哦，端午节就要到了。

端午节吃粽子，这是中国人的传统习俗。粽子，又叫"角黍（shǔ）"、"筒粽"。其由来已久，每年五月初，百姓家家都要浸糯米、洗粽叶、包粽子。从馅料看，北方多包有小枣的枣粽；南方则有豆沙、鲜肉、火腿、蛋黄等多种馅料，其中以浙江嘉兴粽子为代表。吃粽子的风俗，千百年来，盛行不衰，而且流传到周边诸国。

说到粽子，我还是最喜欢吃小时候奶奶给我们包的黄米粽子。说起来也很简单，就是用黍子碾（niǎn）出来的黄米和红枣作为主要原料做成的。记得每年的农历四月，奶奶早早地就张罗开了，打粽叶，碾黄米，忙得不亦乐乎。至于说红枣嘛，是自家门前的枣树上结的，无论丰收与否，奶奶都会保存一些下来，给来年的端午节包粽子用。在端午节来临前几天，奶奶会将碾出来的黄米和红枣浸泡在一个大盆子里，要泡上好几天呢。有时候发现泡米水的上面会漂浮一层黏黏白白的沫，我们会担心是不是发酵了，可是，奶奶说不能换水，只有用第一次放进去的水泡米，才不怕坏，而且泡出来的米香。米泡好了以后，就等着端午节的前一天包了。

包粽子很有讲究，搞不好会不成形的，甚至会"露馅"。包粽子用的粽叶，其实就是芦苇的叶子，要先煮熟了以后才不会发脆。还有扎粽子用的"绳子"也是很特殊的，我不知道叫什么，就是河边长的一种叶子长长的草，也要同粽叶一起煮熟了才能用。一切准备就绪以后，接下来就是包粽子了。包粽子用大粽叶包可不算技术，用小粽叶能够包出大而饱满、结实漂亮的粽子可是技术活儿。小时候老是惊叹奶奶的手怎么这么灵巧，三两下就出来一个结结实实玲珑可爱的粽子，而我和姐姐学着包出来的粽子都是松松散散的，有时候奶奶还得拆开来重新包。也难怪奶奶总嫌我们不帮忙，还总是添乱了。

粽子包好了以后，就是煮了。这最后一道工序也是十分关键的，千万不能小看。要用一个大大的锅，最下边放一层粽叶，再把粽子一层层摆好了，然后在粽子上边加个箅子，还要用一个重重的东西压在上面，以防锅里的粽子来回翻滚。煮的时候，火候还不能太大，要慢慢地用文火煮，煮的时间长一些，煮出来的粽子才能好吃。在我们久久的期待中，粽子总算煮好了。刚出锅的时候，粽子热气腾腾的，那个香啊，真是馋人。

　　想想以前奶奶给我们包粽子吃的情景，真的很是怀念。如今，奶奶去了，去了一个我们看不到她老人家的地方，我再也吃不到奶奶亲手给我们包的粽子了。其实，如今市场上的粽子很丰富，可以说，什么样的粽子都有，而且不需要等到端午节，随时可以买到。吃个粽子，那实在不是一件难事了。不过，时至今日，我真的不想吃粽子了。

（1095字）

（选自：CCTV.com 线上故事　作者：芳草　有改动）

练　习

一、根据课文内容，选择正确答案
　　1. 下面哪一种粽子在中国北方地区比较多见？
　　　　A. 筒粽　　　　　　　　　　B. 枣粽
　　　　C. 肉粽　　　　　　　　　　D. 蛋黄粽
　　2. 奶奶做黄米粽子用的红枣是
　　　　A. 农历四月时就买好的　　　B. 奶奶自己保存了很多年的
　　　　C. 前一年自家门前枣树上结的　D. 农历四月时自家门前枣树上结的
　　3. 包粽子最困难的是
　　　　A. 怎样让它成形　　　　　　B. 如何让粽叶不发脆
　　　　C. 用大粽叶包出结实漂亮的粽子　D. 用小粽叶包出大而饱满的粽子
　　4. 现在作者不想吃粽子的原因是
　　　　A. 端午节前就吃过了　　　　B. 市场上的粽子太丰富了
　　　　C. 吃不到奶奶做的粽子了　　D. 吃粽子是件比较麻烦的事
　　5. 作者写本文的主要目的是
　　　　A. 介绍粽子的具体制作方式
　　　　B. 介绍奶奶包的粽子为什么好吃
　　　　C. 介绍中国南北方吃粽子的不同习俗
　　　　D. 通过对包粽子的回忆表达对奶奶的怀念

二、根据课文内容，判断正误
1. 南方风味的粽子中最有名的是浙江嘉兴粽子。（　　）
2. 每年的农历四月奶奶就开始泡黄米和红枣了。（　　）
3. 到了端午节那天，奶奶就开始包粽子了。（　　）
4. 煮粽子要用小火慢慢地煮才好吃。（　　）
5. 这篇文章写于端午节前夕。（　　）

三、选词填空

A. 来来往往　　B. 大包小包　　C. 由来已久
D. 盛行不衰　　E. 热气腾腾　　F. 时至今日

1. 提着_____的旅客们从长途汽车站一走出来，等候在此的出租车司机们就蜂拥而上，抢着招揽生意。
2. 想当年是马树国老师将我引入了文学创作的殿堂，_____，我仍然忘不了马老师对我的培养，一直坚持利用业余时间创作。
3. 北大的旁听传统_____，自上世纪初蔡元培先生担任北大校长以来，允许旁听便逐渐成为一个约定俗成的传统。
4. 减肥是女人中_____的话题，无论是生活中，还是时尚界，瘦一点儿，再瘦一点儿，几乎是每个女人的追求。
5. 由于附近工地渣土车_____，学校门前和校园内经常扬起漫天灰尘。
6. 世博会期间，到芬兰馆蒸一次_____的桑拿浴，对于观众来说这也许会是一次奇特的体验。
7. 中国与瑞典合作关系_____，相信今后双方合作前景会更加广阔。
8. _____，当时的"地摊王"已经身价不菲，他们中不少人有了自己的店面和产业。
9. 吃粽子的风俗，千百年来在中国_____，而且流传到朝鲜、日本及东南亚诸国。

四、简答题
1. 哪些东西可以用作粽子的馅料？
答：_____。
2. 奶奶包的粽子的主要原料是什么？
答：_____。
3. 课文第四段中的"露馅"是什么意思？
答：_____。

五、回答问题
1. 根据课文总结一下包粽子的工序。
2. 为什么奶奶总嫌作者"不帮忙，还总是添乱"？
3. 根据课文介绍一下怎样煮粽子。

三十三、中原茶俗趣谈

中原人朴实厚道，热情诚恳，民间素来有喝茶的习惯，其饮茶习俗也别具一格。中原人把茶分为细茶和粗茶。细茶，即从茶树上采摘的鲜叶，经过加工制成的茶叶。细茶之中，尤以信阳毛尖最受欢迎。粗茶，则是采集各种树木的叶子，如竹叶、柳叶、枣叶、梨叶等，经过加工后当茶喝。

河南人平时饮用最多的是信阳毛尖茶。此茶色彩碧绿，香气馥郁，味道醇厚，主要产于信阳西南的崇山峻岭之中，以车云、集云、云雾、天云、云阳和黑龙潭、白龙潭的茶叶最有名，当地人称这几个地方为"五云两潭"。这里山高地势好，一年四季云雾弥漫，故而茶叶香味浓郁，质量上乘。

信阳毛尖茶一年采摘三季，在春、夏、秋三季进行。春茶碧绿，先苦后甜。夏茶味涩，颜色发黑。秋茶风味别具一格，产量又低，特别珍贵，故而有"秋茶好喝舍不得摘"的说法。民谣有"早茶留着送朋友，晚茶留着敬爹娘"，表现了茶乡人对朋友的诚挚和对爹娘的孝敬。春茶和秋茶为茶中上品，以它作为馈送礼物，确实再合适不过了。

在信阳茶乡，如果客人来到，以茶待客是必不可少的礼节。中原人喝茶名目繁多，礼仪也讲究。招待客人的第一件事，就是为客人执杯沏茶。为客人沏茶时，即使是干净茶杯，也要用清水再冲洗一下。客人用的茶杯应是透明玻璃杯，这样做的用意是让客人在喝茶时，透过茶杯，可以鉴别茶叶的好坏，体会主人待客的诚意。民间用两叶一芽的茶叶做成菊花形状，俗称"菊花茶"。开水冲泡后，膨胀的茶叶似盛开的菊花，形态优美，味道芬芳。但菊花茶用料考究，制作工艺复杂，只有贵客临门，主人才大显身手，故而当地有"不是贵客不制花"的说法。

在农村，农民饮用的大多是自制的树叶粗茶。常用的树叶有柳叶、竹叶、柿叶、枣叶、苹果叶、梨叶等。人们把这些叶子采摘收集，用开水焯熟，置阴凉处晾干，称它为"粗茶叶"，一年四季用它来泡水饮用。人们喜喝粗茶的原因，一是受经济条件制约，无力购买价格昂贵的细茶，二是喝粗茶可以强身健体，如柳叶、竹叶茶可败火去毒，枣叶、苹果叶茶可养肝安神等。

另外，人们还用菊花泡茶，疏风清热，健脑安神。用艾叶泡茶，温胃散寒，疏理气血。伤风感冒时，以姜茶祛风发汗。咳嗽时，把白萝卜切成块熬水喝，可以止咳化痰。夏天，农民下地干活儿，气候炎热，烧开水时撒把绿豆，这叫绿豆茶，喝了它可以防暑降温，祛热败火。

民间的粗茶形式多体现了劳动群众勤俭持家的精神。粗茶的来源多是日常生活中的食物和植物，人们利用它的自然属性，饮茶的同时也达到了防病治病的目的。

(999字)

(据"中国茶网"资料综合编写)

练 习

一、根据课文内容，选择正确答案

1. 关于信阳毛尖茶，下面哪种说法正确？
   A. 它一年四季都可以采摘　　B. 秋天采的信阳毛尖是最好的
   C. 只产于"五云两潭"这些地方　　D. 它是中原地区特有的一种粗茶
2. 关于"菊花茶"，下面哪种说法正确？
   A. 这是一种专门用来招待客人的茶
   B. 它是重要客人来时主人亲自沏的茶
   C. 是一种香气和形状都很像菊花的茶
   D. 是用绿茶精心制作的形状像菊花的茶
3. 关于信阳以茶待客的礼节，下列哪种说法是错误的？
   A. 泡茶须用透明的玻璃杯　　B. 一定要用"菊花茶"招待客人
   C. 主人要亲自端杯为客人泡茶　　D. 亲手制作"菊花茶"迎接贵宾
4. 关于粗茶，下列哪种说法正确？
   A. 由各种树叶混合在一起制成　　B. 是一种用来治病防病的茶叶
   C. 物美价廉，可以四季饮用　　D. 是中原地区农民用来待客的茶叶
5. 在农村，农民喜欢喝粗茶是因为
   A. 不受季节限制　　B. 种类多口感好
   C. 制作工艺简单　　D. 便宜而且强身健体

二、根据课文内容，判断正误

1. "五云两潭"的信阳毛尖品质最为上乘。　　（　）
2. 春天和秋天采摘的信阳毛尖是馈送亲友的最佳礼物。　　（　）
3. 信阳人用透明玻璃杯给客人沏茶是为了显得干净。　　（　）
4. 粗茶就是将各种树木的叶子摘下来泡在水中当茶叶。　　（　）
5. 夏天的时候，农民在地里干活儿可以喝些姜茶败火。　　（　）

三、请将下列各种茶和它们的功效连接起来

1. 菊花茶　　　　　　　A. 止咳化痰
2. 艾叶茶　　　　　　　B. 防暑降温，祛热败火
3. 姜茶　　　　　　　　C. 败火去毒
4. 枣叶、苹果叶茶　　　D. 疏风清热，健脑安神
5. 绿豆茶　　　　　　　E. 温胃散寒，疏理气血
6. 白萝卜茶　　　　　　F. 养肝安神
7. 柳叶、竹叶茶　　　　G. 祛风发汗

四、简答题

1. 什么是细茶和粗茶？

   答：_____。

2. 信阳毛尖茶具有什么特点？

   答：_____。

3. 粗茶制作的过程是什么？

   答：_____。

五、回答问题

1. 信阳毛尖茶品质上乘的原因是什么？
2. 信阳茶乡以茶待客都有哪些讲究？
3. 喝粗茶的好处有哪些？

三十四、葡萄的种植及种类

葡萄是世界上广为栽培的果树之一。其果实美观，味道鲜美，酸甜适口，营养丰富，生津止渴，益助消化，深受人们欢迎。

葡萄适应性特别强，不论高寒山区，还是沿海平原，均可栽种，而且结果早，寿命长，一般栽后一二年即可投产，3～5年就进入盛产期，寿命长达百年。

葡萄可以在各种各样的土壤上生长，许多不大适宜种大田作物的土地，如沙荒、河滩、盐碱地、山石坡地等，都能成功地种植葡萄。也可利用庭院栽培，既美化环境，又增加收入。

对葡萄生长、发育和结果起主要作用的气候因子是光、热和降水。

葡萄是喜光植物，对光的反应很敏感。光照充足时，枝叶生长健壮，树体的生理活动增强，抗寒力也随之增强。光照不足时，枝条变细，节间增长，叶片变黄、变薄，光合效率低，果实着色差，或不着色，品质变劣。

影响葡萄生产的最重要的气候因素是温度。葡萄是喜温植物，对热量的要求高。不同葡萄品种从萌芽开始到果实充分成熟所需≥10℃的活动积温都是不同的。早熟品种要求25～29℃，中熟品种29～33℃，晚熟品种33～37℃。

葡萄是比较耐旱的果树，有些品种也能忍受较高的温度。一般认为在温和的气候条件下，年降水量在600～800mm是较适合葡萄生长发育的。

世界上大部分葡萄园分布在北纬20°～52°之间及南纬30°～45°之间，绝大部分在北半球。海拔高度一般在400～600m。在大的地形条件相似的情况下，不同坡向的小气候有明显差异。通常是南向的坡地受光受热较多，日平均气温较高，植物组织受辐射增温明显，而北向坡地一般因日照不足而较为冷凉。

海洋、湖泊等大的水域，由于吸收的太阳辐射能量较多，热容量较大，白天和夏季的温度比陆地低，而夜间和冬季的温度比陆地高。因此，邻近水域沿岸的气候比较温和，无霜期较长。临近大水面的葡萄园由于深水发射出大量蓝紫光和紫外线，果实着色和品质较好。

葡萄的主要品种有：

（1）赤霞珠，又名解百纳，是使法国波尔多酒闻名于世界的功臣品种，也是世界最佳红色酿酒品种之一。

（2）雷司令，原产于德国，欧洲栽培较多，是酿制干白葡萄酒的最好品种之一。

（3）玫瑰香，原产英国，世界上栽培较广，也是中国许多葡萄产区主要品种。

（4）巨峰，欧美杂交种，原产日本，果肉较软，味甜多汁，有草莓香味。品质中上。

（5）龙眼，又名秋紫，原产中国，是中国葡萄栽培最广、株数最多的鲜食和酿酒兼用品种。

葡萄有很高的营养价值，糖、酸及维生素含量丰富。葡萄汁被科学家誉为"植物奶"。在那些种植葡萄和食用葡萄多的地方，癌症发病率也明显减少。葡萄是水果中含复合铁元素最多的水果，是贫血患者的营养食品。

（1028字）

（据"食品伙伴网"资料编写）

练 习

一、根据课文内容，选择正确答案

1. 葡萄栽种多久之后就可以大量采摘？
   A. 1～2 年   B. 3～5 年
   C. 12 年   D. 百年

2. 影响葡萄生产的最重要的气候因素是
   A. 风向   B. 日照
   C. 温度   D. 降水

3. 如果葡萄的光照不足，就会
   A. 枝叶生长健壮   B. 叶片变厚、变绿
   C. 抗寒能力提高   D. 果实着色较差

4. 如果葡萄大量吸收蓝紫光和紫外线，就会
   A. 比较耐旱   B. 着色较好
   C. 产量增加   D. 光合效率降低

5. 下列哪一品种最适合酿造干白葡萄酒？
   A. 解百纳　　　　　　　　B. 雷司令
   C. 巨峰　　　　　　　　　D. 龙眼

二、根据课文内容，判断正误
   1. 葡萄适应环境的能力比较强。　　　　　　　　　　　　　（　　）
   2. 葡萄的种植主要在南半球。　　　　　　　　　　　　　　（　　）
   3. 种植在南向坡地的葡萄应该比在北向坡地的生长得好。　　（　　）
   4. 葡萄是喜水植物，所以临近水域的葡萄园生产的葡萄品质比较高。（　　）
   5. 葡萄的营养价值很高，能够补充人体内的铁元素。　　　　（　　）

三、从课文中找出形容葡萄果实的词语

四、从课文中找出有关地域和土壤的词语

五、简答题
   1. 不同成熟期的葡萄品种对温度有什么要求？
      答：_____。
   2. 葡萄园主要分布在哪些区域？
      答：_____。
   3. 葡萄有哪些主要品种？
      答：_____。

六、回答问题
   1. 光对葡萄的生长产生怎样的影响？
   2. 分析一下水域与葡萄生长的关系。
   3. 葡萄对人有哪些益处？

三十五、酒的香气

　　中国白酒的酒香十分丰富,其形成原因非常复杂,除了原料本身的香气外,还受生产过程中外来香气、发酵和陈酿过程中容器香气等的影响。中国白酒常以酒品的香气来划分种类,概括起来可以分5种香型,即:酱香型、浓香型、清香型、米香型和兼香型。

　　1. 酱香型。又称为茅香型,以贵州茅台酒为代表。这类香型的白酒香气香而不酽,低而不淡,醇香幽雅,不浓不猛,回味悠长,倒入杯中过夜香气久留不散,且空杯比实杯还香,令人回味无穷。酱香型白酒是由酱香酒、窖底香酒和醇甜酒等勾兑而成的。所谓酱香是指酒品具有类似酱食品的香气,酱香型酒香气的组成成分极为复杂,至今未有定论,但普遍认为酱香是由高沸点的酸性物质与低沸点的醇类组成的复合香气。

　　2. 浓香型。又称泸香型,以四川泸州老窖特曲为代表。浓香型的酒具有芳香浓郁,绵柔甘洌,香味协调,入口甜,落口绵,尾净余长等特点,这也是判断浓香型白酒酒质优劣的主要依据。构成浓香型白酒典型风格的主体是乙酸乙酯,这种成分含香量较高且香气突出。浓香型白酒的品种和产量均居中国白酒之首。全国八大名酒中,五粮液、泸州老窖特曲、剑南春、洋河大曲、古井贡酒都是浓香型白酒中的优秀代表。

　　3. 清香型。又称汾香型,以山西杏花村汾酒为主要代表。清香型白酒酒气清香芬芳醇正,口味甘爽协调,酒味纯正,醇厚绵软。清香型白酒的主体香是乙酸乙酯和乳酸乙酯,两者结合成为该酒主体香气,其特点是清、爽、醇、净。清香型风格代表了我国老白干酒类的基本香型特征。

　　4. 米香型。米香型酒指以桂林三花酒为代表的一类小曲米液,是历史悠久的传统酒种。米香型酒香气清柔,幽雅纯净,入口柔绵,回味怡畅,给人以朴实纯正的美感。米香型酒的香气组成是乳酸乙酯含量大于乙酸乙酯,高级醇含量也较多,共同形成它的主体香。这类酒的代表有桂林三花酒、全州湘山酒、广东长东烧等小曲米酒。

　　5. 兼香型。通常又称为复香型,即兼有两种以上主体香气的白酒。这类酒在酿造工艺上吸取了清香型、浓香型和酱香型酒之精华,在继承和发扬传统酿造工艺的基础上独创而成。兼香型白酒之间风格相差较大,有的甚至截然不同。这种酒的闻香、口香和回味香各有不同香气,具有一酒多香的风格。兼香型酒以董酒为代表,董酒酒质既有大曲酒的浓郁芳香,又有小曲酒的柔绵醇和、落口舒适甜爽的特点,风格独特。

　　以上几种香型只是中国白酒中比较典型的香型。但是,有时即使是同一香型白酒,香气也不一定完全一样,就拿同属于浓香型的五粮液、泸州老窖特曲、古井贡酒来说,它们的香气和风味也有显著的区别,其香韵也不相同,因为各种名酒的独特风味除取决于其主体香含量的多寡外,还受各种香味成分的相互作用的影响。

　　酒品香型风格的形成涉及很多方面的因素,有的至今还是个谜,有待于进一步的研究和挖掘。随着酒业酿造科学的发展，中国白酒将会涌现出更多的独特风格。

(1148 字)

(选自：《酒品风格的形成》www.zh5000.com 有改动)

练 习

一、根据课文内容，选择正确答案

1. 中国白酒是以什么来划分类型的？
   A. 制作原料　　　　　　　　B. 生产工艺
   C. 发酵和陈酿时间　　　　　D. 酒品所具有的香气

2. 哪种类型的酒的香气组成成分现在还没搞清楚？
   A. 酱香型　　　　　　　　　B. 浓香型
   C. 清香型　　　　　　　　　D. 米香型

3. 哪种类型的酒乳酸乙酯的含量比较高？
   A. 酱香型　　　　　　　　　B. 浓香型
   C. 清香型　　　　　　　　　D. 米香型

4. 兼香型酒的最大特点是
   A. 由两种以上白酒组成　　　B. 由大曲酒和小曲酒组成
   C. 具有一酒多香的风格　　　D. 吸取了所有类型酒的精华

5. 中国八大名酒中，哪种香型的酒最多？
   A. 酱香型　　　　　　　　　B. 浓香型
   C. 清香型　　　　　　　　　D. 米香型

二、根据课文内容，判断正误

1. 容器的香气也会影响到酒的香气。　　　　　　　　　　　（　　）
2. 盛过茅台酒的酒杯还保留着一股香气。　　　　　　　　　（　　）
3. 酱香型酒是以酱食品为原料制作的。　　　　　　　　　　（　　）
4. 同一香型的酒香气比较接近。　　　　　　　　　　　　　（　　）
5. 中国白酒的香型风格还有一些方面没有研究清楚。　　　　（　　）

三、将下列白酒按照香型归类

    A. 四川泸州老窖特曲   B. 山西杏花村汾酒   C. 贵州茅台酒   D. 五粮液
    E. 董酒   F. 广东长东烧   G. 全州湘山酒   H. 古井贡酒
    I. 桂林三花酒   J. 剑南春   K. 洋河大曲

    1. 酱香型：
    2. 浓香型：
    3. 清香型：
    4. 米香型：
    5. 兼香型：

四、将下列关于酒的形容词按照香型归类

    A. 绵柔甘洌   B. 酒气清香芬芳醇正   C. 入口柔绵   D. 不浓不猛
    E. 低而不淡   F. 入口甜，落口绵   G. 醇厚绵软   H. 醇香幽雅
    I. 酒味纯正   J. 口味甘爽协调   K. 芳香浓郁   L. 香而不酽
    M. 回味怡畅   N. 幽雅纯净   O. 香气清柔   P. 香味协调
    Q. 回味悠长   R. 尾净余长

    1. 酱香型：
    2. 浓香型：
    3. 清香型：
    4. 米香型：

五、简答题

    1. 以香气来划分，中国白酒可以分为哪几种类型？
        答：_____。
    2. 哪一种类型的白酒品种和产量最多？
        答：_____。
    3. 课文中提到浓香型、清香型、米香型白酒中都含有哪一种成分？
        答：_____。

六、回答问题

    1. 酒品的香气是如何形成的？
    2. 一般认为酱香的来源是什么？
    3. 介绍一下兼香型酒的特点。

三十六、足球机器人——未来的世界杯盟主

尽管中国足球队在世界杯上多是陪客和看客，但在足球机器人世界杯上，中国队可是一支实力不容小觑的劲旅，屡次问鼎冠军。比赛结果反映了一个国家信息技术和自动化技术的综合实力，试想，如果未来高度拟人化的机器人可以取代运动员出现在绿茵场上，中国足球或许都会有拥抱大力神杯的希望。

现在形似小汽车、只能将乒乓球或高尔夫球推来推去的足球机器人还没有"人"的样子。据科学家估计，要想让足球机器人像真正的人一样，大概还需要50年。也就是说，到2050年左右，足球机器人就能在一个真的足球场地上，与人类在同样的比赛规则条件下进行比赛。而且，那时可能电视转播的体育节目中，机器人足球很可能会成为最受欢迎的运动。

机器人要参加比赛必须有自己的眼睛，自己的双腿，自己的大脑。因此，在足球机器人系统的开发过程中，不仅要遇到机器人学、机电一体化、通讯与计算机技术等，还将涉及图像处理、传感器数据融合、决策与对策、模糊神经网络、人工生命与智能控制等学科的内容。当然，要打败人类，最迫切的质的突破还是来自于机器人的团体配合。即便机器人有足够强的能力带球、奔跑、射门，但足球运动毕竟是团体运动，如果不知道与队友配合，机器人个体再强也是徒劳。

进入上世纪80年代，科学家开始研究分布式人工智能和分布式系统，也就是如何使机器人的集体智慧达到最大。

无论如何，2050年的足球机器人的确让人期待，它无论在外形上，还是在组织结构、人造器官甚至耳、眼、判断力等方面都要与人类接近。以肌肉为例，类人机器人不应该是钢铁的外壳，它必须要有人造的、柔软的肌肉。目前，英国已经研制出人工肌肉气囊，一边充气，一边放气，以此来保证肌肉的收缩和柔软性。

中国自动化学会机器人竞赛工作委员会秘书长李实指出，在机器人世界杯仿真组的比赛中，各国实际上都面临着很大问题，如队员配合、队形变化、教练的设计等。这些都是需要群体配合的，而目前仍然没有形成一个理论来解决这个领域的问题。包括中国在内的大多数国家对此都是采取了就事论事的态度，即只是针对个别问题想出具体方法，但每一个方法只能是针对一个问题，并不具有普遍功效。差距固然存在，"但是50年的时间足以让机器人技术有质的飞跃"。

在2050年世界杯上，或许会有一支机器人足球队横扫巴西、法国等足球劲旅。当然，这只是猜测。

(932字)

(选自：中体传媒/南方网 有改动)

练 习

一、根据课文内容，选择正确答案

1. 足球机器人比赛的结果说明什么？
   - A. 中国机器人足球队有拿冠军的实力
   - B. 中国足球队被邀请去观看世界杯比赛
   - C. 中国足球队未来有可能获得世界冠军
   - D. 中国的信息技术和自动化技术很有实力

2. 到 2050 年左右，可能会出现下列哪种情况？
   - A. 足球机器人全部替代了人类
   - B. 人类的足球比赛不再受到欢迎
   - C. 足球机器人与人在真正的赛场比赛
   - D. 电视转播的体育节目中只有足球机器人比赛

3. 足球机器人要参加比赛，最关键的问题是什么？
   - A. 如何控制机器人系统
   - B. 机器人相互之间的配合
   - C. 机器人要有眼睛、双腿、大脑
   - D. 机器人有能力带球、奔跑、射门

4. 科学家研究分布式人工智能和分布式系统的目的是使机器人
   - A. 超过人类
   - B. 控制人类
   - C. 个体能力达到最强
   - D. 集体智慧达到最大

5. 通过本文，我们可以知道
   - A. 50 年后机器人技术将会有一个很大的进步
   - B. 50 年后足球机器人将会取代人类足球运动员
   - C. 机器人足球世界杯已经成为一项最受欢迎的运动
   - D. 50 年后机器人足球队一定能打败世界上的足球劲旅

二、根据课文内容，判断正误

1. 在足球机器人世界杯上，中国队多次获得冠军。（ ）
2. 现在的足球机器人已经有"人"的样子了。（ ）
3. 上世纪 80 年代科学家已经解决了如何使机器人的集体智慧达到最大的问题。（ ）
4. 到目前为止，仍没有一个理论来解决机器人在比赛中的群体配合问题。（ ）
5. 现在，英国已经研制出了有收缩性的柔软的人工肌肉。（ ）

三、选词填空

  A. 不容小觑 B. 就事论事 C. 劲旅 D. 问鼎 E. 横扫 F. 徒劳

1. 王健林以401.1亿元人民币的财富额_____《新财富500富人榜》，不过是其巨额身价的些许显露。
2. 眼睛在黑夜总是_____的，因为它不能视物，更看不穿内心。
3. 父母在教育孩子时，最好_____。不断地翻旧账，扯得太远，不仅起不到教育的目的，还会引起孩子的厌恶，让他感觉自己在家长的眼里一无是处。
4. 随着互联网的飞速发展和网民人数的增加，育儿网站的影响力_____，越来越多的准父母和父母们通过育儿网站获取信息。
5. 尤伯杯昨天在吉隆坡决出了最后两强，中国羽毛球女队以3比0_____印尼女队，而韩国女队则以3比1力克日本女队。
6. 我们不能_____，而应该举一反三，由此及彼，全面、系统地审视与改进我们的工作。
7. 大多数欧美强队，甚至日韩等亚洲_____，都会在前一年底或是新年初就基本敲定新一年的集训和热身计划。
8. 中国通信体协健美操队代表了全国邮政、电信、移动、联通百万员工，是一支实力_____的行业代表队。

四、简答题

1. 什么时候足球机器人才能像真正的人一样？
  答：_____。
2. 未来的足球机器人肌肉应该是怎样的？
  答：_____。
3. 在机器人世界杯仿真组的比赛中，各国面临的问题有哪些？
  答：_____。

五、回答问题

1. 作者认为"中国足球或许都会有拥抱大力神杯的希望"的主要依据是什么？
2. 在足球机器人系统的开发过程中会遇到哪些学科的问题？
3. 为什么说足球机器人的团体配合是最迫切的质的突破？

三十七、"她"世纪的体育

  当年，一个中国人在伦敦写了一首著名的情诗，并顺带在诗中生造了一个至今影响深远的汉字——"天上飘着些微云,地上吹着些微风。啊,微风吹动了我头发,叫我如何不想她!"这个人就是仅仅活了43岁的"五四"新文化运动的先驱、新诗诗人、杂文家和著名语言学家刘半农先生,而那个令人无法不想的汉字正是——"她"。

"她"与"他"的确有着太多区别,这种区别存在于几乎所有社会生活形态中,体育作为一种人类自身发展中始终未曾离开的活动,也无可避免地反映着"她"与"他"之间自古就有的、一直存在于所有人自觉或不自觉意识中的深刻命题。

从古罗马贵妇对于英勇"角斗士"的不自觉崇拜,到现代狂欢节般的世界杯、奥运会,"她"有着完全不同于"他"的狂热理由,专属于女性的"她逻辑"在体育领域一样显得感性与丰满。

本世纪之初,美国方言学会举行了一次有趣的"世纪之字"评选活动,结果出人意料:"她"以绝对优势战胜"科学"等候选字,成为"21世纪最重要的一个字"。

"她"字入选"世纪之字",似乎意味深长。走入21世纪,女性已不再是两性中无足轻重的一方。"她世纪"之中,如何描述女性这个"新的角色"呢?

传统女性当然是过时了,女权主义者也早已不时髦,新世纪的女性仿佛很贪心,什么都要,家庭的幸福也要,事业的成就也要;与男人一样坚强的性格也要,最最女性化的纤美体格也要;老辣的处世能力也要,美丽可爱的外貌也要。

"她世纪"女性的主动姿态使得女性在体育运动中呈现出与男性完全不同的逻辑,这种逻辑体现在女性对于体育运动的参与和消费等各个方面,而且趋势越来越明显。

她们喜欢足球可以仅仅为了一名惹人喜爱的球员,喜欢拳击可以仅仅因为想要痛快发泄,可以因为刘翔而深夜观看田径赛事。与其他事物类似,欣赏体育运动的女性亦是感性目光居多,她们可能会因为自己喜爱的球员转会而跟着"倒戈",但是大多不会像男人那样,因为自己喜爱的球队连续的败仗而愤怒,取而代之的或许是更多的理解与同情。

体育中,"她逻辑"的日趋显现是"她世纪"的必然,一方面"她逻辑"令体育在女性生活中不论是主观还是客观的位置愈发重要,另一方面女性们在社会发展中所扮演的重要角色也使得体育越来越受到"她逻辑"的影响。

体育媒体开始为了"她们"而更加注重竞赛后面人文细节的内容,健身俱乐部开始把女性消费者的需求摆在首位,体育运动商品生产商在专门针对"她们"的产品上投入众多专门精力,甚至参加比赛的男性运动员,也为了更多引发"她们"的好感而在着装和发型上用心良苦……

一位哲人曾经说过:"这个世界如果少了女人,就会丢掉十分之七的美,十分之三的真。"如此想来,体育"她逻辑"日益为人们所关注,对于体育本身而言,也是令它变得更为多姿、炫目的好理由。

(1101字)

(选自:南方网/中体传媒,原名《体育"她"逻辑》 有改动)

练 习

一、根据课文内容，选择正确答案

　　1. 对第一段的主要内容概括得最准确的是
　　　　A. 介绍一位著名诗人　　　　　B. 介绍汉字"她"的来源
　　　　C. 介绍一首著名的情诗　　　　D. 介绍"她"字产生在伦敦

　　2. 在美国的"世纪之字"评选活动中，"她"成为最重要的字，这说明
　　　　A. 现在女性比科学更重要　　　B. 现代女性已成为一种新的角色
　　　　C. 21世纪女性的地位越来越高　D. 在21世纪"她"字有了更多的意思

　　3. 从本文中我们可以知道，女性在欣赏体育运动时最大的特点是
　　　　A. 很感性　　　　　　　　　　B. 非常狂热
　　　　C. 充满同情和理解　　　　　　D. 不自觉地崇拜体育明星

　　4. 下面哪一句话最能体现"她世纪"对体育的影响？
　　　　A. 体育应该逐渐向感性化的方向发展
　　　　B. 体育要日趋商业化以满足女性需要
　　　　C. 体育必须更多地进入到女性的生活中去
　　　　D. 体育必须要更多地考虑女性的需求和爱好了

　　5. 这篇文章的主要内容是
　　　　A. "她"字的起源和发展　　　　B. 新世纪女性的新特点
　　　　C. 现代女性对体育的影响　　　D. 越来越多的女性开始喜欢体育

二、根据课文内容，判断正误

　　1. 为了创造"她"这个汉字，诗人刘半农先生创作了一首诗。　　　　　（　　）
　　2. 男性与女性的差异存在于几乎所有社会生活形态中。　　　　　　　（　　）
　　3. 女性喜欢世界杯和奥运会的原因可能与男性不同。　　　　　　　　（　　）
　　4. 在举行"世纪之字"评选活动时，人们都认为"她"字会以绝对优势战胜"科学"
　　　等候选字。　　　　　　　　　　　　　　　　　　　　　　　　　（　　）
　　5. 在"她世纪"，女性拥有了重要的地位，她们显得更加主动。　　　　（　　）
　　6. 如果自己喜欢的球员加入了别的球队，女性球迷可能也会跟着去喜欢那支球队。
　　　　　　　　　　　　　　　　　　　　　　　　　　　　　　　　　（　　）
　　7. 体育在女性生活中越来越重要，同时也因为现代女性的更多参与而变得越来越精彩。
　　　　　　　　　　　　　　　　　　　　　　　　　　　　　　　　　（　　）

三、选词填空

　　A. 先驱　　B. 取而代之　　C. 出人意料　　D. 用心良苦　　E. 无足轻重

　　F. 意味深长

1. 那个时候还没有人知道，跟平常孩子没什么两样的他，日后会成为计算机行业的_____，信息时代的先知。
2. 她的每一个眼神都_____，她能让电影里所有的男人都以为安娜是喜欢自己的，甘愿为她服务。
3. 本书没有给出烦琐的例句，_____的是简洁的词组，便于大家掌握使用。
4. 没有爱，人无法坚强，因为爱不是一种_____的情感，它是生命的血液，是分离者重新团聚的力量。
5. 为了子女的教育，她从闹市区搬到郊区，又从郊区搬到文教区，真是_____啊！
6. 去年2月份刊登的一项对55位经济学家进行的调查显示，他们对经济复苏的态度分歧之大_____。
7. 斯蒂格利茨在《喧嚣的90年代》一书中曾经讲过一句_____的话，他说："毁灭的种子是什么？第一个就是繁荣自身。"
8. 墙拆除了，_____的是由草坪、树木、奇石、鲜花组成的游园。
9. 美元汇率的涨跌对黄金而言是_____的，黄金大牛市才刚刚开始。

四、简答题

1. 新世纪女性的追求包括哪些方面？

　　答：_____。

2. 如果自己喜爱的球队连续失败，女性的反应会是什么？

　　答：_____。

3. 体育中，"她逻辑"的显现表现在哪些方面？

　　答：_____。

五、回答问题

1. 现代体育运动受到"她逻辑"怎样的影响？
2. 看完这篇文章，你怎么理解"她世纪"？
3. 你怎么理解文章最后一段中哲人所说的话？

三十八、人类的极限

夸父逐日，是中国最早关于挑战极限的故事。两千多年前的古代奥运会上，希腊人用奥林匹克的方式向人类的极限发出了挑战。人类进入现代社会后，法国人顾拜旦在和平的名义下，将精英们聚集在五环旗下，向人类生理技能的更快更高更强发出了挑战。

两千多年前，中国先哲庄子就发出过"吾生也有涯，而知也无涯。以有涯随无涯，殆已"的感喟。庄子认为，"井蛙不可以语于海者，拘于虚也；夏虫不可以语于冰者，笃于时也。"——人生是有极限的。如果一味地用有限的生命，去追逐无限的知识，那么只会是伤神误体，毁坏自己的生命。而人类的认识也是有限的，就像井底之蛙，受到生存空间的限制，它们永远不知道大海的样子；夏天的虫子，受到生命时间的限制，它们永远不知道冬天的冰雪为何物。

人类是否存在极限，现代科学界也分为两派争论不止。一派认为人类是有极限的，从人体的生理结构来看，人类永远不能达到100米6秒的速度。另一派认为，人类的极限是无限的。英国牛津大学教授爱德华博士认为，现在人类不能超过9.58秒的极限，再过一千年或者一万年后，谁能保证人类不会超过这个极限呢？尽管学术界对于人类极限的争论现在还没有一个结论，但双方都有一个共同的认知，那就是人类通过不断向极限挑战，促进了人类的进步。而通过科学手段，可以不断提高人类现有的自身极限。

"更快、更高、更强"不仅仅是奥运会倡导的理念，也是科学界孜孜以求的追求目标。更显著的成果就是科学与体育结合后的产物——沉睡的世界纪录在科技力量的催促下被一次次唤醒。

人类通过科技手段来突破极限，可以分为改进器械；运用人体工程学原理，改进运动姿势提高技术，挑战极限；通过开发心理潜能提高人类极限等。现在学术界认为，40年前运动员们只发挥了80%的潜能，现在通过科技手段，已将人类潜能的发挥提高到90%。还有10%的潜能甚至一片新的天地，等待着人们通过追逐极限去发现和探索。

从道德伦理学来看，极限之限，并非无限，极限亦"有限"。一如"克隆人类"遭到强烈反对，现在人类挑战自我极限，也在走向另一个极端——通过药物来提高人类自身的极限。而转基因技术的介入则令人类陷入一个新的梦魇。2000年悉尼奥运会时，就有人敲响转基因技术正在渗透体育界的警钟。虽然尚无确凿证据，但从科学技术发展的周期来看，转基因技术可能已经运用到竞技体育之中。

所谓的转基因技术，就是采集优秀运动员如世界冠军们的基因，通过基因枪注入到相应的人体部位。通过转基因技术，改变人体肌肉类型，从而达到提高运动成绩的目的。比如这名运动员需要加强上肢力量，则注射类型相同的世界冠军的基因，从而改变上肢肌肉类型。这有点儿像科幻电影《生化危机》的当代版本，女主角通过实验，变成了无敌女战士。

从道德角度来看，极限须有"极限"，但从某种程度上看，转基因技术已打开了极限的潘多拉魔盒。

(1132 字)

（选自：《你能比过你自己吗？》　来源：南方网　有改动）

练　习

一、根据课文内容，选择正确答案

1. 庄子的两段话是要说明
   A. 人生是有极限的　　　　　　　B. 追求知识对人生是无益的
   C. 青蛙和虫子的生命都是有限的　D. 人的一生不能仅仅只是追求知识
2. 关于人类的极限，现代学术界认为
   A. 人类的极限是 100 米 6 秒　　 B. 未来的人类极限是 9.58 秒
   C. 向极限的挑战能促进人类进步　D. 应该通过科技手段不断突破极限
3. 当科技进入到人类挑战极限的努力后
   A. 科学界有了追求的目标
   B. 科学开始与体育相结合
   C. 体育运动的世界纪录不断被打破
   D. "更快、更高、更强"成为了奥运会倡导的理念
4. 通过科技手段
   A. 人类潜能的发挥提高了 90%　　B. 人类发挥了自身 80% 的潜能
   C. 人类发挥了自身 10% 的潜能　　D. 人类潜能的发挥比以前提高了 10%
5. 转基因技术运用到竞技体育中
   A. 可以改变运动员的性别　　　　B. 可以改变人体肌肉类型
   C. 可以促进体育事业的发展　　　D. 可以延长运动员的运动寿命

二、根据课文内容，判断正误

1. 人类进入现代社会后开始向极限发出挑战。　　　　　　　　　　　(　　)
2. 庄子是中国古代的一位哲学家。　　　　　　　　　　　　　　　　(　　)
3. 英国牛津大学教授爱德华博士认为人类有可能超过 9.58 秒的极限。(　　)
4. 现代科技手段可以帮助人类不断挑战自身极限。　　　　　　　　　(　　)
5. 2000 年悉尼奥运会时，转基因技术已经运用到竞技体育中了。　　 (　　)

三、将语义相同的两段话连接起来

1. "吾生也有涯，而知也无涯。以有涯随无涯，殆已。"

2. "井蛙不可以语于海者，拘于虚也；夏虫不可以语于冰者，笃于时也。"

A. 人生是有极限的。如果一味地用有限的生命，去追逐无限的知识，那么只会是伤神误体，毁坏自己的生命。

B. 井底之蛙，受到生存空间的限制，它们永远不知道大海的样子；夏天的虫子，受到生命时间的限制，它们永远不知道冬天的冰雪为何物。

四、简答题

1. 奥运会倡导的理念是什么？

    答：＿＿＿＿＿＿＿＿＿＿＿＿＿＿＿＿＿＿＿＿。

2. 人类通过哪些科技手段来突破极限？

    答：＿＿＿＿＿＿＿＿＿＿＿＿＿＿＿＿＿＿＿＿。

3. 转基因技术运用到竞技体育中的目的是什么？

    答：＿＿＿＿＿＿＿＿＿＿＿＿＿＿＿＿＿＿＿＿。

五、回答问题

1. 为什么说向人类的极限进行挑战促进了人类的进步？
2. 转基因技术在竞技体育中是如何运用的？
3. 对于人类的极限，作者的主要观点是什么？

三十九、古格王朝遗址

　　古格王朝遗址位于西藏自治区距扎达县城 18 公里的象泉河畔，被众多土林远远近近地环抱其中。因其是用取自周围土林的黏性土壤建筑而成，所以古老城堡的断壁残垣与脚下的土林浑然一体，使人难以分辨究竟何为城堡、何为土林。每当朝霞初起或夜幕降临之时，古格遗址便会在土林的映衬下透射出一种残缺美、悲壮美。

　　古格王朝整座城堡建筑在一座 300 多米高的黄土坡上，地势险峻，洞穴、佛塔、碉楼、庙宇、王宫有序布局，自下而上，依山迭砌，直逼长空，气势恢弘壮观。这些洞穴多为居室,密密麻麻遍布山坡。

古格的住宿有严格的等级制度:山坡上是达官贵族住宿,山下是奴隶居住,有的洞窟则是僧侣的修行地。有这样陡峭的山壁作为屏障,要爬上山顶比登天还难。那么古格人自己又是如何上山的呢?原来聪明的古格人在山体内修筑了许多暗道,暗道中某些类似窗户的洞,既为了采光又可以用来防御。这些暗道迂回曲折,拾阶而上可直达山顶王宫。

王宫总是高高在上,这一方面是为了防御,另一方面也象征着国王至高无上的权力。然而,战火摧毁了城堡,黄沙淹没了豪杰。望眼前满目凄凉,千古沧桑,一个兴起于10世纪,创造了七百年灿烂历史,经历过十六位世袭国王,拥有过十万人之众的庞然大国竟然在1635年巴达克人入侵的战争中瞬间灰飞烟灭。它为什么会消失得这样突然?当年的十万之众为什么会无影无踪?这对我们确实是一个充满诱惑的千古之谜。

在这片备受摧残的土地上,唯有寺庙保存完好。山腰中部的几座寺庙分别为渡母殿、红殿、白殿和轮回殿。这些寺庙都带有浓郁的西藏建筑风格,寺庙飞檐上雕饰的图案多为狮、象、马、孔雀等动物,这种雕饰大概与从冈底斯山脉分流的四条神水:狮泉河、象泉河、马泉河、孔雀河的传说有一定关系吧。

古格壁画是古格艺术的精品,虽然它们已经沉睡了几个世纪,如今依然光彩照人。这些壁画包括佛教故事、神话传说以及当时古格人的生产生活场面,等等,内容十分丰富。透过这些绚丽斑斓的图画,人们不难窥视到昔日古格王朝的政治经济活动以及文化风情,从中去追寻古格兴盛与消亡的历史。

(830字)

(选自:《触摸沙漠中的文明——古格王国》 http://www.sina.com 有改动)

一、根据课文内容,选择正确答案

1. 人们分不清城堡和土林是因为
   A. 远远近近都是土林　　　　　　B. 城堡已经变成了废墟
   C. 这个城堡藏在土林中间　　　　D. 修建城堡的土来自于土林

2. 从对古格王朝遗址的介绍中我们可以了解到
   A. 当时的建筑技术很发达　　　　B. 古格王朝的交通不太发达
   C. 用土建造的建筑很容易毁灭　　D. 古格王朝有着严格的等级制度

3. 关于古格王朝,人们非常迷惑的是
   A. 如何分辨城堡和土林　　　B. 为什么会突然彻底消失
   C. 它到底是怎样被毁灭的　　D. 它到底是怎样修建起来的
4. 古格遗址中保存最好的是
   A. 寺庙　　　　　　　　　　B. 王宫
   C. 洞穴　　　　　　　　　　D. 碉楼
5. 本文重点介绍的是古格王朝的
   A. 建筑　　　　　　　　　　B. 历史
   C. 壁画　　　　　　　　　　D. 等级制度

二、根据课文内容,判断正误
   1. 古格王朝遗址周围都是天然的土林。　　　　　　　　　　（　）
   2. 古格王朝的城堡有300多米高。　　　　　　　　　　　　（　）
   3. 山坡上有许多洞穴,那是古格人住的地方。　　　　　　　（　）
   4. 古格王朝的消亡是源于一场突发的火灾。　　　　　　　　（　）
   5. 从古格壁画中能看到当年古格王朝的一些情况。　　　　　（　）

三、选词填空
   A. 浑然一体　　B. 气势恢弘　　C. 迂回曲折　　D. 拾阶而上　　E. 满目凄凉
   F. 灰飞烟灭　　G. 无影无踪　　H. 光彩照人　　I. 绚丽斑斓

   1. 回想起2008年5月12日14时28分,一幅幅画面就像电影一样在脑海里回荡,数以万计的生命陨落,无数幸福的家庭在顷刻间_____。
   2. 在专职潜水辅导员的陪护下,游人可亲身进入_____的海底世界,和奇妙的海洋水族亲密接触。
   3. 记者们走进秦始皇陵兵马俑博物馆,感受了大气磅礴、_____的"秦国军阵"。
   4. 该瓷版画宽3米,高2.8米,厚度不足5毫米,由25块瓷版精确拼接,整个画面_____。
   5. 进门一看,已非昔日景象,到处破败不堪,楼空人散,_____。只有那院中的海棠依旧,笑迎春风,含苞待放。
   6. 海岸线_____,依山傍海分布着七山八湾十八景。
   7. 通过汽车彩绘,车主可以把头脑中所有的想法完全挥洒在自己的爱车上,达到_____的效果。
   8. 每一件事情在当时看来都震撼人心,但是10年后回过头来再看,那不过是历史长河中的浪花,10年之后这些事情早就消失得_____了。
   9. 顺着古桥_____,推开一扇木门,满目江南烟雨,满耳吴侬软语,一切都在告诉你:苏州到了!

10. 此幅《大唐盛景图卷》_____，构图跌宕起伏，表现了中华盛唐时期长安城中的繁荣景观。
11. 刘晨最终没有如老妈期望的那样_____地去相亲。
12. 申科长的真诚和幽默，让满肚子火、准备好好儿理论一番的女干部没了脾气，一场误会就这样_____了。

四、简答题

1. 古格人是怎样从山下上到山顶的？
   答：_____。
2. 古格遗址中保存下来的寺庙是什么风格？
   答：_____。
3. 为什么古格遗址的寺庙图案上有狮、象、马、孔雀等动物？
   答：_____。

五、回答问题

1. 介绍一下古格王朝的建筑特点。
2. 介绍一下古格王朝的历史。
3. 介绍一下古格壁画的特点。

四十、杭州和上海

近日买了一本书，写的是《西湖名人》。如果没有苏东坡等名人的莅临，西湖便是纯粹的自然之湖，而不是文化之湖。那个新修的雷峰塔，如果没有传说与笔墨的滋养，再有夕阳的照耀也是不济。天堂就是由天工和人情一起建设的。有个家住上海的朋友颇有情趣和眼光，早几年就在杭州买了房子，他不是金庸先生[1]，人家不知道他的到来，祝愿他成为新时代的新名人，被后人写到将来的书里。

我倒是喜欢看到这种买来买去住来住去的事情，人一流动，许多问题就消失了。比如有个夸张的说法，说杭州人和上海人像天敌一样。故事听了不少，但我考不出他们积怨的历史。其实，远亲不如近邻，况且两边的许多人又是亲又是邻的，没到过上海的杭州人很少，没去过杭州的上海人更不多。我多次到西湖边游览，大多心情愉快，唯有一次例外：多年前应邀去杭州讲课，空闲时和同伴走出旅馆排队等公车，想去玉皇山看看。前面有人插队，我刚说一句就挨了一拳。一拳罢了还把"上海人"三个字扯了出来，似乎揭发挨打的是那种地方的人，一切就理所当然了。当然，我相信这样的杭州人极少，任何地方也都有不讲理的人，都有"本地沙文主义者"。真是何苦，沪杭这两处地方紧挨着，本来是互补的：上海繁华，杭州秀美；上海过去是冒险家的乐园，杭州一直是国人心目中的天堂。放着现成的好话不肯说，一个到了杭州，拿出郊游的骄态；一个到了上海，看不惯暴发户的嘴脸。说起来，我的祖籍是浙江，杭州还是我先人的省城。上海最多的是江浙两省的移民，可能是橘逾淮而为枳（zhǐ）[2]，形状和味道都变了，老乡要用老拳来相认。还是新移民想得开，下了沪杭线[3]干脆自号"上海宝贝"，大家倒也觉得新鲜有趣。我欣赏这种摇身一变的事情。一个人，老在一个地方实在烦闷，应该变它几次换换感觉。再说，户籍制度正在松动，只要有能耐，可以去做西湖之畔的文化名人，也可做浦江两岸的成功人士。人群在分散聚合，有点儿天下为家的豪迈了。我们一向只看到有人乐意进城，我们还会看到有人被迫出城。上海杭州宁有种乎[4]？这两地的房价和生活指数较高，竞争激烈，实在对付不下来是可以换个地方住的。住来住去的，众生就平等了。

从经济来看，杭州和上海都被罩进一个圈里，勾心斗角大概是难免的，以邻为壑却大大不智。它们一损共损，一荣俱荣，谁还能独自发财？据说上海的"龙头地位"不可动摇，"招降纳叛"的能力更强，但即便是龙，光有一个脑袋顶什么用呢？沪宁杭地区富集了那么多的名城，富可敌国，在我看，说它是龙不如说是九头鸟。这边的人分什么沪杭甬（yǒng）苏锡常[5]，北方人看来原是一丘之貉（hé），在古代一律算是"南蛮"，从近代起则共同围成中国的钱袋。

衣食足而知荣辱，等到更富裕，山山水水花花草草就比钢筋水泥玻璃幕墙可贵多了，湖山养人。西湖无愧是西湖，容纳那么多的名人，在漫长的历史中挥发他们的真气；上海的黄浦江始终是一条自动走道，你就算边走边唱一会儿也就出了吴淞口。有西湖在边上，上海方可不太闷气；有上海在边上，杭州才能四通八达。

(1186字)

(选自：《创作》2003年12期 作者：陈村 有改动)

注释：

1. 金庸先生：当代著名武侠小说作家。
2. 橘逾淮而为枳：橘树本来生长在淮河以南，把它移植到淮河以北就变成枳树，形状相似，但果实味道则变了。这个典故出自《晏子春秋》。意思是：好的东西换了地方有可能就完全变了。
3. 沪杭线：从上海通往浙江杭州的铁路线。
4. 宁有种乎：难道是天生的贵种吗？
5. 沪宁杭、沪杭甬苏锡常：沪——上海的别称；宁——南京的别称；杭——杭州；甬——宁波的别称；苏——苏州；锡——无锡；常——常州。

练 习

一、根据课文内容，选择正确答案

1. 从文中可以知道《西湖名人》这本书最有可能是一本介绍
   - A. 苏东坡的书
   - B. 雷峰塔传说的书
   - C. 西湖所蕴涵的文化的书
   - D. 西湖与名人的关系的书

2. 通过文章可以得知，作者
   - A. 居住在杭州
   - B. 居住在上海
   - C. 讨厌杭州人
   - D. 在杭州买了房子

3. 作者认为要消除上海人和杭州人的敌对态度，最好的方法是
   - A. 两地联合发展经济
   - B. 上海人去杭州买房子
   - C. 要互相看到对方的长处
   - D. 加强两地之间的人口流动

4. 沪杭甬苏锡常"从近代起则共同围成中国的钱袋"，意思是
   - A. 这些地方的银行业都很发达
   - B. 这些地方从近代开始就团结在一起了
   - C. 这些地方现在是中国经济最发达的地区
   - D. 这些地方从近代开始成为制造纸币的地区

5. 作者认为杭州和上海
   - A. 存在着互补关系
   - B. 这两个城市其实差不多
   - C. 在经济方面竞争激烈
   - D. 将来杭州更有发展前景

二、根据课文内容，判断正误
1. 雷峰塔的出名与传说故事以及名人对它的描写有很大关系。（　）
2. 有夸张的说法说杭州人和上海人每天都像敌人一样。（　）
3. 作者对杭州人的印象很不好。（　）
4. 有些上海人认为杭州就像农村一样。（　）
5. 如果没有户籍制度的限制，有本事的人可以自由地选择在两地居住。（　）

三、选词填空

　　A. 理所当然　　B. 摇身一变　　C. 勾心斗角　　D. 以邻为壑
　　E. 招降纳叛　　F. 富可敌国　　G. 一丘之貉　　H. 四通八达

1. 监督者与被监督者臭味相投，成为_____的故事，在很多时候恐怕都不少见。
2. 金融危机爆发以后，为转移国内视线，保护本国经济，缓解就业压力，各国_____的贸易保护主义政策正在卷土重来。
3. 如今山野菜已经不像从前那样只是一种挖来充饥的食物，把它装进高档礼盒，

113

_____就成为馈赠好友的"高级货"。
4. 剧中通过豪门恩怨向观众展示了女人之间的_____和悲情命运，让人不禁感叹"女人何苦为难女人"。
5. 如果说，曹操在创业之初、地位未显时，多用_____等手段网罗人才，那么，在他有了显赫地位之后，便凭借手中的权力，公开树起了一面不拘微贱，不看身世，只要有才便吸收录用的旗帜。
6. 没想到，一个世界超级大富豪，_____，对慈善事业一掷千金的人，对滚落到地上的一块南瓜饼却格外珍惜。
7. 在全市1.53万平方公里的土地上，一个_____的公路交通网已经展现在人们面前。
8. 王江民认为自己身上有些地方并不适应商业战争，比如不会尔虞我诈_____，而且说话直来直去。
9. 不少网友认为，每个人可以支配的只是自己的财产而已，不要_____地把父母的钱当成自己的。

四、简答题
1. 作者为什么喜欢看到两地的人"买来买去住来住去"？
   答：_____。
2. 为什么有些杭州人不喜欢上海人？
   答：_____。
3. 简要说明杭州与上海的互补关系。
   答：_____。

五、回答问题
1. 作者在文中引用"橘逾淮而为枳"的典故想要说明什么？
2. 为什么作者认为说上海是龙不如说是九头鸟？
3. 根据本文描述一下杭州和上海这两座城市的特色。

四十一、人类思维与"生物"计算机

随着科研手段的不断进步，人类思维研究已从哲学和心理学范畴进入当今世界最前沿的科学技术领域。科学家已经开始从分子水平上来揭示人类思维之谜，而且正在利用这些新发现研制"生物"计算机。

在过去40多年中，分子生物学的兴起和发展已将生命现象分解成大量基因和蛋白质的组合。目前科学家正在进一步研究这些生物大分子及其组合的功能。科学家从分子层次上发现，生物大分子之间遵循着化学和物理规律发生相互作用，在相互作用过程中一些生物大分子形成了"生物电路"。"生物电路"具有类似计算机的信息传输和处理，甚至逻辑运算的功能。

科学家认为，最能体现"生物电路"功能的是在生物胚胎阶段。不同的细胞产生的反应不同，不同的细胞之间需要进行信息传递，并在细胞内部处理传递的信息。细胞之间的反应十分协调，最终能生长成一个生物体，这表明细胞之间的信息传递和处理功能十分强大。

人们一直对计算机能否像人一样思维存在争论，目前已经问世的各种人工智能计算机远未达到人类的智能。但这些最新的研究表明，能够与人类智能相媲美的计算机完全可能问世。根据这些新发现，一些科学家提供了"生物"计算机的设计思路。这些设想中的生物计算机运算速度和储存容量将大大超过现有的电子计算机。而在这些生物计算机中，科学家最看重的是DNA计算机。

DNA上含有大量的遗传密码，它通过生物化学反应完成遗传信息的传递，这一过程是生命现象的基本特征之一。科学家提出DNA计算机的原理是，DNA分子之间可以在某种酶的作用下瞬间完成生物化学反应，从一种基因代码变为另一种基因代码，反应前的基因代码可以作为输入的数据，反应后的基因代码可以作为运算结果。如果控制得当，那么就可利用这种过程制成一种新型计算机。

科学家认为，DNA计算机运算速度快，它几天的运算量就相当于目前世界上所有计算机问世以来的总运算量。另外，它的存储量非常大，1立方米的DNA溶液可存储1万亿亿位的数据，超过目前所有计算机的存储容量。再有，DNA计算机所耗的能量只有一台普通电子计算机的十亿分之一。

生物计算机是人们多年来的梦想，它可彻底实现现有计算机所无法真正实现的模糊推理功能和神经网络运算功能，是智能计算机的突破口之一。一些科学家认为这种新型计算机将于5年内取得实质性进展。但也有科学家认为，生物计算机并不能彻底代替电子计算机，也许未来的计算机是两者的结合体。

(954字)

(选自：《计算机世界报》　作者：郭基　有改动)

练 习

一、根据课文内容，选择正确答案

1. 研制生物计算机的理论基础是
   A. DNA理论　　　　　　　　B. 人类的思维
   C. 分子生物学　　　　　　　D. 哲学和心理学

2. 分子生物学理论

　　A. 将于 5 年内取得实质性进展

　　B. 是研究"生物电路"的理论

　　C. 促使了 DNA 计算机的诞生

　　D. 将生命现象分解成基因和蛋白质的组合

3. 最能体现"生物电路"功能的是

　　A. 在生物早期发育阶段　　　B. 细胞之间的协调反应

　　C. 不同细胞间的信息传递　　D. 不同细胞产生的不同反应

4. 下面哪一项不是 DNA 计算机的优点？

　　A. 耗能非常低　　　　　　　B. 运算速度极快

　　C. 存储量非常大　　　　　　D. 含有大量的遗传密码

5. 生物计算机的意义在于

　　A. 实现了人们多年来的梦想

　　B. 突破了现有的智能计算机

　　C. 能够进行模糊推理和神经网络运算

　　D. 能代替电子计算机成为两者的结合体

三、根据课文内容，判断正误

1. 科学家正在通过对分子的研究来揭示人类思维之谜。　　　　（　　）
2. "生物电路"是指计算机的信息传输处理和逻辑运算功能。　　（　　）
3. 关于生物计算机，科学家们有很多不同的设计思路。　　　　（　　）
4. 在现有的各种生物计算机中，科学家们最喜欢的是 DNA 计算机。（　　）
5. 未来生物计算机将彻底代替电子计算机。　　　　　　　　　（　　）

三、将下列词语和它们的正确解释连起来

1. 范畴　　　　　　A. 传达、输送
2. 遵循　　　　　　B. 在母体内初期发育的动物体
3. 传输　　　　　　C. 眨眼之间，形容极短的时间
4. 逻辑　　　　　　D. 人的思维对客观事物的普遍本质的概括和反映
5. 胚胎　　　　　　E. 合适；适当
6. 媲美　　　　　　F. 新产品首次出现，上市跟消费者见面
7. 问世　　　　　　G. 用以表示信息的符号组合
8. 瞬间　　　　　　H. 遵照、按照
9. 代码　　　　　　I. 思维或客观事物的规律
10. 得当　　　　　 J. 两者之间美的、好的程度差不多

四、简答题

1. "生物电路"有什么功能？

   答：_____。

2. DNA 计算机的存储量有多大？

   答：_____。

3. 科学家认为未来的计算机将会是怎样的？

   答：_____。

五、回答问题

1. 目前人工智能计算机的研究现状是什么？
2. DNA 计算机的原理是什么？
3. 为什么人们要致力于生物计算机的研究？

四十二、为何只有人类的头发长个没完

"上楼去，梳好你的头发，再去上学。你看你的样子，就像个野人。"当你处于青春期时，是不是经常听到妈妈这样教训你？如果答案是肯定的，你也许经常会因为与生俱来的一头乱发而"怒发冲冠"，接下来你肯定很想知道为什么我们每天必须梳理头发。

当有一天你去图书馆寻找答案时，你会发现人类几乎是唯一一种头发一直都在生长的动物。这究竟是为什么？但你从图书馆书架上根本找不到答案，因为迄今为止无人能解开这个谜底。

过去几年，科学家对研究人类头发的兴趣日渐浓厚。一篇发表在美国《进化人类学》杂志上的短文，开了探讨此问题的先河，它由美国西北大学的生理学家亚瑟·纽弗尔德和圣路易斯华盛顿大学的人类学家格伦·康罗伊共同撰写。他们指出，其他哺乳动物的毛发长到一定长度，就自动停止生长，但人类的头发会一直长下去。

人类的头发究竟为什么能连续生长呢？对于这个问题，目前人们知道的并不多。除了手掌和脚掌外，人体表面都有毛发生长。人类的毛发根据粗细、软硬的不同，可分为软毛和硬毛两种。软毛，俗称汗毛，细软而色淡，遍布皮肤表面；硬毛粗而硬，生长于人体某些特定部位，如头发。对成年人来说，在复杂的荷尔蒙机制的控制下，这两类毛发可扩展为多种毛发，如眉毛、睫毛、腋毛和胡须等。

不管是光滑的头发还是微小的汗毛，都能以每月 1～1.5 厘米的速度生长，在即将脱落前，毛发停止生长的时间非常短。身体上不同处毛发的寿命各不同，这就能确定它们的极限长度。例如腿毛能持续生长约 2 个月，腋毛则长达 6 个月，但是头发能在 6 年或更长时间里不断生长。

毛发生长到一定时期，便开始脱落和更换。人类毛发的更换，不像哺乳动物换毛有季节性，而是一生中经常不断地逐渐脱落更换。据统计，人的毛发有 10～20 万根，其中头

部有 8~14 万根，躯干四肢有 2 万根，每天脱落 30~120 根。不同部位的毛发，其寿命长短不一：头发的寿命长 2~5 年；胡须 2~3 年；腋毛 1~2 年；阴毛 1~1.5 年（一说胡须、腋毛、阴毛的寿命只有 7~10 个月）；眉毛、睫毛的寿命 3~5 个月。毛发除寿命期满自然脱落外，还可因中毒、疾病或暴力作用而脱落。

　　头发生长可能和无数个基因有关，并且，即使只有一个基因发生变化，也会给头发生长带来巨大影响。纽弗尔德和康罗伊认为，人类头发持续生长的原因，可能是因为 FGF5 或类似基因变异，从而失去了抑制毛发生长的作用。另一种可能是毛发含有的 10 种主要角蛋白（一种不溶解的较硬的蛋白物质，是头发、指甲、角和蹄的主要结构成分）基因被连续复制。科学家指出，其中的 9 种角蛋白在人类、黑猩猩和大猩猩身上几乎完全一样，但是第十种——phi-hHaA 却明显不同。德国癌症研究中心的海尔米里塔·文特在 2001 年发表了他的发现：这种基因突变在 24 万年前就出现了。

（1094 字）

（选自：《青年参考》　有改动）

练习

一、根据课文内容，选择正确答案

　　1. 我们在图书馆找不到什么答案？

　　　　A. 一个无人能解答的谜语

　　　　B. 为什么我们每天必须梳理头发

　　　　C. 为什么青春期时头发总是很乱

　　　　D. 为什么人类的头发一直都在生长

　　2. 关于《进化人类学》杂志上的那篇短文，下面哪种说法正确？

　　　　A. 揭示了人类头发能连续生长的原因

　　　　B. 是第一篇研究人类头发生长之谜的文章

　　　　C. 是过去几年科学家对人类头发研究的总结

　　　　D. 是美国西北大学的科学家们共同研究的成果

　　3. 人类的毛发

　　　　A. 总共有六种　　　　　　B. 主要分为两大类

　　　　C. 遍布于人体表面各处　　D. 生长于人体某些特定部位

　　4. 人体的各种毛发中，生长期最长的是

　　　　A. 汗毛　　　　　　　　　B. 头发

　　　　C. 胡须　　　　　　　　　D. 眉毛

5. 人类毛发持续生长的原因可能是
   A. 人类毛发的寿命期很长　　B. 有一种基因发生了变异
   C. 毛发的基因被连续复制了　　D. 人类不像哺乳动物换毛有季节性

二、根据课文内容，判断正误
   1. 现实生活中，妈妈常常因为孩子的头发太长而教训孩子。（　　）
   2. 图书馆里找不到介绍人类头发的书。（　　）
   3. 人类毛发的各种形态是受荷尔蒙影响的结果。（　　）
   4. 人体毛发的生长速度是每月 1～1.5 厘米。（　　）
   5. 关于人类毛发连续生长的原因有两种说法。（　　）

三、选词填空
   　　A. 与生俱来　　B. 怒发冲冠　　C. 迄今为止
   1. _____的 5 位中国奥运田径冠军，只有刘翔是男性。
   2. 李敏热爱舞蹈，对于节奏有着_____的敏感，她擅长各种舞步，尤其偏爱黑人街舞。
   3. 他气得_____，与主持人当众翻脸，指着主持人的鼻子大骂：你今天到底怎么了？
   4. 申赵二人组合开创的"四周抛跳"是_____全球花样滑冰难度最高的动作。
   5. 记忆中，似乎已经没有为学问、为不同观点而当面争得面红耳赤乃至_____的人了。
   6. 雀斑一般形成于人的胎儿时期，是一种_____的固定体。

四、简答题
   1.《进化人类学》杂志上那篇短文的结论是什么？
   　　答：_____。
   2. 什么是角蛋白？
   　　答：_____。
   3. 德国科学家海尔米里塔·文特的研究发现是什么？
   　　答：_____。

五、回答问题
   1. 人体表面都有哪些毛发？
   2. 介绍一下人体各类毛发的生长期。
   3. 目前科学家对人类毛发不断生长的原因的解释是什么？

四十三、美貌的力量

关于人为什么爱美,古希腊大哲学家亚里士多德曾经说过:只要不是瞎子,谁都不会问这样的问题。

美貌能令人神魂颠倒。从古至今,哲学家们一直在思考关于它的问题,言情小说家们一直在提供关于它的描述。

然而,直到我们生活的这个时代,美貌仍是个捉摸不透的谜,对于美貌仍存有很大的争议。不少学者声称,美貌并无实际意义,因为它既说明不了什么,又解决不了什么,更不能教会我们任何事情。人们对美貌的看法是自相矛盾的:一方面,把它看成是力量的源泉;另一方面,又认为它是无能和受奴役的根源。还有人认为,疯狂地追求美貌是一种文明败坏的迹象。

纵观人类历史,人们为了得到美忍受过无数的痛苦与煎熬,但对美的追求始终是那样的强烈和难以抑制。若想让人们不要对美发生兴趣,就如同让他们别吃饭、别恋爱一样。

美貌给人安慰、令人陶醉。对美的敏感是人类普遍具有的天性。

但是,什么是美?没有一个定义能够完全概括它。专家们可以叙述自己看到美时的感受,却无法确切地说出美究竟是什么样子。人类学家和心理学家认为,一张美丽的面孔实际上是我们在日常生活中看到的所有面孔的合成品。我们之所以认为它美,是因为它包含了我们所熟悉的特征。然而,更进一步的研究表明,漂亮女人的面孔都拥有瘦削的下巴、大大的眼睛,而且嘴和下巴之间的距离要短于平均值。

评说女人的脸要比评说男人的容易得多。这是因为,我们对于女性的美貌早已有了清晰的概念。社会学家艾伦·马苏尔正在研究的问题是什么使男人富有魅力,使他们看起来更出众。

相貌特征突出的男人容易获得成功。男人的男子汉味道存在于面部的棱角和发达的肌肉。心理学家迈克尔·坎宁安在研究中发现,女人通常会被大眼睛和笑容灿烂的男人所吸引。坎宁安认为,一个男人的脸上雄性特质越突出,就越容易被女人当做有魅力的理想配偶。男人若是长了一张娃娃脸,其吸引力肯定会减少。

虽说人不可貌相,但是美丽的容貌确实能左右我们对人的感觉、态度和行为。从幼年到长大成人,不论是男人还是女人,只要长得漂亮,就容易获得优待与肯定。

对三种人的研究结果表明:无论画家、作家还是学生,长相越出众,他们的劳动成果就越容易获得肯定,因为长相给了他们很大的帮助,甚至可以因此而获得额外的赞誉。社会心理学家称这种现象为"光环效应"。

我们必须了解美的实质,否则我们就会被它所束缚。怎样正确地对待美?请谨记:漂亮的长相只不过蕴涵着遗传方面的优势。

我们应当摒弃这种约定俗成的观念——凡是美的就一定是好的,因为这种观念否定了人性的反复无常和不确定性。

然而，在让美貌与善良脱钩的同时，我们同样不能犯这样的错误——认为美貌总与恶行相伴。拥有美和被美所俘获都不是社会性的罪恶。

(1085字)

(选自：《环球》 作者：(美) 南希·埃特霍夫 翻译：曲静 有改动)

练 习

一、根据课文内容，选择正确答案

1. 亚里士多德认为
   A. 人不应该爱美　　　　　　　　B. 除了瞎子人都会爱美
   C. 人为什么爱美的答案显而易见　　D. 没有人问过人为什么爱美的问题

2. 从历史上来看，美貌一直是
   A. 自相矛盾的　　　　　　　　　B. 一个哲学问题
   C. 人们追求的目标　　　　　　　D. 人们敏感的话题

3. 在谈论美时，人们常常谈论的是
   A. 美的定义　　　　　　　　　　B. 女人的面孔
   C. 美是什么样子　　　　　　　　D. 自己对美的感受

4. 作者最终承认
   A. 成功的人都是美貌的人
   B. 美貌是具有一定的力量的
   C. 人们对女性的美貌了解得更多
   D. 女人更喜欢雄性特征强的男人

5. 下面哪一点不是作者在本文中提出的观点？
   A. 美貌具有一种光环效应　　　　B. 美貌只代表了遗传优势
   C. 美的不一定就是好的　　　　　D. 美貌并不代表着恶行

二、根据课文内容，判断正误

1. 言情小说家的小说中有很多关于美貌的描写。（　　）
2. 我们生活的这个时代，美貌已经成为了一个谜。（　　）
3. 人们为了追求美可以不吃饭不恋爱。（　　）
4. 人类生来就喜欢美的事物。（　　）
5. 长得漂亮的男人比女人更容易成功。（　　）

三、选词填空

　　A. 约定俗成　　B. 反复无常　　C. 自相矛盾　　D. 捉摸不透　　E. 神魂颠倒

1. 事实上，该公司很多地方涉嫌作假，而且其作假的手段也并不高明，网站上提供的证书漏洞百出，_____。
2. 天气忽冷忽热、忽晴忽雨，老天的心思总让人_____。
3. 语言文字本来就是_____的产物，只要被社会普遍接受，就没有必要一定又要拨乱反正，重新修改调整。
4. 教你一些恋爱中比较实用的小技巧，保准儿能让男人为你_____！
5. 今年夏季气温_____，忽冷忽热，身体抵抗力差的儿童特别容易生病。
6. 地震部门一方面说地震是不可预报的，但是另一方面却又说近期不会发生地震，这样的说法不是_____吗？
7. 他两眼盯着德拉，有一种令她_____的表情，这使她大为惊慌。
8. 每一届世界杯，都难掩球迷的伤情，因为，总有一些令无数球迷_____的球星要离我们而去。

四、简答题

1. 漂亮女人长相上一般有什么特点？
   答：_____。
2. 什么样的男人比较富有魅力？
   答：_____。
3. 对于美，人们通常有一种什么样的观念？
   答：_____。

五、回答问题

1. 为什么说人们对美貌的看法是自相矛盾的？
2. 什么是"光环效应"？
3. 这篇文章的作者想表达什么？

四十四、爱你只有 30 个月

　　请你忘掉情人节贺卡上那句肉麻的誓言吧——"爱你到永远。"科学家说，事实上，对大多数人来说，真正的爱情最多只能保持 18～30 个月。此后，二人要么分道扬镳（biāo），要么过上波澜不惊的夫妻生活。

　　美国康奈尔大学教授辛蒂·哈赞在著名临床心理学家多罗瑟·劳的协助下，在过去两年里调查了 37 种不同文化层次的 500 对夫妻，并进行了医学测试后得出了上述结论。她的这一观点对传统的浪漫思想提出了挑战。她认为，18～30个月这段时间足够男女二人相识、约会、结合、生子。在此之后，一般不会出现看到对方便心跳加速、手心出汗的情况了。

哈赞指出："有证据表明，爱情是大脑中的一种'化学鸡尾酒'激发出来的，这些化学物质是多巴胺、苯乙胺和催产素。但时间长了，即使是最容易对异性产生激动情绪的人也会对这三种化学物质产生'抗体'，两年以后，它们的作用便失效了。超过这段时间，男女双方要么分手，要么心平气和地一起过日子，爱情成为习惯，特别是有了孩子以后。即使双方想生更多孩子，这三种化学物质也不再起作用了。"然而，当第三者出现时，这三种化学物质还会"死灰复燃"，不过，与第三者的"纯真爱情"同样不会超过30个月。

康奈尔大学的研究结果表明，大多数男子比女子更容易坠入爱河，而大多数男女关系是被女方终止的，这可能是因为女性对"爱情鸡尾酒"反应比较迟钝之故。

哈赞的研究对那些对爱情抱有美好想法的人是个不小的打击。因为大多数人都认为，他们之所以坠入爱河，是因为对方也爱自己。但哈赞指出，很多人选择恋人时存有许多幻想，可现实并不是这样。动物园管理人员可能对此最为了解——让两只动物交配的最佳方式就是把它们关在同一个笼子里。爱情实际上是一种精神状态，两三年后，你可能不再爱某个人，但你有可能喜欢他，从长远来说，这一点可能更重要。

人们可能对那样快地逃出爱河感到震惊。奥斯卡新影后帕特洛最近披露她与著名影星布拉德·皮特在保持了3年的密切关系后分手的原因："我当时确信，他就是我的至爱，但很快我便发现，再也找不到以前那种美好的感觉了。我们之间没有发生什么矛盾。事情就是这样。"

35岁的护士克莱尔·费舍尔也有同感，她谈到自己的爱情经历时表示："我们一见钟情，结婚后搬进一处老房子，朋友们送来了很多玫瑰。但突然之间一切全变了。我问他，如果我死了，进入天堂，他是否仍然愿意跟我在一起，他说：'不。'美丽的肥皂泡就这样破灭了，我离开了那老房子。我们的爱情故事开始时就像一部浪漫影片，但却以梦魇（yǎn）结束。"

当然，也有一些人成功地跨越了"30个月"障碍。乔恩·沃尔马尔今年73岁，已经结婚54年。"二战"时她遇到了比尔，不到一年，他们有了孩子。沃尔马尔说："两个人一起生活一两年实际上很有好处，这样可以知道两个人是否适合在一起生活一辈子。"

(1107字)

(选自：《青年参考》 作者：茜联 有改动)

练 习

一、根据课文内容，选择正确答案

1. 科学家的观点是
   A. 情人节贺卡上的誓言太肉麻
   B. 真正的爱情能保持的时间并不长
   C. 30个月以后大多数夫妻就分手了
   D. 30个月以后才能开始真正的夫妻生活

2. 哈赞的研究最重要的意义在于
   A. 否定了传统的浪漫思想
   B. 揭示了热恋时的生理反应
   C. 证明了18～30个月的爱情足够了
   D. 发现了爱情与大脑中的化学物质有关

3. 爱情不会超过30个月最根本的原因是
   A. 30个月后男女双方互相习惯了
   B. 30个月后常常会有第三者出现
   C. 大脑中能激发爱情的化学物质失效了
   D. 超过这段时间男女双方都变得心平气和了

4. 哈赞指出
   A. 喜欢比爱可能更重要
   B. 现实中爱情并不存在
   C. 人和动物其实是差不多的
   D. 对爱情不能抱有美好的想法

5. 本文想要告诉读者的是
   A. 30个月就该分手了
   B. 爱情是一种化学变化
   C. 不要对爱情抱有幻想
   D. 男人比女人更容易陷入爱情

二、根据课文内容，判断正误

1. 相爱的人在看到对方时会心跳加速、手心出汗。　　　　　　　　　（　）
2. 当你爱过30个月以后，再也不会产生爱情了。　　　　　　　　　　（　）
3. 大多数男女分手是由女方提出的。　　　　　　　　　　　　　　　（　）
4. 哈赞认为只要朝夕相处就有可能产生爱情。　　　　　　　　　　　（　）
5. 护士克莱尔·费舍尔与恋人分手的原因跟那所老房子有关。　　　　（　）

三、选词填空

　　A. 分道扬镳　　B. 波澜不惊　　C. 心平气和　　D. 死灰复燃　　E. 一见钟情

1. 面对金价井喷式的暴涨，我们应该_____地去看待。
2. 小李是个 20 出头的小伙子，但是性格相当沉稳，喜中 10 万元大奖后显得_____。
3. 眼看着马文终于找到了新的爱情，杨欣却发现自己对马文的感情_____。
4. 那女人走到他身边，热情地跟他拥抱道别，之后便_____，各自离开。
5. 在一次朋友的聚会上他们俩_____，一个月后就迅速结婚了。
6. 他们经过 17 年的合作发展造就了一个实力强大的厂房画廊，如今两家画廊却宣布_____，结束合作关系，各自回归到原来的品牌。
7. 已经戒过无数次烟了，但过不了多久他就又_____了！
8. 由于尚未到采购新茶的时间，大连市场普洱茶价格仍_____，采购价和销售价均没有上涨。

四、简答题

1. 人们相爱 18～30 个月之后通常会出现什么样的状态？
　　答：_____。
2. 什么是"化学鸡尾酒"？
　　答：_____。
3. 奥斯卡新影后帕特洛与恋人分手的原因是什么？
　　答：_____。

五、回答问题

1. 哈赞的研究结论是怎样得出的？
2. 文中提到动物交配是要说明什么？
3. 你怎么看待哈赞的观点？

四十五、研究人员发现"快乐秘方"

　　每个人都希望自己快乐，科学家也曾对"怎样才能快乐"进行过研究，但研究结果却颇让人不以为然。不过，最新研究却显示，很多增加快乐的方法虽然很简单，但效果非常好。

想 3 件当天发生的好事

　　据美国媒体报道，作为一名演说家和执行导师，来自美国马里兰州贝瑟斯达的卡萝尔·亚当斯·米勒，对通过精神训练实现人生目标几乎一无所知，但去年的一次训练让她大吃一惊。

每天晚上，她都要想3件当天所发生的好事，并分析其发生的原因，这么做是为了让她增加快乐。米勒今年44岁，她说："我毕业于哈佛大学，平常已习惯了复杂的事情，但这个方法确实非常简单有效。"米勒在就读研究生时，曾被指派将这一任务作为家庭作业。身为一名慢性抑郁症患者，她发现随着练习的深入，其症状逐步减轻。她说："我的睡眠质量发生了改变。我不再失眠，我真的感到更快乐了。"这就像减肥广告说的那样：结果真的会有不同。

当然，许多人想要更快乐。那么他们应该怎么做呢？参与"想3件好事法"研究的米勒发现，训练让人们更关注生活中好的方面，现在参与训练的人们每天能找出10～20件好事，而不只是3件。

另一个被证明有效的方法，是让人们看到自身的实力所在。在一个特殊的调查问卷中，要求受访者找出自己5个最突出的地方。在其后一周的每一天，他们都以一种新方法来运用自己的一项或多项能力，这些能力包括幽默感、调动积极性、美感、好奇心和求知欲等方面。这种训练的出发点，是利用一个人最重要的能力，去做能带来自我满足的事情。

米勒在报告中称，在他们对参与者进行的6个月跟踪调查中，以上两种方法增强了快乐感，并降低了抑郁症的发生，在坚持经常这么做的人身上效果更好。赛利格曼说："一个相关的研究近期已经展开，正在研究的另一方法是：让人们在生活中增加情趣，比如洗热水澡或享用一顿美餐。还有一个方法是让人们写下他们想要记住的事，帮助他们使生活更符合其真正需要。"

同时，吕波米尔斯基也在测试一些其他的简单方法。她说："这并不是像火箭发射那样的尖端科学。例如，在一项试验中，参与者被要求在10周内做任何表达善意的动作，如为陌生人开门或为室友洗东西等。这一试验的出发点，是改善一个人的自身形象，并改进其人际关系。参与者的表现各不相同，人们快乐感增加的时间，比试验推断的还要长一个月。坚持的人所带来的效果比没有坚持的人要好。"

一些办法在部分人身上的效果更好，所以找到一个适合自己的方法非常重要。但是想知道采用这些方法后快乐到底会增加多久，这需要更长的时间。影响大小取决于人们坚持的时间长短。

吉尔伯托说："事实上，快乐可能真的与工作和坚持有关，快乐是一个过程，而不是一个单一而静止的目标。所以，我们中的许多人会觉得所有事情都做好了，达到了确定的目标，一切事情都井井有条，我们就会感到快乐。但一旦实现了目标，我们就必须再设立新的目标，采取新的行动。"

(1160字)

(选自：《青年参考》 作者：杨孝文 有改动)

练 习

一、根据课文内容，选择正确答案

1. 关于快乐的最新研究
   A. 能让每个人都快乐
   B. 没有引起人们的重视
   C. 发现有很多方法可以增加快乐感
   D. 发现了一些简单而有效的增加快乐的方法

2. 亚当斯·米勒参与"想3件好事法"研究之后
   A. 慢性抑郁症状开始逐步减轻
   B. 发现有些简单的方法其实十分有效
   C. 变成了一位从事快乐研究的科学家
   D. 通过精神训练实现了自己的人生目标

3. "想3件好事法"为什么能够起到功效？
   A. 它是一种简单有效的方法
   B. 它让人们更关注生活中好的方面
   C. 它是通过精神训练来帮助人实现目标
   D. 它要求训练者不断分析好事发生的原因

4. 文中提到了几种增加快乐感的方式？
   A. 2 种   B. 3 种
   C. 4 种   D. 5 种

5. 关于快乐，吉尔伯托的观点是
   A. 快乐需要一个过程
   B. 快乐来源于工作和坚持
   C. 只要所有的事情都做好了就会快乐
   D. 快乐就是不断地设立新目标，采取新行动

二、根据课文内容，判断正误

1. 米勒在读研究生时就开始参与"想3件好事法"的训练。（   ）
2. 第二种增加快乐感的方法是要求每个人找出自身最有特点的5个地方。（   ）
3. 运用这些方法增加快乐最重要的是坚持。（   ）
4. 还有一种方法是要求参与者在10周内改善自身形象。（   ）
5. 吉尔伯托认为快乐是一个不断追求的过程。（   ）

三、选词填空

  A. 不以为然　　B. 一无所知　　C. 井井有条

1. 面对人们对国产自主品牌的偏见，华晨汽车的经销商似乎_____。
2. 虽然当时他对股票_____，但好像中了邪一样，停掉每个月可以纯赚 3 万多的铝合金生意，毅然做起了股票。
3. 高效率的员工能把自己的工作场所、文件资料、电子文件整理得_____，随时可以快速取出。
4. 更多的业主对楼宇广告的归属权_____，也不关心。
5. 当年日本车开始进入美国市场的时候，美国人很_____，然而几十年过去了，美国人突然发现，日本车在美国市场的份额竟然远远高于本国车。
6. 很小的时候，许佼佼就和姐姐帮着爷爷奶奶下地干活儿、洗衣、做饭，屋里屋外收拾得_____。

四、简答题

1. 快乐训练带给米勒的改变是什么？
  答：_____。
2. 文中提到的第二种训练法的出发点是什么？
  答：_____。
3. 一项试验中要求参与者做表达善意的动作的目的是什么？
  答：_____。

五、回答问题

1. 介绍一下米勒这个人。
2. 选择介绍两种增加快乐感的方法。
3. 文中提到的所有增加快乐的方法中最关键的一点是什么？

四十六、吼出来的健康

  你可记得成年之后，有过几次无所顾忌地高声呼喊吗？在你生存的空间里，每日为生计、为颜面、为别人的看法，你必须装出温文尔雅的样子，举手投足间无一不非常绅士或淑女。说话的嗓音既要富于激情、又要亲切和蔼，当然不能高喉咙、大嗓门，那样大家会说你缺乏教养、没有层次。

  我们不知不觉在岁月的流逝中忘记了自己婴儿时无拘无束的大声哭喊，为了一点儿不如意发出的尖声惊叫。我们不再拥有自我，我们为他人的看法而活，活在一个低声细语的世界里。即使面对让自己兴奋不已、情不自禁的场景，也最多夸张却不失限度地吐出一声

"哇噻"而已。在潜意识的支配下我们只敢把音响开得震天，把MP3耳机的音量调到Top，或者躲进某些个灯光昏暗、谁也看不清谁的疯狂摇吧里，让怪异的声响扭断浑身的筋骨，最后带着麻痹的神经沉入自己的世界。

这样活着很累吧？

也许你还没有发觉，也许是你不愿意承认或是没有勇气正视。远古的先祖们最先用无所顾忌的声音向大自然证明了自己的存在。在众多同类齐声发出的吼叫声中他们力量倍增，勇气冲天。他们兴奋了会大喊大叫，痛苦了会大喊大叫，独处黑暗、恐惧彷徨时也会大喊大叫。大声呼喊，是一种发泄，是一种展示，是对自身的调节，是动物保护自身的最基本手段，是本能。

屈原面向苍天，喊出自己的疑问，纵身投入汨（mì）罗江水；张飞一声怒喝，吓得敌兵纷纷倒退，震得当阳桥断水倒流；鲁智深的吼叫助他拔出碗口粗细的垂杨柳；窦娥的呐喊将人间的奇冤传给上天，引起六月飞雪。

现代科学研究表明：人在极度愤怒的时候，血液中某种毒素的含量会大幅度上升，危害人体健康。怎么办？大声吼出来吧！怒了就要吼，必须吼。不吼就会伤身，所以才有"怒吼"一词。吼出轻松，吼出好的心情。千万不要憋着哟。

佛门修行时念诵五字真言，其每个字的发音分别对应着人体脑、喉、胸等重要部位。当念诵到某个音节时，声波会在相应的部位引起共振，起到自我按摩、调节的作用，达到修身养性的效果。

垂死之人说话难免有气无力。叫声激越是身体康健的标志。

人常说"笑一笑，十年少"。什么是笑？就是开心地大叫出声嘛。让我们时不时地走入山水之中，对着大自然，向着美好的远山近水大声吼叫、再吼叫，直至筋疲力尽！此时此刻，你的心是空明的，情是愉悦的，肉体是放松的。就连跟在你脚边的小狗也会被你所感染，快活地又蹦又跳。这时你还有忧郁吗？没有！还会诅咒你讨厌的人吗？忘了！还感到心情烦躁吗？不会！有的只是完全放松后的忘我……

吼吧！朋友们！让我们一起来大声呐喊，喊出你的健康人生！

(1014字)

(作者：陆竞 有改动)

练 习

一、根据课文内容，选择正确答案

1. 现代人一般认为高声呼喊是

    A. 富于激情的表达　　　　　　B. 温文尔雅的样子

    C. 已经被遗忘的事情　　　　　D. 很不体面的事情

2. 作者认为人们把音响、耳机的音量调到最高

    A. 是为了找回自我　　　　　　B. 是在夸张地表达自己的感觉

    C. 是人喜欢高声呼喊的本能反映　D. 是兴奋不已、情不自禁的做法

3. 作者认为远古时人们高声呼喊最大的作用是
   A. 证明自己的存在　　　　　　　B. 增加勇气和力量
   C. 能表达出各种各样的情绪　　　D. 能调节保护自身
4. 为什么佛门的五字真言有修身养性的效果？
   A. 它是人体五个重要部位的名字
   B. 它能代表人体的五个重要部位
   C. 这五个音节的声波会在人体相应部位引起共振
   D. 念诵五字真言时人们会同时进行自我按摩调节
5. "笑一笑，十年少"的意思是
   A. 十年间很少有笑容　　　　　　B. 笑能使人变得年轻
   C. 笑能使时光流逝得更快　　　　D. 笑已经变成很少见的事了

二、根据课文内容，判断正误
   1. 现代社会人们表现得像绅士或淑女大都是装出来的。（　）
   2. 现代人只有在婴幼儿时期才会毫无顾忌地高声呼喊。（　）
   3. "哇噻"是一个表达兴奋或赞叹的词。（　）
   4. 佛教徒在修行时嘴里常常念着五字真言。（　）
   5. 能大声吼叫说明身体比较健康。（　）

三、选词填空
   A. 无所顾忌　　B. 温文尔雅　　C. 举手投足
   D. 无拘无束　　E. 筋疲力尽　　F. 有气无力

   1. 很多婆媳处得不好，并不是因为她们不够努力，而是因为她们太努力——她们努力使自己适应对方，结果把自己搞得_____。
   2. 事实上，网民们_____的留言和评论，不仅在影响着他人的权益，在某种程度上也会危害自身的网络安全。
   3. 他们的表演将当地的民族舞蹈与现代舞融为一体，传达出了一种自由自在、_____的快乐气息。
   4. 他一定受了不少苦，连说话声都_____。
   5. 对祁志龙而言，也许正是因为_____、不争不抢的性格，反倒使他赢得了更多机会。
   6. 她们设计的羊绒服饰摆脱了传统单调款式，融入了更多新元素，让成熟女性在_____间展现优雅自信。
   7. 歌诗达浪漫号邮轮是目前世界上最舒适和精雅的船只之一，它的"自选海上之旅"概念，让旅客能随心所欲、_____地享受海上假期。
   8. 她从不隐瞒自己的过去，哪怕是最不光彩的经历，她也_____地说出来。

9. 在潮湿的山石间，有几只瘦弱的麻雀，它们_____地爬着，而不是飞着。

四、简答题

1. 作者举了哪几个高声呼喊的例子？

   答：_____。

2. 摇吧是一个什么样的地方？

   答：_____。

3. 文中作者的建议是什么？

   答：_____。

4. 找出文中出现的"喊"的同义词、近义词。

   答：_____。

五、回答问题

1. 为什么说现代人活着很累？
2. 作者怎样理解"怒吼"这个词？
3. 开心地吼叫有什么好处？

四十七、职业枯竭逐渐成为"流行病"

日前，北京师范大学心理学系教授许燕在"国际心理学大会"上作了名为《职业枯竭与心理健康》的公众科普报告。讲座结束后，许多听众当场找她，希望得到帮助。在随后的电话互动中，不少人问她同样的问题："我现在的症状跟您说的完全一样，我该找什么样的大夫治疗？"

对此，许燕教授表达了她的忧虑：在职业枯竭逐渐成为"流行病"的今天，大多数人对它还缺乏必要的了解，也缺乏应对能力。

所谓职业枯竭，是指在工作重压下的一种身心俱疲的状态。1961年，一本名为《一个枯竭的案例》的小说在美国引起轰动，书中描写了一名建筑师因工作极度疲劳，丧失了理想和热情，逃往非洲原始丛林。从此，"枯竭"一词进入了人们的视野。"这样的事现在越来越多地在我们身边上演，中国社会已经进入职业枯竭高发期。"

许教授告诉记者，职业枯竭是世界范围内的普遍现象，国外早在20世纪70年代就开始研究，而中国学者20世纪末才开始关注。

不久前，北京安贞医院公布了其历时10年在70万人中进行的一项调查。调查结果显示，脑梗塞、脑出血等急性脑猝死，35岁年龄组的男女发病率分别增加了136%和220%；

急性冠心病，45～49岁年龄组的男性增加了50%，55～59岁年龄组的女性增加了32%。同时，青年心理与健康问题越来越突出，心脏病发病年龄降至30岁。

几年前的一个报告也让许教授记忆犹新。报告中说：北京中关村知识分子平均死亡年龄为53.34岁，寿命比10年前缩短了5.18岁。许教授说，这说明，我国目前的中青年群体，尤其是知识分子中，职业枯竭现象十分严重。

许教授介绍，职业枯竭的高发人群主要包括助人工作者、工作投入者、高压力群体及自我评价低者。调查显示，作为心理从业人员的心理咨询师，因其工作的助人性质，反而是最容易患枯竭的行业，占总比重的40%；其次是教师，占20%；此外是新闻工作者、警察、医护人员等。

在许教授的一份调查报告中，记者看到这样一个例子：2002年，陕西一位年仅25岁的女教师因患严重心理疾病，服毒自杀。她在遗书中说："干事没头绪，遇事急躁，心里很难受，感觉压力太大。"

许教授介绍说，职业枯竭主要表现为身体疲劳、情绪低落、创造力衰竭、价值感降低、人性化淡漠、攻击性行为等。她说，如果某人出现精力不济、极度疲乏，以及失眠、头痛、背痛、肠胃不适等症状，极有可能是患上了职业枯竭。许教授提醒，并非一切身体的病变都是因为职业枯竭——当你出现身体不适时，首先应去医院进行排除检查，如果病理上找不到任何异常，就应该考虑寻求心理医生的帮助。

谈到职业枯竭的危害，许教授忧心忡忡：除了容易出现因业绩差、热情下降而带来职业道德缺失、消极怠工等状况外，还容易引起家庭危机。谈到日益强化的社会压力对个人的影响时，许教授说，社会的发展是一己之力所不可控制的——我们无法改变社会的进程，但可以调整状态，使自己更好地适应社会。

(1124字)

(选自：《中国青年报》 作者：张伟 有改动)

练 习

一、根据课文内容，选择正确答案

　　1. 许燕的忧虑是

　　　A. 职业枯竭成了流行病

　　　B. 她无法帮助她的众多的听众

　　　C. 不知道什么样的大夫能治疗职业枯竭

　　　D. 人们对职业枯竭还缺乏了解，无法应对

2. 文中提到那篇小说是为了说明
   A. 什么是职业枯竭　　　　　　　　B. 职业枯竭对人造成的影响
   C. 职业枯竭曾经在美国引起轰动　　D. 职业枯竭何时开始引起人们重视
3. 作者列举北京安贞医院的调查数据，是要说明
   A. 心脑血管病的发病年龄下降
   B. 哪个年龄组的人患病机率最大
   C. 哪一种疾病对人类的威胁最大
   D. 性别、年龄与心脑血管病的关系
4. 什么样的职业最容易患职业枯竭症？
   A. 记者　　　　　　　　　　　　　B. 教师
   C. 心理医生　　　　　　　　　　　D. 知识分子
5. 对于如何避免职业枯竭，许教授的建议是
   A. 寻求心理医生的帮助　　　　　　B. 经常去医院进行排除检查
   C. 要减少社会压力对人的影响　　　D. 调整自己，更好地适应社会

二、根据课文内容，判断正误
1. 许燕的讲座一结束就有很多人给她打电话希望得到帮助。（　　）
2. "枯竭"这个词来源于一部美国小说。（　　）
3. 中国20世纪末才开始出现职业枯竭现象。（　　）
4. 35岁左右的女性比男性更容易患脑梗塞、脑出血等疾病。（　　）
5. 患上职业枯竭症的人容易出现消极怠工的现象。（　　）

三、选词填空
   A. 身心俱疲　　B. 记忆犹新　　C. 忧心忡忡　　D. 消极怠工　　E. 一己之力
1. 现代社会的快节奏和高压力常常会让人觉得_____。
2. 大量车型存在的缺陷及问题浮出水面，使大家对汽车安全_____。
3. 春节将至，也许是长假的诱惑，也许是家的呼唤，有一些人发现自己开始无心工作了，_____不说，有的甚至给自己提前放假了。
4. 毕竟，这些年轻人单凭_____向外宣传自己的作品，力量十分有限。
5. 在我经办的众多离婚案件中，有两件离婚案件至今令我_____。
6. 但无论如何，那届世界杯是巴乔用_____将意大利带到最终的决赛。
7. 从上周四开始，由于质疑厂方工资制度的不透明，印刷部就已经处在_____状态——工人们只是准点上下班，但并不干活儿。
8. 虽然专家_____，但是受疾病威胁的我们却乐观地坦然处之。

四、简答题

1. 什么是职业枯竭?

    答:_____。

2. 职业枯竭的表现是什么?

    答:_____。

3. 如何应对职业枯竭?

    答:_____。

五、回答问题

1. 介绍一下《一个枯竭的案例》这部小说的内容及意义。
2. 根据本文介绍一下职业枯竭造成的危害。
3. 什么样的人群容易患职业枯竭?

四十八、社交恐惧症：父母是主要原因

社交恐惧症是一种常见的精神疾病。由于这种疾病多发生在青春期前后，患者多是中学生，因此对他们的学业、人际交往以及职业的选择等方面都会产生不利影响。但社交恐惧症却往往被人们所忽视，被认为是害羞或是性格问题，因此得不到适当的诊断和治疗。

家庭的经济状况、父母对待错误的态度、孩子与父母的关系、个人是否爱好体育活动等，都与社交恐惧症的发生有关。父母的过度保护或是不断指责，容易使孩子的自我评价降低，从而引发社交恐惧。此次调查中也发现了一些这类问题，学生体会不到家庭的温暖，而是整天生活在父母的指责中，这对青春期的学生十分不利。若父母对孩子要求严厉或经常抱怨，孩子的心理问题发生率会明显提高。当孩子做事失败时，一味地对其进行批评与指责，会使孩子感到被贬低和否定，结果是伤害了孩子的自尊心，让他们总感到事事不如人，因而在社交中缺乏自信，且经常会产生焦虑感。

青少年的恐惧还常常表现在学习上。很多中学生担心在学习上达不到家长和老师的要求。许多家长似乎没有意识到，他们对孩子要求过高会造成超重压力，使孩子精神失衡，结果只能拔苗助长。而且，十几岁的孩子常常有夸大压力的心理倾向。比如，你不断鼓励他得高分，他可能理解为你不允许他有一点点的滑坡和失误。所以，家长不妨明确告诉孩子，我们并不要求你达到完美的标准，只要你努力了，我们就会满意。

此外不爱运动也可能引发心理问题。体育活动，特别是集体性的体育活动，也可以促进人与人的交流，培养社交技巧，减少社交恐惧的发生。

青少年容易担心被自己社交圈中的人"拒之门外"，或被同伴嘲笑。而且，由于他们十分敏感，容易把"丢脸"、"失体面"、"难堪"这类的问题进行夸大。遇到父母离异等事，他们会感到难为情，甚至羞于见人。父母在帮助这一阶段的孩子克服社交恐惧时，可能感到棘手。因为青少年在这类问题上不一定信服父母。父母可以鼓励孩子多交朋友，并在择友上加以指导。通过广泛交友，他们会发现，他们最好的朋友也有着同样的恐惧。这样，他们就会明白，他们自己的社交恐惧并不像想象的那样可怕。当他们知道了人人都有这些问题时，他们就不会为此过分担忧了。

中小学生正处于心理生理发育最迅猛的时期，此时对外界刺激特别敏感，分辨力差，自尊心强。这一时期父母的照顾可以降低心理障碍的发生率，因此应该给孩子一个宽松的环境，在孩子做错事时给予正确的指导，而不仅是批评。

(971字)

（选自：人民网《面对早恋，我们要改变看法》 作者：孙展 有改动）

练 习

一、根据课文内容，选择正确答案

1. 人们通常认为社交恐惧症
   A. 是一种精神疾病　　　　　　B. 会带来很多不利影响
   C. 不是什么严重的问题　　　　D. 无法适当地诊断和治疗

2. 下面哪一项不是引发社交恐惧症的根本原因？
   A. 家庭经济状况不佳　　　　　B. 孩子自我评价过低
   C. 父母对孩子过度指责　　　　D. 孩子得不到父母的关心

3. 在社交中缺乏自信心的孩子常常是因为他们
   A. 自尊心太强　　　　　　　　B. 做事总是失败
   C. 比较容易感到焦虑　　　　　D. 觉得自己什么都比不上别人

4. 在学习方面，家长对孩子的要求最好是
   A. 不断得高分　　　　　　　　B. 要达到完美
   C. 学习不能退步　　　　　　　D. 只要努力了就行

5. 帮助孩子克服社交恐惧症的最佳方式是
   A. 尽量不批评孩子　　　　　　B. 鼓励孩子多交朋友
   C. 不要对孩子的学习要求过高　D. 告诉孩子人人都会遇到这些问题

二、根据课文内容，判断正误

1. 很多家长意识到他们对孩子学习的过高要求会使孩子精神失衡。　　　　（　　）

2. 爱好体育的孩子社交恐惧症发生的几率较低。（ ）
3. 在遇到父母离异时，有的孩子会觉得很没有面子。（ ）
4. 在社交中，孩子最担心的是被同伴拒绝或嘲笑。（ ）
5. 作者建议，孩子做错事时不能批评而是要指导。（ ）

三、选词填空

A. 事事不如人　　B. 拔苗助长　　C. 滑坡　　D. 拒之门外　　E. 难为情

1. 父母应该以科学的方式对子女进行培养教育，绝不能_____。
2. 公司业绩出现的大幅下滑，到底是经营_____还是人为制造？
3. 当别人真诚地为你纠正错误时，不要_____，也不要因此泄气。
4. 班上有个女孩儿因成绩不好，就认为自己_____，缺乏自信，很自卑。
5. 强大的垃圾邮件过滤功能将大量垃圾邮件_____，大大提高了员工使用网络办公的效率。
6. 小姑娘既害羞又_____，一直不肯把脸转过来。
7. 他就是缺乏自信心，经常无缘无故地感到_____，低人一等。
8. 网吧、酒吧和餐馆等吸烟"重灾区"行业，由于怕"禁烟令"实施后一些抽烟的顾客会被_____，从而影响生意，因此对新出台的"禁烟令"反应冷淡。

四、简答题

1. 社交恐惧症会带来哪些不良影响？
   答：_____。
2. 什么样的体育活动最有助于减少社交恐惧的发生？
   答：_____。
3. 为什么父母在帮助孩子克服社交恐惧时感到有些困难？
   答：_____。

五、回答问题

1. 介绍一下什么是"社交恐惧症"。
2. 为什么广泛交友有助于克服社交恐惧症？
3. 根据课文内容总结一下青少年的心理特点。

四十九、行为心理学对幼儿孤独症的治疗

行为心理学在孤独症治疗中的应用及其良好效果，在学术界，患者、家庭以及有些国

家的政府主管部门，均已得到广泛的认同。一般说来，对孤独症患者的行为疗法，可包括基于功能分析的环境改造、效果调控以及技能训练等。具体到孤独症儿童的治疗，除了上述这些方法以外，较为常用的疗法可概括为强化疗法、自然疗法和图助疗法。

强化疗法是由美国心理学教授洛瓦思博士在上世纪70年代开始提倡，并在其后不断发展完善起来的。强化疗法已成为对孤独症儿童的综合治疗中的主要项目。就治疗形式而言，强化疗法采用的是治疗人员与孤独症儿童一对一的训练。因为每周治疗时间可长达30～40小时，故有强化疗法之称。就治疗目标而言，一般可由与自闭症儿童的合作开始，由此进入到语言社交技能的训练，而后再进入到学校科目（如算术、写作）的范围。在治疗方法上经常使用的是离散单元教法，其特点是先由治疗人员发出一些简短明确的指令，让孤独症儿童做出一个单一性动作，孤独症儿童根据指令完成这一动作则立即给以预选的奖励，否则的话则由治疗人员给予适当的口头提示或必要的身体帮助。每一单元都应简短并与下一单元有一定的时间间隔。这是一种结构性较强的治疗方法。

自然疗法强调对孤独症儿童的训练应当在自然的教育环境和家庭环境中进行，并应尽量安排非残疾儿童加入到治疗过程中以起到示范与强化的作用。孤独症儿童不一定非要达到规定动作，只要其显示出交流意向或行为努力，就应给以充分的奖励。在治疗方法上，针对孤独症儿童一般缺乏行为动机的情况，治疗人员应充分运用情景教育的原则，尽量创造特定的客观情景以激励自闭症儿童说话交往，并使这种努力在自然结果中得到奖励与强化。如果说强化疗法是以帮助自闭症儿童学得具体技能见长的话，自然疗法则以提升自闭症儿童的主体性和行为的自然性而别树一帜。

图助疗法的提倡与普及是基于以下两个基本事实：第一，大多数孤独症儿童都有严重的语言障碍，有些甚至达到失语的程度；第二，孤独症儿童对于日常生活中的变化由于不能适应而反应强烈。针对第一方面的问题，美国自闭症治疗中心的邦第博士，根据行为心理学的原理发展出一套图片交换沟通系统，旨在帮助有语言障碍的自闭症儿童学会用图片来表达他们的要求和思想。这一图片交换沟通系统包含由易而难的六个阶段，治疗人员应根据每个自闭症儿童的特殊情况教其掌握几个或者所有阶段的技能。在对自闭症儿童的治疗过程中，图片不仅可以用于帮助沟通，还可用于安排自闭症儿童的日常活动，如：用不同图片的排列来显示作息表和特定时间的特定活动，其目的在于帮助自闭症儿童增加对未来事件的预测感和对自己生活的控制感，从而减少自闭症儿童常有的事物突变的感觉和由此产生的强烈的负面反应。这种干预方法在伦理和临床意义上，无疑都有可称道之处。

（1142字）

（选自：http://health.sohu.com 有改动）

练 习

一、根据课文内容，选择正确答案

1. 行为心理学在治疗孤独症患者时，最基础的方法是
   A. 功能分析　　　　　　　B. 环境改造
   C. 效果调控　　　　　　　D. 技能训练
2. 在治疗孤独症儿童时采用最多的方法是
   A. 功能疗法　　　　　　　B. 强化疗法
   C. 自然疗法　　　　　　　D. 图助疗法
3. 下面哪一项不是强化疗法的特点？
   A. 结构性较强　　　　　　B. 持续时间较长
   C. 注重奖励和帮助　　　　D. 一对一单独进行
4. 自然疗法最大的特点是
   A. 在大自然中进行治疗　　B. 创造特定的客观情景
   C. 帮助患儿学习具体技能　D. 提升患儿的主体性和行为的自然性
5. 图助疗法主要针对的是下面哪一类患者？
   A. 缺乏行为动机　　　　　B. 有严重语言障碍
   C. 缺乏具体技能　　　　　D. 不适应日常生活

二、根据课文内容，判断正误

1. 孤独症和自闭症在文中是同一个概念。（　　）
2. 强化疗法注重引导患儿学习具体技能。（　　）
3. 自然疗法也可以用于治疗非残疾儿童。（　　）
4. 图助疗法的基础是一套图片交换沟通系统。（　　）
5. 图助疗法有一些强烈的负面反应。（　　）

三、选词填空

　　A. 认同　　B. 认可

1. 直到今年八九月份，国家知识产权局才以官方文件_____了它的法律地位。
2. 如此说来，您不就是_____了这样的逻辑：跟狼在一起要学会狼叫？

　　C. 调控　　D. 调整

3. 随着水价"禁涨令"的解除，各地水价_____再次走进普通百姓的视野。
4. 国家出台了一系列宏观_____政策以规范和引导房地产市场和资本市场，这对房地产业以及上市房地产公司都产生了重大影响。

E. 技能   F. 技巧

5. 讲座中，于云天大师毫无保留地讲授了多年来积累的摄影_____与经验，使广大听众受益非浅。
6. 近日，由区总工会举办的营养配餐_____培训活动在我区工会大厦举行，免费为广大市民指导"吃健康"，受到了市民的欢迎。

G. 适当   H. 适合

7. 一项研究指出，并不是所有食物都_____用保鲜膜。
8. 胖人_____多吃些黄瓜，减肥的效果会更好，因为黄瓜有助于抑制各种食物中的碳水化合物在体内转化为脂肪。

I. 意向   J. 意愿

9. 我是带着实现全县集中供暖的问题来参加大会的，没想到现场就达成了合作_____。
10. 写文章要有的放矢，体现群众_____，让群众愿意看、看得懂，愿意听、听得进。

四、简答题

1. 强化疗法的治疗目标是什么？
   答：_____。
2. 自然疗法的治疗原则是什么？
   答：_____。
3. 图助疗法中的图片能发挥什么作用？
   答：_____。

五、回答问题

1. 根据课文综合说明一下孤独症患儿都有哪些表现。
2. 分析比较一下三种治疗法各自的长处。
3. 什么是"离散单元教学法"？

五十、论赏识教育

没有赏识就没有教育。人性最本质的需要就是渴望得到尊重和欣赏。就精神生命而言，每个孩子仿佛都是为得到赏识而来到人世间的。

赏识导致成功，抱怨导致失败。不是好孩子需要赏识，而是赏识使他们变得越来越好；不是坏孩子需要抱怨，而是抱怨使他们变得越来越坏。

赏识教育的特点是注重孩子的优点和长处，使之逐步形成燎原之势，让孩子在"我是好孩子"的心态中觉醒；而抱怨教育的特点，是注重孩子的弱点和短处——小题大做，人为夸大，使孩子自暴自弃，在"我是坏孩子"的意念中沉沦。

赏识教育的奥秘在于让孩子觉醒。每一个生命觉醒的力量都是排山倒海，势不可挡的。

赏识教育是承认差异、允许失败的教育；是充满人情味和生命力的教育；是让所有孩子欢乐成长的教育；是让孩子热爱生命、热爱时代、热爱大自然的教育。赏识孩子，说说容易，但做起来何其难！天下父母、教师哪一个不爱孩子？但千百年来，这爱太沉重太沉重，把千千万万孩子压得抬不起头来，甚至失去自我。许多教育者爱说"榜样的力量是无穷的"，但我认为"表扬的力量"才是无穷的，因为从某种意义上讲"素质教育"恰恰是个性教育。这里的"个性"也包括对孩子所采取的独特教育方法，而个性的教育必然是关于"人的教育"。苏霍姆林斯基曾说"教育——首先是人学"。在苏霍姆林斯基的眼中，学生是人而不是学习的机器——他们有自己的情感、自尊，有自己丰富的精神世界。在班里他们是同学；在家里他们是孩子；在社会中他们是公民；是未来的工人、农民、教师；是未来的父亲、母亲。因此，对待每一个学生都应该给予全面的关怀，让他们真正获得全面的发展，使他们不但现在而且将来都拥有终身的幸福，这就是关于"人"的丰富多彩的含义，而我们的教育就应该有如此丰富的内容。

充满赏识的教育，是一种民主的教育。"赏识孩子"要求尊重孩子的心灵世界，而尊重孩子的心灵就应该保护而不是扼杀孩子的个性。让孩子多一份爱好、多一些修养当然必要，让孩子树立远大的理想也不错，问题是这不能以磨灭孩子的个性为代价。而且从人才学的角度讲，越有个性的人，将来越具有创造性，而个性和创造性都必须在"赏识"的过程中舒展生长。不要把孩子视为自己的"私产"，而应将孩子看成是社会的未来。

我们在羡慕别人教育的成功时，更应该赞赏他们的教育探索精神，同时更应有自己的思考，不要认为赏识就是教育的全部。赏识是教育的必要条件，而非充分条件。如果以为面对孩子，教育者只要"赏识"便行了，这将是错误的。我们应该学习"赏识教育"的精神实质，而不仅仅是肤浅的形式模仿。我们不但要让每一位教育者"赏识你的孩子"，更要让每一位孩子赏识自己。换句话说，把教育者对孩子的赏识转化为孩子对自己的赏识。让学生懂得问题不在于"我"能做什么，而在于不管做什么，"我"都要成为最好的。"我"也许不最美丽，但可以最可爱；"我"也许不最聪明，但可以最勤奋；"我"也许不最富有，但可以最充实……

赏识孩子，更让孩子赏识自己，这是一种教育的境界。

（1194字）

（选自：http://jiangeu.bokee.com/6306209.html　作者：自由剑　有改动）

练 习

一、根据课文内容，选择正确答案

1. 赏识的内涵是
   A. 教育　　　　　　　　B. 成功
   C. 尊重和欣赏　　　　　D. 注重优点和长处
2. 苏霍姆林斯基的教育观念是
   A. 教育——首先是人学　　B. 学生不是学习的机器
   C. 要让学生获得全面发展　D. 要让学生拥有终身的幸福
3. 赏识孩子最重要的是
   A. 尊重孩子的心灵　　　　B. 保护孩子的个性
   C. 让孩子多一份爱好　　　D. 让孩子多一些修养
4. 作者认为赏识教育的根本是一种
   A. 个性教育　　　　　　　B. 爱的教育
   C. 充满探索精神的教育　　D. 注重优点和长处的教育
5. 赏识教育的最终目标是什么？
   A. 具有教育探索精神　　　B. 让每一位孩子都成功
   C. 让每一位孩子赏识自己　D. 让每一位教育者赏识自己的孩子

二、根据课文内容，判断正误

1. 人性最本质的需要就是渴望赏识。　　　　　　　　　　　　　　（　　）
2. 赏识教育已经形成了燎原之势。　　　　　　　　　　　　　　　（　　）
3. 当孩子自我觉醒时就会充满力量。　　　　　　　　　　　　　　（　　）
4. 赏识孩子并不是一件容易做到的事情。　　　　　　　　　　　　（　　）
5. 如果每一位教育者都能赏识自己的孩子，那教育就成功了。　　　（　　）

三、选词填空

　　A. 燎原之势　　B. 小题大做　　C. 自暴自弃　　D. 排山倒海　　E. 势不可挡

1. 有的病人经常_____，本来是小病，却把它当成天大的事。
2. 现场，数千粉丝齐呼"女王万岁"，_____的气势令人感叹三位女星人气不减当年。
3. 一批经济舒适的快捷酒店在唐山等地悄然出现，并迅速呈现_____。
4. 据权威人士预测，今年年底起全国房价下降将_____。
5. 他从成都某名牌大学毕业后，一直没有找到称心如意的工作，于是产生了_____的念头。

141

6. 狂热的球迷对马来西亚队员的每一拍都会发出_____般的欢呼声，但最终的结果让他们失望。
7. 我的第一个反应是：不要大惊小怪，更不要_____！
8. 遇到挫折的时候，要多去分析原因寻找对策，而不可自怨自艾，更不可以_____。

四、简答题

1. 为什么赏识能导致成功？
   答：_____。
2. 抱怨教育的恶果是什么？
   答：_____。
3. 赏识教育的精神实质是什么？
   答：_____。

五、回答问题

1. 介绍一下赏识教育的特点。
2. 作者怎样理解"个性教育"？
3. 为什么苏霍姆林斯基认为"学生是人而不是学习的机器"？

五十一、保护地球的"肾"——湿地

湿地是指不问其天然或人工、常久或暂时之沼泽地、湿原、泥炭地或水域地带，带有静止或流动，或为淡水、半咸水或咸水水体者，包括低潮时水深不超过6米的水域。

湿地是自然资源和生态环境的重要组成部分，对促进可持续发展战略和保护人类生存环境具有重要意义。

——《湿地公约》

湿地的作用

湿地与森林、海洋并称为全球三大生态系统，具有维护生态安全、保护生物多样性等功能。人们把湿地称为"地球之肾"、天然水库和天然物种库。湿地作为一种资源，在保护环境方面起着极其重要的作用。

湿地可以调节降水量不均带来的洪涝与干旱；湖泊、江河、水库等大量水面及其水生植物可以调节气候；湿地植被的自然特性可以防止和减轻对海岸线、河口湾和江、河、湖岸的侵蚀；湿地可以防止海水入侵，保证生态群落和居民的用水供应，防止土地盐碱化；湿地流入到蓄水层的水，可以成为浅层地下水系统的一部分，使之得以保存和及时补充；

湿地生态系统大量介于水陆之间，具有丰富的动植物物种，所以湿地保护生物多样性的功能是其他任何生态系统无法代替的；另外，湿地中还有许多挺水、浮水和沉水植物，它们能够在其组织中富集金属及一些有害物质，很多植物还能参与解毒过程，对污染物质进行吸收、代谢、分解、积累，从而起到净化水体，减轻环境污染的作用。

总的来说，湿地对于自然生态环境的作用是非常突出的，对于我们地球的功用是无可比拟的，也真的是不愧为我们地球的"肾"。

中国的湿地状况

中国现有湿地6600多万公顷，其中天然湿地2790万公顷。已有21处湿地列入国际重要湿地名录，面积达303万公顷。

但是，到2004年，中国沿海地区累计已丧失滨海滩涂湿地约119万公顷，又因经济建设占用湿地约100万公顷，也就是说，相当于沿海湿地总面积的50％被吃掉了。而且，在过去的50年里沿海的红树林的面积减少了70％，由5万公顷下降到了现在的1.4万公顷。从这一组组数字，我们可以知道中国湿地目前的状况，同时也可以深刻地感受到湿地面临的严峻挑战。

从2000年11月开始实施的《中国湿地保护行动计划》，由国家林业局牵头，国务院17个部委共同参与制定。到2002年6月，中国已建各类湿地自然保护区353处。政府还计划在未来10年里新建保护区333个，使湿地保护区的总数达到686个，保护区面积占天然湿地总面积的90％以上。按此计划，到2010年中国将遏制住由人类活动导致天然湿地萎缩的趋势；到2020年，将逐步恢复退化或丧失的湿地。

(1006字)

(选自：http://travel.sohu.com/20050601/n225788600.shtml 有改动)

练 习

一、根据课文内容，选择正确答案

1. 文章从几方面列举了湿地的作用？
    A. 5 　　　　　B. 6 　　　　　C. 7 　　　　　D. 8
2. 湿地之所以物种丰富，是因为
    A. 温度适宜 　　　　　　　B. 水体含氧量高
    C. 水体污染较少 　　　　　D. 它介于水陆之间
3. 湿地中的一些植物，可以在其组织中
    A. 提炼出金属物质 　　　　B. 释放大量金属物质
    C. 溶解一些有害物质 　　　D. 吸收、代谢一些污染物质

4. 中国政府保护湿地的主要措施是
   A. 修建大量水利工程　　　　B. 建立各类湿地自然保护区
   C. 加快当地的经济建设步伐　　D. 加大保护湿地的宣传力度
5. 作者对中国湿地保护前景的态度是
   A. 漠不关心　　　　　　　　B. 顺其自然
   C. 积极乐观　　　　　　　　D. 悲观失望

二、根据课文内容，判断正误

1. 文章的第一、二段出自《湿地公约》。　　　　　　　　　（　　）
2. 海水入侵容易造成土地盐碱化。　　　　　　　　　　　（　　）
3. 湿地中有三种植物可以起到减轻环境污染的作用。　　　（　　）
4. 近年来，中国的红树林面积急剧减少。　　　　　　　　（　　）
5. 中国保护湿地这项工作主要是由国家林业局负责。　　　（　　）

三、选词填空

A. 无可比拟　　B. 遏制　　C. 牵头　　D. 累计　　E. 得以
F. 列入　　　　G. 并称为　　H. 不愧为

1. 3G技术的深入应用，使手机的上网、交易和支付功能逐渐_____展现。
2. 几家银行联合参与一个20亿元的大项目，我们只能占其中很少业务量，因而不能做_____银行。
3. 作为连接上海、南京的枢纽，无锡凭借_____的先天优势和后天发展，其城市价值日益凸显，核心竞争力进一步提升。
4. 那些在国内外市场上供过于求的产业，都没有资格_____战略重点产业。
5. 张德英连续三届世乒赛保持全胜，在三届团体决赛中为中国队拿下三盘单打和三盘双打，_____头号主力。
6. 中国房地产政策逐渐由早前的支持转向抑制投机，从而_____房价过快上涨。
7. 电视新闻作为一种新闻传播手段，和其他媒体相比，有着_____的优越性。
8. 经过一年多的反复试验，失传千年的古陶瓷制作工艺_____恢复，一批精致典雅的古陶瓷产品被仿制出来。
9. 潮州历史悠久，文化底蕴深厚，文化资源众多，_____国家历史文化名城。
10. 汉画像石与汉墓、汉兵马俑_____"汉代三绝"。
11. 今年前四个月，海南城镇固定资产投资_____完成320亿元，比去年同期增长55.6%，增幅为全国第一。

四、简答题

1. 全球三大生态系统是什么？

   答：＿＿＿＿＿＿＿＿＿＿＿＿＿＿＿＿＿＿＿＿＿＿＿。

2. 人们对湿地还有哪些称呼？

   答：＿＿＿＿＿＿＿＿＿＿＿＿＿＿＿＿＿＿＿＿＿＿＿。

3. 中国退化或丧失的湿地大概什么时候能够恢复？

   答：＿＿＿＿＿＿＿＿＿＿＿＿＿＿＿＿＿＿＿＿＿＿＿。

五、回答问题

1. 什么是湿地？
2. 简述一下中国湿地的现状。
3. 目前，中国政府采取了怎样的措施保护湿地？

五十二、全球正在走向土地沙漠化

在学术界，人们把因过度使用和管理不当导致耕地变成荒地的过程称为土地沙漠化或荒漠化。自然界中，如果地表失去具有保护作用的草皮或树木，土壤就很容易受到风水侵蚀，逐步出现沙漠化。在沙漠化初期，地表的细微尘土被风带走，造成降尘。而后，地面上粗糙的沙粒也会随风而起，形成沙尘暴。在人类社会不断发展和人口持续增加的当今，十分不幸的是沙漠化现象已变得相当普遍。

全球大规模的沙漠化主要集中在非洲和亚洲，而这两个地区拥有地球总人口65亿中的48亿。在非洲，撒哈拉沙漠的北移，致使非洲大陆顶端国家的人们只能生活在相对狭小的区域中。从非洲撒哈拉沙漠和森林之间东西方向的地带向南躺卧的是西非荒漠草原，在这里农业和畜牧业相互交迭；而从西部的塞内加尔和毛里塔尼亚到东部的苏丹、埃塞俄比亚和索马里，大量增加的人口和家畜对自然资源的需求导致越来越多的土地变成了沙漠。

尼日利亚是非洲人口最稠密的国家，该国每年失去的农田和放牧土地数量高达35.1万公顷。尼日利亚人口从1952年的3300万增长到2005年的1.32亿，家畜存栏量也从600万头增长到6600万头，其中包括1500万头牛和5100万只羊，它们所需要的草料超过了全国草地所能提供的总量。现在，尼日利亚北部正逐渐趋于沙漠化。如果尼日利亚按计划在2050年时人口达到2.58亿，那么其结果只可能是加速土地的荒漠化。

在亚洲，伊朗的沙漠化问题很严重。根据伊朗抗沙漠化组织带头人穆罕默德·贾瑞2002年发表的报告，过去在伊朗东南部的锡斯坦—俾路支省，沙尘暴淹埋了124个村庄，居住在那里的人们被迫背井离乡。此外，移动的沙子还覆盖了放牧的草地，导致家畜遭受饥荒而死亡。

伊朗的邻国阿富汗面临着与伊朗相同的处境，境内拉吉斯坦沙漠的西移正在蚕食着农业地区。联合国环境署（UNEP）有关项目小组发布的报告说，多达 100 个村庄被大风携带的灰尘和沙子所淹埋。在阿富汗西北部地区，由于人们过度烧柴和过度放牧，大量植被遭到毁坏，因此沙丘正在移向阿姆河盆地上部的农业地区。UNEP 小组研究人员发现，新出现的高达 15 米的沙丘挡住了昔日的道路，迫使居民只能开辟新线路。

在拉丁美洲，巴西和墨西哥的沙漠也在逐步扩大。巴西大约有 5800 万公顷的土地受到影响，主要集中在东北部地区，因沙漠化造成的经济损失每年高达 3 亿美元。与巴西相比，具有更大规模的干旱和半干旱土地的墨西哥也变得更加脆弱，农田土地的退化每年导致 70 万墨西哥人前往附近的城市或美国寻找新工作。在沙漠化严重的国家，人口和家畜数量的持续增长导致过度放牧和过度开垦，这无疑加速了沙漠化的过程。阻止沙漠化的发展，退还更多的农田，可能还需要依赖于控制人口和家畜数量的增长。

（1053 字）

（选自：《科技日报》　编译：毛黎　有改动）

练习

一、根据课文内容，选择正确答案

1. 导致沙漠化的直接原因是

   A. 社会不断发展　　　　　　　B. 人口持续增加

   C. 土壤受到风水侵蚀　　　　　D. 人类对土地过度使用

2. 在非洲导致沙漠化日益严重的主要原因是

   A. 撒哈拉沙漠北移　　　　　　B. 人口分布过于集中

   C. 农业和畜牧业互相交迭　　　D. 人口和家畜数量增长太快

3. 伊朗和阿富汗目前共同面临的处境是

   A. 沙丘挡住道路　　　　　　　B. 沙尘暴淹埋村庄

   C. 拉吉斯坦沙漠西移　　　　　D. 人们被迫开辟新线路

4. 拉吉斯坦沙漠位于

   A. 非洲　　　　　　　　　　　B. 伊朗

   C. 阿富汗　　　　　　　　　　D. 尼日利亚

5. 导致大量墨西哥人外出寻找新工作的原因是

   A. 农田土地沙漠化　　　　　　B. 剩余劳动力太多

   C. 本国经济的衰退　　　　　　D. 干旱和半干旱土地太多

二、根据课文内容，判断正误
1. 在沙漠化初期会出现降尘，而后会出现沙尘暴。（　　）
2. 非洲大陆的人们大多生活在相对狭小的区域中。（　　）
3. 西非荒漠草原上既有农业也有畜牧业。（　　）
4. 墨西哥的干旱和半干旱土地多于巴西。（　　）
5. 土地沙漠化会导致巨大的经济损失。（　　）

三、选词填空
    A. 侵蚀　　B. 稠密　　C. 背井离乡　　D. 蚕食　　E. 迫使
    F. 过度　　G. 趋于　　H. 交迭　　I. 不当

1. 小说以作者自己13年的打工经历为蓝本，讲述了3个来自农村的年轻人_____到城市拼搏奋斗的打工生涯。
2. 随着月龄的增加，约3~4个月大时，宝宝的睡眠作息才会逐渐_____正常与规律。
3. 日前，国家海洋局第一海洋研究所研究员夏东兴就我国海岸_____现象接受了本报记者的专访。
4. 据香港媒体报道，美国《福布斯》选出20个全球人口最_____的城市，其中16个来自亚洲。
5. 据介绍，每到夏季，因为进食水果_____而前来医院看病的人并不少。
6. 所谓敌人，不过是那些_____我们自己变得强大的人。
7. 经治疗后，目前他的病情_____稳定，医院还在复查和治疗。
8. 进入3月以来，天气变幻不定，多次出现冷暖_____的天气，早晚温差很大。
9. 杨明曾是一个创业的失败者，负债累累，_____。伤心绝望之际，他租了一街头小店卖凉粉。
10. 如果这种情况得不到有效遏制，美丽的浮山终将被一点点_____，直至失去"绿肺"的功能。
11. 活跃的消费能够刺激国家经济快速发展，但不顾自身承受能力的_____消费，也会造成一系列社会问题。
12. 位于上海新天地的小南国餐厅拥有不同时代建筑_____的特色，其前半部置身于新大厦内，后半部置身于上海老式洋房中。

四、简答题
1. 什么叫土地沙漠化？
    答：_____。
2. 全球大规模的沙漠化集中在哪些地区？
    答：_____。

3. 非洲的尼日利亚为什么出现土地沙漠化？

答：_____。

五、回答问题

1. 沙漠化的过程是怎样的？
2. 根据课文中所举的例子总结一下土地沙漠化的原因。
3. 怎样才能阻止沙漠化的继续发展？

五十三、云贵高原湖泊生态系统脆弱

云贵高原湖泊是指云南省、贵州省和四川省境内的大小湖泊。风光秀美，景色宜人，但生态系统脆弱是云贵高原地区湖泊的重要特点。云贵高原地区湖泊因其多是构造湖成因，滨湖山丘环绕，湖岸陡峭，深水逼岸，湖泊滩地均不甚发育，沿岸带缺乏我国东部平原，特别是江淮地区湖泊具有的自陆地至湖泊开敞水体那种结构分明、层次清晰的湿地景观。湖泊环境除少数湖泊外，总体上尚处于良好状态。

在大湖中最典型的当首推抚仙湖，它是区内面积居三，蓄水量最大的深水湖泊，湖水透明度7.0～8.0m，最大可达12.5m，属贫营养类型，清澈碧蓝，是我国目前最清澈的湖泊之一。湖区盆地从边缘向湖面，依次分布剥蚀构造的中山（高于200m）、低山（100～200m）、丘陵（低于100m）和堆积平原。构成本区山地的地层复杂，石灰岩、白云岩山地在滨湖广泛分布，继而形成了秀丽的湖区风光。如湖泊西部尖山和毕架山的断层崖直立湖边，经流水切割和溶蚀作用，发育有石芽、落水洞、岩溶泉和地下暗河等溶蚀地貌景观；湖区北、东和南部分布着沙砾岩和紫红色砂页岩山地，因其岩性较软，山体被切割破碎，从而沟谷发育，峰峦林立。另外，湖中的孤山岛，又名瀛海山，远望如一巨艇浮于水面，其上果木森然，花草深茂，石怪崖奇，风光极美。

群湖相映成趣的则是九寨沟海子群。它位于四川省南坪县境，因有九个藏族村寨而得名。九寨沟融众多湖泊、瀑布、钙化滩、雪山、原始森林以及丰富的物种和民俗风情为一体，被列为国家级自然保护区和联合国世界遗产公约批准的全人类风景名胜自然遗产之一。保护区面积720.0km^2，其中原始森林20.0km^2；大小湖泊114个，总面积3.5km^{2}以上。九寨沟原始森林中至今仍保存有独叶草、星叶草和箭竹等白垩纪末至第三纪初的孑遗植物和10余种国家一、二类保护树种，以及数十种中国特有珍贵树种、灌木与草木植物，另外，湖中还生长仅九寨沟特有的水生植物43种，构成我国重要的生物资源宝库。其他如洱海、泸沽湖、阳宗海、邛海等湖泊，均风光优美、景色宜人，可谓天地之造化，苍穹之璀璨明珠。

云贵高原地区湖泊，因其主要得到西南季风带来降水的补给，均为外流淡水湖，但因湖泊均位于大的断裂带，是大河水系的分水岭地带，具有出流很小的半闭流特点，换水周期较长，输入湖泊的盐类及其他物质容易在湖泊中积聚。而且湖泊沿岸深水逼岸，湿地生态系统分布范围较小，甚至缺乏，致使湖泊自我调节能力较低，净化功能相对较弱，湖泊的生态系统脆弱，一旦遭到破坏很难恢复，例如滇池的不当利用所引起的富营养化问题就是个值得重视的教训。

（1010字）

（选自：《中国湖泊的空间分布与演化的基本分析》 有改动

来源：http://www.resdc.cn）

练 习

一、根据课文内容，选择正确答案

1. 江淮地区湖泊的特点是
   A. 湖泊的生态系统脆弱　　　　　B. 湖泊均位于大的断裂带
   C. 湖区石怪崖奇，风光极美　　　D. 湖泊滩地具有湿地景观

2. 抚仙湖是
   A. 九寨沟海子群之一　　　　　　B. 属富营养类型的湖泊
   C. 云贵高原湖泊中面积最大的　　D. 云贵高原蓄水量最大的深水湖泊

3. 抚仙湖区的哪一部分溶蚀地貌比较突出？
   A. 西部　　　　　　　　　　　　B. 北部
   C. 东部和南部　　　　　　　　　D. 湖中的小岛

4. 输入云贵高原湖泊的盐类及其他物质容易积聚的主要原因是
   A. 湖泊自我调节能力低，净化功能弱
   B. 这些湖泊都很深，缺少湿地生态系统
   C. 这些湖泊的出流量很小，换水周期较长
   D. 湖内生长着多种珍贵树种、灌木与草木植物

5. 云贵高原地区湖泊的主要水源为
   A. 地下水源　　　　　　　　　　B. 夏季的冰雪融水
   C. 季风带来的雨水　　　　　　　D. 大河水系带来的流水

二、根据课文内容，判断正误

1. 云贵高原湖泊是指云南省和贵州省的湖泊。　　　　　　　　　　　　　（　　）
2. 云贵高原湖泊环境大部分都处于良好的状态。　　　　　　　　　　　　（　　）

3. 抚仙湖中的小岛形状像一艘大船。（　　）
4. 九寨沟中至今保存着43种稀有植物。（　　）
5. 滇池是云贵高原的湖泊之一。（　　）

三、选词填空

A. 相映成趣　　B. 景色宜人　　C. 可谓　　D. 因……而得名　　E. 融……为一体

1. 汉丰寨上有五块巨石矗立山巅，_____酷似莲花_____莲峰山。
2. 《佘赛花》委婉动听的唱腔、风趣的爱情故事与火暴的武打场面_____，看点十足。
3. 作为男乒十年来的绝对主力，他_____身经百战。
4. 这种_____粗放与细腻、器乐演奏与舞蹈表演_____的独特艺术风格，使得它无论是在听觉上还是在视觉上都给人以极强烈的、震撼人心的感染力。
5. 金沙滩度假区，大海碧波万顷，沙滩细柔洁净，林带郁郁葱葱，山水林滩_____，景色秀美，气候宜人。
6. 此馆将沿袭居然之家独创的业态模式——_____市场、超市、品牌专卖店_____，提供家装、建材、家具、饰品"一站式"服务。
7. 黑谷居住区山泉清透，_____，民风淳朴，是居家过日子的好去处。
8. 黑米_____外皮乌黑_____，又称补血糯米、贡米、黑珍珠，是一种具有诸多保健功效的珍贵稻米。

四、简答题

1. 构造湖成因的湖泊具有什么特点？

答：_____。

2. 九寨沟因何而得名？

答：_____。

3. 云贵高原湖泊主要有哪些？

答：_____。

五、回答问题

1. 云贵高原地区湖泊与江淮地区湖泊相比有什么特点？
2. 九寨沟为何会被列入联合国世界遗产公约批准的全人类风景名胜自然遗产？
3. 云贵高原地区湖泊的生态系统为什么脆弱？

五十四、让竹子拯救地球

竹子是大熊猫的命根子,这是人们都知道的事实,但最新的科学研究发现,这种植物还能拯救环境日益恶化的地球。1945年,美国在日本广岛和长崎投下了原子弹,留下了地面核辐射的严重隐患。人们惊讶地发现,爆炸中心的周围区域,动植物几近绝迹,唯独竹子活了下来!

竹子是地球上最有生命力的植物之一,从海平面到海拔12000英尺的高山,都能见到竹子的身影。据统计,在不同环境下生长的竹子多达1500多种,这简直称得上是植物界的一大奇迹。

竹子不仅生存能力强大,它还能够帮助修复由于过度放牧和落后的农业耕作技术而遭受破坏的土壤。它那发达的根系可以很好地保持土壤水分,是防止土壤沙化和洪水的理想植物。和其他树种不同,砍掉地面上的部分,竹子并不会因此毁掉,这样,就把因砍伐树木而造成的土表沙化和对环境产生的其他副作用降到最低。

竹子可以帮助解决许多环境问题。它不仅能吸收产生温室效应威胁生物物种的二氧化碳,而且更重要的是,它能比其他植物多释放35%的氧气。日本和其他一些地区的研究表明,每公顷竹林每年可以吸收12吨的二氧化碳,对于稳定地球上的大气成分起到了重要的作用。毫无疑问,竹子种得越多,越有利于人类居住的环境。

竹子生长快,成材早,产量高,用途广。一般竹子造林5~10年以后就可以年年砍伐利用。竹子可以连续砍伐是因为每年它都会从根部长出新芽。竹子成材一般只需要四五年的时间,比阔叶树的生长要快得多。因此,人类应该进一步开发竹子的其他用途。

4000多年来,人们将竹子应用到了生产生活的各个方面:农业、渔猎、造纸、建筑、制造武器、食品加工、医药,等等。由于东南亚和中美洲盛产竹子,因此它的应用也多限于这两大地区。除了做花园的藤蔓支架、钓鱼竿和室内家具,目前还没有在发达地区发现竹子新的利用价值。

这种情况也许很快会改变。竹胶合板是将竹子各层在高压下粘在一起制成的。它将以成本低、材质好的优势取代由橡树、山毛榉及热带阔叶树制成的木板。竹胶合板有几个商业方面的优势,那就是它的耐磨性和抗缩胀性。与传统的木地板和复合地板比起来,竹胶合板还具有生态保护的功能。一些小型工厂即可生产竹胶合板,尽管生产它们使用的黏合剂不能百分之百环保,但相对于生产同类产品的其他方法,这种生产对环境的影响是微乎其微的。

(911字)

(选自:《北京青年报》 作者:任意 有改动)

练 习

一、根据课文内容，选择正确答案

1. "竹子是大熊猫的命根子"的意思是
   A. 大熊猫起源于有竹子的地方 B. 竹子是大熊猫最基本的食物
   C. 竹子是大熊猫最喜欢吃的植物 D. 竹子是关系着大熊猫生死存亡的植物

2. 下面哪种环境中可能看不到竹子的身影？
   A. 平原地区 B. 有核辐射的地区
   C. 海拔 15000 英尺以上的山区 D. 因过度放牧导致土壤恶化的地区

3. 文章三、四两段的主要内容是
   A. 竹子对环境的好处 B. 竹子可以改善空气质量
   C. 竹子的生存能力很强大 D. 竹子可以改善土壤条件

4. 竹子可以连续砍伐的原因是
   A. 竹子生命力强 B. 竹子产量高，用途广
   C. 竹子生长快，成材早 D. 每年它都会从根部长出新芽

5. 竹胶合地板的商业优势是
   A. 色彩自然多样 B. 易生产、易安装
   C. 耐磨性强、抗缩胀 D. 使用的黏合剂非常环保

二、根据课文内容，判断正误

1. 在原子弹爆炸后的区域，只有竹子生存下来了。（   ）
2. 竹子可以在任何一种环境中生长，是植物界的奇迹。（   ）
3. 竹子的根部非常发达。（   ）
4. 竹子具有生长快、成材早、产量高、用途广的优点。（   ）
5. 4000 多年来，世界各地的人们将竹子应用到了生产生活的各个方面。（   ）

三、选词填空

　　A. 命根子　　B. 副作用　　C. 微乎其微　　D. 毫无疑问　　E. 隐患　　F. 绝迹

1. 立足于市场的酒店，当然就免不了要与顾客打交道，顾客是企业的_____，顾客是上帝，顾客对企业的重要性是毋庸置疑的。
2. 如果遇到这种情况，对于企业而言_____是非常严重的事故。
3. 由于先民的农业开发和人类的滥捕滥杀，野生麋鹿已_____千年。
4. 医生向我们保证说，经过治疗孩子可以像常人一样走路，但像常人一样跑步的可能性则_____。
5. 学习语言时，忽略单词的发音，不仅会给听力埋下_____，而且会降低背单词

的效率。
6. 所有的案例都发生在 7 月 27 日之后注射该药的病人身上,发生在他们身上的_____有腹痛、恶心、呕吐、头痛及肾区疼痛。
7. 一个企业保持可持续发展的关键还在于产品品质和服务,这是企业的_____。
8. 中国国家登山队队长王勇峰昨日表示,失踪队员生还希望_____,但对他们的搜救仍在继续。
9. 章子怡在巩俐面前_____是个小字辈,但是章子怡的运气却似乎要比巩俐更好一些。

四、简答题

1. 为什么说竹子是地球上最有生命力的植物之一?
   答:_____。
2. 在发达地区竹子的主要用途是什么?
   答:_____。
3. 什么是竹胶合板?
   答:_____。

五、回答问题

1. 竹子可以帮助我们解决哪些环境问题?
2. 竹子可以应用在哪些方面?你还知道竹子的哪些用途?
3. 关于竹子,通过这篇文章你了解了多少?

五十五、大西洋下藏第八大洲?

近年来古巴近海和陆地考古接连有惊人的发现,这些发现引起了一个让全世界都关注的课题:地球上可能存在过第八大洲——大西洲吗?古巴近海甚至大西洋底真的隐藏着一个极其发达的超文明吗?

当神秘的画面缓缓出现在监控屏幕上时,船上的人们共同的感觉是:海底冒出了鬼影——无人驾驶的潜艇所过之处,漆黑的洋底到处是方方正正的巨大石头和金字塔形状的建筑。海面科考船声纳扫描的结果更令船上所有的人感到震惊,海底这些白色的巨石方阵排列得非常整齐,整个图像看起来就是一座被海水突然吞没的城市废墟,方圆足足有 16 平方公里!

这些东西究竟是自然造化还是奇迹,还要进行实地勘测才能断定。不过,自宣布了这一重大发现以来,许多热衷于"大西洲"科考的人们就纷纷猜测说,这一发现给地球曾经存在过高度文明的大西洲之说提供了重要的证据。

公元前380年，古希腊哲学家柏拉图发表了自己著名的语录体哲学著作《泰密阿斯》和《克利斯提亚》。这两篇文章是关于大西洲的最早文字记述。据柏拉图的记述，大约12000多年前，在今天直布罗陀海峡以西的大西洋海域中，曾经有一个高度发达的古代文明存在。柏拉图说它"面积比利比亚和亚洲的总和还要大"，依据他的观点，大西洲的面积超过1000多万平方公里。

大西洲一直困惑着人类近2000年。这期间，许多人都声称他们发现了大西洲的遗址。早在1909年，就有人提出，柏拉图描述过的亚特兰蒂斯可能是克里特岛上延续至公元前1400年左右的迈诺斯文明。迈诺斯文明与亚特兰蒂斯文明有许多相似之处，但克里特岛并没有因为一场浩劫而沉没。

1967年的一天，美国一飞行员驾机在大西洋巴哈马群岛低空飞行时，突然发现在水下几米深的地方有一个巨大的长方形物体。次年，美国一考察队在安德罗斯岛附近海下发现了一座古代寺庙遗址，在比米尼岛附近海下5米处发现了一座平坦的经过加工的岩石大平台。考察队从而断定，在遥远的过去，巴哈马群岛一带的海底曾是一座用岩石修筑的大陆城市。有些科学家还在大西洋底的好几个地方发现了岩石建筑物，其中有防御工事、墙壁、船坞和道路。这些海底建筑物的排列和形状，与传说中的亚特兰蒂斯非常一致。科学家根据种种发现推测，已经消失了的古代大西洲——亚特兰蒂斯，可能就沉没在波涛滚滚的大西洋底。

对于大西洲的毁灭，一些科学家认为，大西洲是在1万多年前被几乎同时袭来的几次大灾难毁灭的。这些灾难是突然降临的：覆盖地球大片陆地的冰雪融化了，形成了大洪水，大洪水迅速冲击了大陆；大洪水带来的大地震又震撼了大西洲；恰巧这时，又有一颗小行星不偏不斜地撞在大西洲大陆上。这一连串的沉重打击，使大西洲彻底毁灭，并沉入海洋。

亚特兰蒂斯——大西洲之谜最引人入胜之处超出了事实的范围，牵涉到人类的思想和历史，这些与亚特兰蒂斯传说本身一样惹人遐思。

(1110字)

(选自：华商网—华商报　作者：商保　有改动)

练 习

一、根据课文内容，选择正确答案

1. 第二段所说的出现在监控屏幕上的神秘的画面是指

   A. 海底冒出的鬼影

   B. 海底有一座城市

   C. 无人驾驶的潜艇

   D. 海底的巨石和金字塔形状的建筑

2. 海面科考船声纳扫描的结果是

   A. 地球上存在过第八大洲

   B. 大西洋下隐藏着大西洲

   C. 海底巨石排列像一座城市废墟

   D. 大西洋底隐藏着一个极其发达的超文明

3. 柏拉图关于大西洲的记述中没有提到大西洲的

   A. 存在时间　　　　　　　B. 人口数量

   C. 地理位置　　　　　　　D. 面积大小

4. 1968年，美国一考察队在巴哈马群岛一带的海底发现

   A. 一个巨大的长方形物体

   B. 一座用岩石修筑的大陆城市

   C. 一座建于岩石大平台上的寺庙遗址

   D. 一座古代寺庙遗址和一座岩石大平台

5. 本文讨论的是

   A. 大西洲是否存在过　　　B. 大西洲具体位于何处

   C. 大西洲的形状和规模　　D. 大西洲是怎么毁灭的

二、根据课文内容，判断正误

1. 海面科考船通过声纳扫描断定海底那些巨石都是人工所为。（　）
2. 有许多人都非常喜好大西洲的科学考察。（　）
3. 柏拉图是最早记述大西洲的有关情况的人。（　）
4. 有人认为柏拉图所描述的就是克里特岛上的迈诺斯文明。（　）
5. 科学家推测，大西洋底的那些建筑就是古代大西洲的建筑。（　）

三、将下列词语和它们的正确解释连起来

1. 考古　　　　　　　A. 根据古代留下来的东西研究古代历史
2. 废墟　　　　　　　B. 实地查看测量
3. 造化　　　　　　　C. 形容特别吸引人
4. 勘测　　　　　　　D. 自由地想象
5. 浩劫　　　　　　　E. 用于停泊或修造船舶的建筑物
6. 工事　　　　　　　F. 城市、村庄遭受巨大破坏后变成的荒凉地方
7. 船坞　　　　　　　G. 巨大的灾难
8. 遐思　　　　　　　H. 战争中军队为保护自己、攻击敌人而修建的建筑物
9. 引人入胜　　　　　I. 创造演化

四、简答题

1. 无人驾驶的潜艇在海底发现了什么？

   答：_____。

2. 根据现有的科考发现，科学家作出了怎样的推测？

   答：_____。

3. 大西洲之谜最吸引人的是什么？

   答：_____。

五、回答问题

1. 哪些证据可以证明大西洲可能存在过？
2. 介绍一下柏拉图关于大西洲的记述。
3. 科学家推测大西洲是怎样毁灭的？

五十六、氧气是哺乳动物统治地球的关键

地球上的哺乳动物之所以能够让自己长得更庞大，并掌握对地球的统治权，这在很大程度上依赖于最近两亿五百万年来地球大气层中氧气含量的两次大的增长。以上观点并非无稽之谈，这是美国新泽西州罗特格斯大学海洋与海岸科学研究所的保罗·法尔科夫斯基教授与其同行经过长期研究后得出的结论。近日，著名的美国《科学》周刊发表了法尔科夫斯基小组的这一研究成果。

法尔科夫斯基小组通过分析海底原始沉积物中碳和硫的同位素记录，计算出过去数亿年内大气中的氧含量。结果发现，6亿年前的大气氧含量约为20％，与现在相近，直到4亿年前一直相当稳定。大约3亿年前，氧含量突然升高到30％，随后在2.4亿年前骤降到12％。到了5000万年前，氧气水平回升到17％。到4000万年前，这一含量达到了23％。现在，大气中氧含量达到了21％。研究人员在报告中说，大气中氧气含量的上升，对大型动物的进化起到了某种促进作用。

法尔科夫斯基说："更多的氧气应该有益于哺乳动物的进化。哺乳动物将食物转化为能量的效率是爬虫类动物的17％～20％，因此，它们需要较高的氧气浓度使肌肉有效地工作。此外，较大的哺乳动物在耗氧量上要高于较小的同类。因为这些大块头需要十分费力地将血液输送到各组织器官那里，大气中较高的含氧量将有助于它们获得更大的进化机会。"

正如大多数科学家目前公认的那样，6500万年前小行星撞击地球造成了恐龙的灭绝，而恐龙退出历史舞台也正好为其他哺乳动物在地球上的蓬勃发展提供了良机。

科学家们还通过研究发现，地球上哺乳动物体形的进化也经历了两个高峰期：第一次

就是在恐龙灭绝后的数百万年内，第二次发生在5000～4000万年前，这也正是地球大气中氧含量两次高速增长时期。

法尔科夫斯基博士及其同事借助于同位素分析海底沉积物的方法查明各种哺乳动物——从小型动物（比老鼠稍大）、在草地上奔跑的恐龙到现代狮子、大象和鲸鱼个体显著增大（按进化尺度）的机理，得出哺乳动物"个头儿"逐渐变大的原因在于最近2.5亿年里地球大气中的氧含量曾两次增长。

地球大气含氧量的重大波动，对地球生物圈会造成严重的影响，有时甚至是灾难性的影响。每种动物都有自己的最低氧气浓度要求，这是每个物种只能在一个特定纬度地区生活的原因。例如，人类不能在海拔5100米以上生活。如果氧气浓度只有12%，就好比生活在海拔为5300米的地区。对于那些毫无准备的动物来说，氧气浓度下降一半会对它们的生活产生深远影响。2亿5千万年前，地球上上演了一场大规模物种灭绝的悲剧，其原因可能在于那时大气中的氧气浓度从大约30%骤然下降到10%左右。

(1019字)

(选自：http://hi.baidu.com/lvyingjie　有改动)

练 习

一、根据课文内容，选择正确答案

1. 地球大气中氧含量的两次大增长深刻影响了哺乳动物的
   A. 数量　　　　　　　　B. 体形
   C. 种类　　　　　　　　D. 智力

2. 法尔科夫斯基小组测算大气含氧量是通过
   A. 研究恐龙化石　　　　B. 分析同位素记录
   C. 计算哺乳动物的耗氧量　D. 研究哺乳动物的进化尺度

3. 根据本文，大气含氧量最低的时期是
   A. 现在　　　　　　　　B. 5000万年前
   C. 4亿年前　　　　　　　D. 2.4亿年前

4. 恐龙灭绝的原因是
   A. 大气氧含量不稳定　　B. 小行星撞击了地球
   C. 大气氧含量突然降低　D. 其他哺乳动物迅速进化

5. 每个物种只能在一个特定纬度地区生活，是因为
   A. 对温度的要求　　　　B. 便于获取食物
   C. 物种进化的要求　　　D. 对氧气浓度的要求

二、根据课文内容，判断正误
1. 现在大气中的氧含量已经达到了23％。（　）
2. 大气含氧量的上升促进了哺乳动物的进化。（　）
3. 恐龙的灭绝为其他哺乳动物的进化提供了机会。（　）
4. 海拔5300米的地区氧气浓度只有12％。（　）
5. 2亿5千万年前那次大规模物种灭绝的原因就在于氧气浓度的骤然变化。（　）

三、选词填空
  A. 依赖于 B. 有益于 C. 有助于 D. 借助于 E. 高于 F. 在于
1. 高尔夫是一项_____身心健康，_____朋友交往、商务交往及政务交往的体育运动。
2. _____柔美的粉色格调和空间的合理布置，设计师将浪漫与温馨演绎得淋漓尽致。
3. 草莓、树莓和其他富含维生素C的水果能增加你的健身动力，_____你多燃烧30％的脂肪。
4. 知识密集型服务业的成功发展_____创新和企业内部高技能的管理水平的提升。
5. 乒乓球运动属全身运动，它_____心肺，可锻炼重心的移动和协调性。
6. 最新研究显示，橙汁的抗氧化作用甚至_____维生素C补充剂。
7. 中国酒界渠道精英们纷至沓来，他们要_____中国糖酒会这个食品业最大的盛会，证明自己的实力所在。
8. 就我的个人经历而言，人生最快乐的时光_____从无到有的这一段。

四、简答题
1. 法尔科夫斯基小组的研究成果是什么？
  答：_____。
2. 地球上哺乳动物体形的进化经历了哪两个高峰期？
  答：_____。
3. 哺乳动物"个头儿"逐渐变大的原因是什么？
  答：_____。

五、回答问题
1. 过去数亿年内大气中的氧含量发生了怎样的变化？
2. 地球大气含氧量的重大波动对地球生物圈会造成怎样的影响？
3. 为什么说"氧气是哺乳动物统治地球的关键"？

五十七、万年前长毛象可能复活

猛犸是大象家族成员，但它的体形十分庞大，是仅次于恐龙的一种大型动物。猛犸约有20个品种，长毛象是其中之一。猛犸起源于400万年前的非洲，在更新世时期迁移至欧亚至北美洲。其体毛特长，有一层厚脂肪可隔寒。约1万年前，猛犸突然绝种，科学家认为人类过度捕猎、疾病或天灾是导致猛犸绝种的原因。

去年8月，日俄考察队在西伯利亚北极圈以北400公里的乔库尔达赫镇附近发现一具长毛象尸体，科学家希望在未来20年通过克隆技术令长毛象"死而复活"。

克隆冰河时期动物的关键，是找到完整的基因样本。科学家需要寻找一具在永久冻土中仍保存良好的动物尸体，最理想的条件是动物死后尸体马上被急冻，并一直保存在零下25℃至30℃的温度。近畿大学生物理工教授入谷明说："克隆史前动物的最佳途径是找到其冷冻精子，但非常困难。另一途径是从史前动物的肌肉、皮肤或任何一块组织抽取完整基因。"

事实上，近畿大学研究人员与鹿儿岛大学的兽医专家，自1997年起便在西伯利亚找寻长毛象的基因样本，但始终未能找到长毛象精子或具"克隆质素"的细胞基因，已挖掘到的其他标本，包括埋在永久冻土下的长毛象腿标本，都因经历时间和气候改变而损坏无用。

入谷明认为，去年在乔库尔达赫镇发现的长毛象标本克隆可能性较高，因它一直保存在零下20℃的地底。目前，包括骨髓、肌肉和皮肤的标本已送到近畿大学的研究室。研究人员首先要鉴定这些标本是否真正来自长毛象，之后判断细胞内是否有完整基因以供克隆。

目前，研究人员有两个可能的方法令长毛象"复活"。假如他们找到长毛象精子，可利用杂交受精技术，把祖先长毛象精子与现代雌象卵子结合，培育出"杂种长毛象"，之后重复以上步骤，以杂种长毛象卵子代替现代雌象卵子与祖先长毛象的精子结合，使每一代的杂种长毛象变得愈来愈"纯种"，但这个纯化步骤可能需要数十年。

另一种方法是利用长毛象的完整基因，克隆出纯种长毛象。研究人员先从长毛象细胞中抽取细胞核，植入现代雌象的空卵子，再把含有长毛象基因的卵子植入雌象，让克隆长毛象胚胎发育，最后产下克隆长毛象。

入谷明说："目前，克隆动物的成功率不是太高，但几年之内我们便会有修补基因的技术，修补轻微损坏的基因。"此后，研究人员希望能进一步挖掘出其他冰河时期动物的基因，使巨鹿、剑齿虎和长毛犀牛等绝种已久的动物，再次在西伯利亚草原上生活。

不过，有科学家认为，克隆史前动物是异想天开。俄国科学家契克诺夫称，克隆技术先决条件是要有完整基因（如克隆羊多莉），只要生物一死，细胞就会被迅速分解。美国自然历史博物馆哺乳动物学部门的格林伍德也认为，以长毛象和现代大象进行杂交受精是不可能的事。但他认为，科学家可通过有关研究，从长毛象的损坏基因了解大象家族的关系以至猛犸的绝种原因。

(1112字)

(选自：《华商报》　作者：明豹　有改动)

练 习

一、根据课文内容，选择正确答案

1. 猛犸、大象、长毛象三者的正确关系是
   A. 猛犸——大象——长毛象　　B. 长毛象——大象——猛犸
   C. 大象——长毛象——猛犸　　D. 大象——猛犸——长毛象
2. 科学家希望用什么方法令长毛象"死而复活"？
   A. 基因克隆　　　　　　　　　B. 杂交受精
   C. 克隆或杂交受精　　　　　　D. 基因修补
3. 关于猛犸，下面哪种说法正确？
   A. 它和恐龙很相似　　　　　　B. 它有约20个品种
   C. 后来进化成长毛象　　　　　D. 它曾生活在世界各地
4. 关于在乔库尔达赫镇发现的长毛象尸体，下面哪种说法正确？
   A. 已经被送到近畿大学的研究室
   B. 一直被保存在零下20℃的地底
   C. 研究人员已确定它是真正的长毛象标本
   D. 研究人员已在细胞内找到了可供克隆的完整基因
5. 有科学家认为克隆史前动物是异想天开的原因是
   A. 技术水平根本达不到　　　　B. 这是违背科学伦理的事情
   C. 根本无法找到史前动物的尸体　D. 根本无法找到史前动物的完整基因

二、根据课文内容，判断正误

1. 猛犸体形十分庞大，甚至超过了恐龙。　　　　　　　　　　　（　　）
2. 猛犸起源于400万年前的西伯利亚，约1万年前突然绝种。　　（　　）
3. 在乔库尔达赫镇发现的长毛象标本比较符合克隆的条件。　　（　　）
4. 克隆冰河时期动物的关键，是找到完整的基因样本。　　　　（　　）
5. 由于技术原因，目前克隆动物的成功率不太高。　　　　　　（　　）

三、选词填空

A. 迁移　　B. 绝种　　C. 样本　　D. 标本　　E. 途径

F. 异想天开　　G. 仅次于

1. 展厅中，每个工作人员的脚步都是风风火火，一切的努力只为了正式开馆那天，让这座亚洲最大的动物_____博物馆给观众留下最完美的印象。
2. 现在赛加羚羊在全世界都受到保护，但过去它们因为遭到过度捕猎而濒临_____，人类希望得到它们的身体器官，尤其是用作传统药材的羊角。
3. 你要一个人徒步穿越撒哈拉沙漠？胡闹！简直是_____！
4. 得益于优越的海滨休闲条件和实惠的旅游消费水平，厦门旅游呈现持续火暴的局面，人气同比涨幅_____上海。
5. 在这次抽样检查的14700个食物_____中，整体合格率为93%。
6. 甲型H1N1流感的传播_____主要是通过飞沫经呼吸道传播，也可通过口腔、鼻腔、眼睛等处黏膜直接或间接接触传播。
7. 我国历史上无数次大规模的人口_____，对于我国人口分布状况的形成有着巨大影响。
8. 对人而言，鸡蛋的蛋白质_____母乳，是天然存在的最接近母乳的蛋白质。
9. 为企业找到一条基于自身实力基础之上，能有效地规避风险，寻找机遇的战略_____就成为所有企业家的核心命题。
10. 居民在城乡间和不同地区间_____是公民的自由权利。

四、简答题

1. 本文提到了哪些已绝种的动物？
　　答：_____。
2. 猛犸灭绝的原因是什么？
　　答：_____。
3. 克隆冰河时期动物的最佳途径是什么？
　　答：_____。

五、回答问题

1. 根据本文，介绍一下史前动物长毛象。
2. 介绍一下科学家试图利用杂交受精技术让长毛象复活的计划。
3. 为什么一些科学家认为史前动物无法克隆？

161

五十八、"埃狼"遭遇狂犬病

　　埃塞俄比亚狼是世界上最为珍稀的动物之一，目前仅存几百只。可是这种濒危动物却偏偏遭遇到一种致命的疾病——狂犬病，许多埃塞俄比亚狼已经死亡。野生动物专家警告，如果不采取紧急措施，埃塞俄比亚狼将很快从地球上消失……

　　英国生物专家斯图亚特·威廉姆斯博士目前在埃塞俄比亚首都亚的斯亚贝巴领导着一个小组，实施一项保护埃塞俄比亚狼的计划。该小组在上个月就发现了20多只狼的尸体，它们是被狂犬病杀死的。可是野外生存的狼是如何传染上狂犬病的呢？据威廉姆斯的小组研究证明，它们很可能是与家犬打斗或是交配时被传染上的。埃塞俄比亚狼时常与家犬交配，这不仅破坏了它们的基因遗传，同时在交配时极易传染狂犬病，而且在交配季节经常与雄性家犬发生争斗，也会被传染上疾病。

　　埃塞俄比亚狼个头儿较小，皮毛呈微红色，主要生活在埃塞俄比亚的巴莱山脉，目前野外生存数量仅有500只。大部分在巴莱山脉北部。成年的埃塞俄比亚狼体重约有50磅，大约是北美狼和欧洲狼的一半，可它们却是一个古老的物种，进化于冰河时期，距今已10万年。埃塞俄比亚狼的生活习性有些与众不同，与它们的表亲灰狼以及北美狼和欧洲狼也有很大的不同。其他的狼都是群居，而且在捕猎时也是成群行动，可是埃塞俄比亚狼虽然以每群大约有12只成年狼的数量生活在一起，却单独捕猎，这样一来，成功捕到猎物的机会就很少，在许多情况下，它也许还被猎物杀死，这也是埃塞俄比亚狼数量一直不多的原因之一。

　　埃塞俄比亚狼几度兴衰，多的时候有数万只。近几十年来，由于埃塞俄比亚农民大量开垦土地，破坏了它们的栖息地，而且大量埃塞俄比亚狼被猎杀。更为可怕的是，农民们饲养的家犬带有狂犬病，给埃塞俄比亚狼带来了灭顶之灾。近几十年来埃塞俄比亚狼的数量急剧下降，到1991年时，在巴莱山脉仅有300来只，几乎可以说到了灭绝的边缘。雪上加霜的是，偏偏在那一年爆发了狂犬病，这种疾病杀死了四分之三的狼。幸存者表现出了极强的生命力，10多年来，它们繁育后代，在最近两年使得埃塞俄比亚狼的数量达到了500只。如今新一轮狂犬病又已袭来，且比上一次更加凶猛。威廉姆斯博士说，拯救埃塞俄比亚狼的唯一方法就是接种疫苗，给那些还没有被传染上的狼注射疫苗，使它们产生免疫力，否则，它们就会面临着灭顶之灾。他现在在等待着埃塞俄比亚政府的许可，以便带着工作组和疫苗到巴莱山区为那些健康的狼接种疫苗。可是埃塞俄比亚政府对他的请求还没有给出答复，他现在能做的就是耐心等待，祈求埃政府尽快允许他的小组实施疫苗接种计划。

(1012字)

(选自：《北京青年报》　作者：桂雨　有改动)

练 习

一、根据课文内容，选择正确答案

1. 第一段主要是想告诉我们埃塞俄比亚狼
   A. 数量非常稀少　　　　　　B. 将很快从地球上消失
   C. 正面临着狂犬病的威胁　　D. 是世界上最为珍稀的动物之一
2. 第二段主要告诉我们
   A. 埃塞俄比亚狼与家犬交配的害处
   B. 埃塞俄比亚狼是如何传染上狂犬病的
   C. 英国科学家已经开始研究埃塞俄比亚狼
   D. 英国科学家正在实施一项埃塞俄比亚狼保护计划
3. 埃塞俄比亚狼与众不同的生活习性是
   A. 生活在巴莱山脉　　　　　B. 成年狼独居生活
   C. 群居却单独捕猎　　　　　D. 喜欢和家犬在一起
4. 目前威廉姆斯博士和他的小组正在
   A. 研制预防狂犬病的疫苗
   B. 大力拯救濒危的埃塞俄比亚狼
   C. 给还没有染上狂犬病的狼注射疫苗
   D. 等待埃塞俄比亚政府允许他们给狼注射疫苗
5. 本文提到了几个导致埃塞俄比亚狼濒危的原因？
   A. 一个　　　　　　　　　　B. 两个
   C. 三个　　　　　　　　　　D. 四个

二、根据课文内容，判断正误

1. 英国科学家找到了埃塞俄比亚狼染上狂犬病的原因。　　　　　（　）
2. 埃塞俄比亚狼个头儿和体重都比一般的狼小。　　　　　　　　（　）
3. 埃塞俄比亚狼的捕猎方式也是导致其数量减少的一个原因。　　（　）
4. 当地农民的大量猎杀给埃狼带来了灭顶之灾。　　　　　　　　（　）
5. 埃塞俄比亚狼多的时候有数万只，目前野外生存数量仅有500只左右。（　）

三、选词填空

　　A. 与众不同　　B. 灭顶之灾　　C. 雪上加霜　　D. 兴衰　　E. 致命　　F. 遭遇

1. 各零售企业大规模扩张让人才紧缺的零售业_____，想要得到合适的人才只能加薪抢人。

2. 这起漏油事件可能导致前所未有的环境灾难，墨西哥湾的海洋生物将遭到_____。
3. 医生称此类除草剂中毒无解药，喝上一口足以_____。
4. 巴菲特不喜欢跟随大众，却喜欢_____，他这种独立思考的性格非常适合做投资。
5. 5.12 大地震中，四川省平武县平通镇遭受_____，一瞬间几乎被夷为平地。
6. 由于上周的连续降雨，波兰_____百年罕见的洪水，已经造成 15 人死亡。
7. 在过去的 5 年，互联网成为了广播、报纸、杂志和电视的_____杀手。
8. 大家都知道吸烟会伤害肺脏，但有多少人知道吸烟可以让糖尿病_____呢？
9. 中华民族的百年起伏并不单纯是一个国家内部的_____，它更突出地表现为一个国家在国际体系中相对位置的剧烈变化。
10. 为迎合人们对婚礼_____的要求，婚礼主题也变得更加多元化。

四、简答题

1. 埃塞俄比亚狼是如何传染上狂犬病的？
   答：_____。
2. 为什么说埃塞俄比亚狼是一个古老的物种？
   答：_____。
3. 其他种类的狼的生活习性是什么？
   答：_____。

五、回答问题

1. 介绍一下埃塞俄比亚狼的特点。
2. 埃塞俄比亚狼与家犬交配的害处是什么？
3. 近几十年来埃塞俄比亚狼的数量急剧下降的原因有哪些？目前它们面临的最大威胁是什么？

五十九、普氏原羚：濒危的高原精灵

在青藏高原上，有一种羚羊，数量比大熊猫更为稀少，目前全球仅剩 300 只。这种羚羊以其发现者的名字被命名为"普氏原羚"。有专家说："普氏原羚还能够生存多久尚难定论，该物种很可能在我们了解其生态、进化和遗传特征之前，即从我们这个星球上永远消失……"

近年来，在新闻媒体上，不时有保护、拯救中国特有濒危动物——普氏原羚的报道。

尽管普氏原羚的数量稀少，但不是一种"明星"动物，对于大多数中国人来说，普氏原羚是一个十分陌生的字眼。不用说了解普氏原羚是一种中国特有的珍稀动物，就是连普氏原羚这一动物名称，许多人可能也不曾听说过。

普氏原羚是一种令人着迷的珍稀动物。作为原始的羚羊种类，其体形较羚羊粗壮，长着一双奇特的黑角，角的基部粗壮，有棱和隐约可辨的年轮。双角向上，然后向后向内弯。普氏原羚奔跑时像离弦的箭，姿势与众不同。它将前肢与后肢分别并在一起，后肢用力后蹬，身体跃入空中，前肢前迈，着地时用力后撑，这种跳跃式的奔跑使羚羊的身体在空中画出一道波浪起伏的曲线，分外优美。

普氏原羚喜集群活动，群体大小从数只到50~60只不等。像其他许多有蹄类动物一样，普氏原羚也有同性别个体聚群现象，即在非繁殖季节，同一性别的个体聚在一起活动。雌羚产羔后，幼羚跟随母羚一道活动，直至成年。雄羚不参与哺育幼羚。

普氏原羚的栖息地为草原和沙丘。普氏原羚主要在草地上寻觅食物，沙丘为其卧息反刍的地点。普氏原羚在植物生长季节非常挑食，仅选择性地啃食禾草、苔草的柔嫩部分和杂类草。冬季植物枯黄，普氏原羚取食枯枝落叶或枯草。积雪很厚时，饥饿的普氏原羚不得不刨开雪被，啃光雪下一切可食的残枝败叶。

每年11月底，当草原上刮来凛冽的北风，青海湖上冻时，普氏原羚进入发情季节。这时，雌性普氏原羚群和雄性普氏原羚群合群形成较大的繁殖群体。（有时年老体弱者被驱出繁殖群外。但繁殖期一过，这些公羚又合群生活。）那些雄羚发出阵阵高昂的咩叫，在草地上圈占一个个"求偶场"，不停地在"求偶场"的边界巡视，不时在"求偶场"的中央呼唤雌羚，但不让其他雄羚进入。这时，雌性普氏原羚群仍然像其他季节一样，每天出入沙地到草原觅食。雄羚的"求偶场"就建在雌性普氏原羚群每天进出沙地的必经之路上，当雌性经过雄性的"求偶场"时，占据"求偶场"的雄羚会趁机与之交配。雌羚7月产羔，通常每胎1羔。羚羔出生后几分钟即能站立，在草丛中躲藏几日后，即能随母羚一块儿奔跑。

半个世纪前，普氏原羚曾是青海湖地区的狩猎动物。每逢冬闲，青草枯黄，普氏原羚开始聚群发情时，猎手端起猎枪，瞄准普氏原羚，枪响羚羊倒。普氏原羚的皮可御寒，肉则是美味的食物。那时，仅青海湖地区的草原上就散布着上万只普氏原羚。当时，谁也不曾想到，那漫山遍野、奔腾如飞的普氏原羚会慢慢消失，以致变成珍稀动物。

(1127字)

（据网站资料综合编写）

练 习

一、根据课文内容，选择正确答案

1. 第一段的主要意思是
   A. 介绍关于普氏原羚的一些研究
   B. 告诉我们普氏原羚已濒临灭绝
   C. 告诉我们普氏原羚比大熊猫还少
   D. 介绍普氏原羚的名字是怎么来的

2. 关于普氏原羚奔跑的描述，不准确的是
   A. 速度飞快   B. 姿势特别
   C. 跳跃式的奔跑   D. 弯弯曲曲地奔跑

3. 普氏原羚冬季的食物是
   A. 禾草   B. 杂类草
   C. 苔草的柔嫩部分   D. 枯枝落叶或枯草

4. 沙丘是普氏原羚
   A. 求偶交配的地方   B. 繁殖后代的地方
   C. 寻找各类食物的地方   D. 休息和消化食物的地方

5. 关于普氏原羚的生活习性，下面哪种说法正确？
   A. 雄性羚羊独自在自己的领地生活
   B. 在不繁殖的时候同性的个体生活在一起
   C. 它们食量极大又杂，会啃光一切可以吃的植物
   D. 小羚羊出生后很快就能站起来跟着母亲一起奔跑

二、根据课文内容，判断正误

1. 目前人类对普氏原羚的研究还很不深入。（   ）
2. 普氏原羚是一种体形粗壮的原始羚羊品种。（   ）
3. 近年来，新闻媒体开始向人们介绍普氏原羚。（   ）
4. 雌羚产羔后，与雄羚一起哺育幼羚，直至幼羚成年。（   ）
5. 狩猎导致普氏原羚数量迅速减少。（   ）

三、选词填空

   A. 尚难定论   B. 隐约可辨   C. 波浪起伏   D. 残枝败叶
   E. 年老体弱   F. 必经之路   G. 漫山遍野

1. 红日已近海面，金色日光投到海水上，随着_____，从天边延伸到眼前。

2. 我绕碑而观，见无字碑上半截以下竟有不少文字_____，原来是宋元以来直至明代所刻。

3. 气象专家提醒说，患有心脑血管疾病及_____的人群很容易受到"倒春寒"的刺激。

4. 死者身上没有严重外伤，究竟是因交通事故死亡还是因疾病猝死_____。

5. 从一盏路灯开始的城市绿色照明计划正是走向"低碳经济"的_____。

6. 海面上安静异常，渔船驶过的航迹在霞光下_____，对岸崂山轮廓也逐渐清晰。

7. 总觉得，只有_____的映山红花开了，春天才会到来，天气才会好，日子才好过。

8. 我家住在南园新村小区，青江路是我每天上下班的_____。

9. 自主品牌能否禁得起合资或外资品牌的冲击，目前_____。

10. 他上山就看到桉树已被砍倒一大片，剩下_____，初步数了一下，有约100棵桉树被砍。

四、简答题

1. 普氏原羚的名字是怎么来的？
   答：_____。

2. 普氏原羚的角是什么样的？
   答：_____。

3. 普氏原羚的繁殖期和产羔期是什么时候？
   答：_____。

五、回答问题

1. 介绍一下普氏原羚奔跑的姿态。
2. 普氏原羚是怎样求偶、繁殖的？
3. 半个世纪前后，普氏原羚的种群数量发生了怎样的变化？为什么会有这种变化？你认为应该如何保护这种濒危动物？

六十、小海龟为何在呵护中逝去

人类对自然的干预、对小海龟的帮助，不曾想竟成了小海龟的一场灾难……

雌海龟把蛋产在海滩的沙子下面，经过8至9周的孵化后，小海龟便开始回归大海。在回归自己家园的道路上，小海龟会遇到不少天敌，比如，各种专吃小海龟的海鸟。但是小海龟回归大海时会用自己的智慧来避免危险，物竞天择和生存的智慧教给了小海龟们一些方法，成为与生俱来的一种基因沉积在海龟的血液和骨髓中。这种方法就像人类投石问路一样……

澳大利亚的贺伦岛是一个珊瑚岛，位于昆士兰州南部，几乎在南回归线上。这个岛是世界有名的绿海龟的产卵地。每年11月初至12月末，人们在岛上都能看到绿海龟的产卵过程。而在次年的1月就会看到无数小海龟回归大海的盛大而壮烈的生命远行。

一次，在海滩上游玩的几个人看见几只小海龟从沙窝里出来蹒跚地爬向大海。这时，有几只海鸟发现了沙滩上的美味目标，向小海龟俯冲而来。好心的游人见情况不妙便轰走了海鸟。然而，正是这个看似救助小海龟的举动把大批的小海龟送入了死亡的深渊。当几只海鸟被赶走后不久，这几只小海龟也顺利地回归了大海。

这如同一个信号弹，在同一时间内，成千上万只小海龟在沙滩上共同行动，浩浩荡荡地奔向大海，回归家园。因为它们得到了信号，前面的几只侦察员顺利地返回了故乡而没有受到天敌——海鸟的袭击，由此判断，回归的路是安全的。

然而，当大批海龟出现在沙滩上时，大量的海鸟也伺机而动。霎时，这片海滩成了屠杀的战场和海鸟享受美味佳肴的盛宴。小海龟一个个被海鸟啄食。那几个游人显然对这场动物之间的屠杀束手无策，因为他们无法也无力阻止成千上万的海鸟享用成千上万的小海龟。

于是，人类对自然的干预和想当然帮助小海龟的行动变成了导致小海龟毁灭的一场灾难。

今天，人类的另一种自以为是——以自我为中心，同样在杀戮海龟。希腊在地中海有一个国家海洋公园，位于西部的扎基沙斯岛。为了满足游人观看海龟的需求并促进旅游经济的发展，当地修建了许多设施。例如，在海滩边为在海湾乘船观赏海龟的旅游者修建了咖啡店和迪斯科舞厅。然而谁也没想到，这些场所闪烁的霓虹灯光，却成为小海龟致命的诱惑。夜间，一些小海龟出壳后，便在闪烁的灯光的引诱下爬向错误的方向。当它们爬得离海边越来越远或爬向山顶时，便是它们的末日来临之时。小海龟要么死于脱水，要么成为海鸟和狗的美味佳肴。

因为，多少年来，在进化的过程中海龟的幼龟养成了回归大海的方式。晚上幼龟从沙滩中的蛋壳里爬出来，会凭直觉向着光线最亮的地平线爬去，最后都能回归它们的故乡——大海。一般情况下星光和月光照映下的海涛泛出的光亮就是它们的指路明灯。而现在人类的闪烁灯光却误导了幼龟，让它们走向死亡之地。

如果人类不改变自以为是的毛病和以自我为中心的立场，小海龟们还会这样被人类极其温柔地杀死。

(1119字)

(选自：《北京青年报》 作者：张田勘 有改动)

练习

一、根据课文内容，选择正确答案

1. 小海龟回归大海
   A. 需要人类的帮助　　　　　　B. 需要付出很大的代价
   C. 像人类一样投石问路　　　　D. 是利用自己天生的智慧

2. 成千上万小海龟被海鸟吃掉的原因是
   A. 它们行动的时间过于集中
   B. 那几个游人没有阻止海鸟的行为
   C. 大批的海鸟一直在沙滩上等待着
   D. 游人的干预使它们得出了一个错误的判断

3. 希腊的国家海洋公园里的什么东西是小海龟致命的诱惑？
   A. 游船　　　　　　　　　　　B. 咖啡店
   C. 霓虹灯光　　　　　　　　　D. 迪斯科舞厅

4. 在进化过程中养成的小海龟回归大海的方式是
   A. 由大海龟带领　　　　　　　B. 利用星光或月光指路
   C. 向着有海浪声的方向爬　　　D. 凭直觉向着光线最亮的方向爬

5. 本文想要说明
   A. 人类不应该帮助动物
   B. 人类其实没有动物聪明
   C. 因为人类的干预，小海龟正在大量死亡
   D. 人类对自然的干预可能会得到相反的结果

二、根据课文内容，判断正误

1. 经过8到9周后，小海龟就从蛋壳中出来了。　　　　　　　　　　（　　）
2. 每年11月初至12月末，绿海龟在贺伦岛上产卵。　　　　　　　　（　　）
3. 那几只小海龟回到大海后给其他的小海龟发出了一个信号弹。　　（　　）
4. 贺伦岛上那几个游人被动物之间的屠杀吓呆了。　　　　　　　　（　　）
5. 希腊国家海洋公园中那些爬错方向的小海龟，或因缺水而死，或被其他动物吃掉。
   　　　　　　　　　　　　　　　　　　　　　　　　　　　　　（　　）

三、选词填空

　　A. 与生俱来　　B. 投石问路　　C. 束手无策　　D. 想当然
　　E. 自以为是　　F. 浩浩荡荡　　G. 伺机而动

1. "网络乞丐"的出现，又一次瞄准了人类_____的同情心，但乞丐们的乞讨信漏洞百出，疑点重重，却又让人不得不对其真实性产生怀疑。

2. 他这次带团来参展，还安排了考察，是一次_____之举。想来这里投资的企业家，都在高度关注着他的这两个项目，只要不亏本，他们也会着手与这里的合作。
3. 4月18日上午，一队由十余辆车组成的自驾游车队_____地驶向赵县柏林禅寺等著名景点。
4. 不能_____地认为，一旦经济走过一个阶段，如起飞阶段，就不会产生倒退了。
5. 不过，农民在这种威胁面前也不是完全_____的。他们在自己的土地上，通过更换作物及使用优质肥料使土壤依旧保持良好状况。
6. 由于他老是装出一副_____的架势，所以同学们就叫他"自大的夜郎"。
7. 在政策不明朗情况下，开发商保持观望，_____，这是正常的。
8. 一旦不顾实际情况，_____地说干就干，最终难逃几方尴尬的局面，也很容易给人一种政策"朝令夕改"的印象。
9. 村民们想过很多办法消灭白蛾，可铺天盖地的害虫使他们_____。
10. 在认识市场方面，我们不可太_____，要时刻提醒自己还有所不知。

四、简答题

1. 为什么贺伦岛上大批的小海龟在同一时间回归大海？
   答：_____。
2. 造成贺伦岛上大批小海龟被啄食的原因是什么？
   答：_____。
3. 希腊国家海洋公园修建那些设施的目的是什么？
   答：_____。

五、回答问题

1. 讲述一下贺伦岛上发生的事情。
2. 介绍一下在进化的过程中形成的小海龟回归大海的方式。
3. 这篇文章带给你什么启发？你认为文章中最重要的是哪句话？

六十一、鸟鸣声声何处来

春天，百草葱绿，万木争荣，花香阵阵，鸟语声声。细听那声声鸟鸣，有的婉转悦耳如民间小调，有的激越高亢如华堂交响，有的轻言细语真情洋溢，有的如泣如诉似悲苦万分，真是百鸟啼鸣各千秋。

鸟儿的鸣叫包含着丰富的信息。正在北飞的大雁发出"咿呀咿呀"的叫声，有时是头雁提醒大家保持队形，有时是掉队的大雁请求前面的同伴放慢速度。雄企鹅筑巢后狂呼乱叫，就是求偶心切，似乎在说："亲爱的，快来吧！"母鸡发现敌情，就发出惊叫，让孩子们赶快躲起来。小鸡肚子饿了会发出"叽呀、叽呀"的叫声；鸭子饿了，就"嘎嘎"地叫。

科学家们发现，鸟儿并不是天生就知道如何歌唱、叫喊的，而是通过学习得到的。所有的幼鸟出生时，都具有听觉，并且它们能够记住自己所听到的声音。刚孵出的小鸟，一定在出生后的一个很短的临界期听到了成鸟的歌唱。

世界上的很多名鸟，除了模仿自己父母等同类的语言，自由自在地唱歌外，还能无意识地模仿其他动物的叫声和别的一些声响。在澳大利亚有一种琴鸟，鸣声十分悦耳，能模仿风吹铜铃的声音和林中的伐木声，甚至连狗叫、马嘶的声音都学得惟妙惟肖。英国的科学家发现，随着移动电话使用的日益普遍，手机铃声开始对动物产生影响。英国许多城市郊区的一些鸟，就已模仿手机的铃声。模仿铃声叫唤的主要是雄性鸟，它们以此来吸引同类中的异性，或者吓跑企图靠近或入侵其巢穴的其他鸟群。

不过，在现代，由于噪声污染，鸟儿的学习环境、生存环境等遭到破坏。在英国的一些地方，每天震耳欲聋的交通噪声，使小鸟出世后根本无法听清爸爸妈妈的鸣叫声，以致只能以各种交通噪声作为参照系并模仿着去学"唱"，结果它们变成了音盲，原本悦耳动听的鸣叫声变成了令人生厌的怪腔怪调。荷兰的科学家通过研究表明，生活在现代城市中的鸟类，不论是同类交流、吸引异性，还是欢快歌唱，都不得不提高自己的音调，以保持物种的生存与繁衍。中国研究人员在一座城市对32种雄性山雀的叫声做采样收集，发现生活在城市中最为吵闹地带的山雀往往叫声出奇地高。他们认为，鸟儿这么做应该就是为了对付城市中汽车、飞机和各种机器发出的隆隆噪声。研究人员说，为了表明自己的存在，吸引更多异性的注意，雄性山雀往往需要拔高嗓门，否则自己的声音会被淹没在嘈杂声中，从而影响到后代的繁殖。调查结果显示，鸟类不断适应城市噪声已成为生存的一种必要。那些不能适应噪声的鸟类数量都有所下降。人类制造的噪声从某种程度上影响了鸟类的多样性，各种噪声源成了鸟类新的生存压力。

(1008字)

(选自：http://www.hnkp.gov.cn/kpzw/　有改动)

练 习

一、根据课文内容，选择正确答案

1. 幼鸟出生时就能
   A. 歌唱鸣叫　　　　　　　　B. 模仿各种声响
   C. 记住所听到的声音　　　　D. 发出带有信息的声音

2. 在英国，一些雄性鸟模仿手机铃声是为了
   A. 吓跑情敌　　　　　　　　B. 吓跑雌鸟
   C. 吸引其他雄鸟　　　　　　D. 吸引同类中的雌鸟

3. 由于噪声污染，小鸟的学习环境遭到破坏，以致小鸟
   A. 一出生就丧失了听觉　　　B. 一出生就变成音盲
   C. 发出类似噪声的怪腔调　　D. 不会模仿悦耳动听的鸣叫声

4. 现代城市中的鸟类出现了一个新变化，那就是它们的
   A. 数量越来越少　　　　　　B. 声调越来越高
   C. 种类越来越少　　　　　　D. 繁衍能力越来越差

5. 调查显示
   A. 雄性山雀的叫声是最高的　　B. 鸟类已经适应了城市的噪声
   C. 噪声已经影响了鸟类的多样性　D. 不适应城市噪声的鸟类越来越少了

二、根据课文内容，判断正误

1. 雄企鹅筑巢后狂呼乱叫是因为发现了敌情。　　　　　　　　　　（　）
2. 有些鸟不但能模仿同类的叫声，还能模仿其他的一些声响。　　（　）
3. 在英国一些地方巨大的交通噪声改变了一些鸟的叫声。　　　　（　）
4. 鸟儿的叫声关系到它们的生存和繁衍。　　　　　　　　　　　　（　）
5. 中国的研究人员发现，生活在城市噪声严重地区的山雀叫声又高又奇特。（　）

三、选词填空

A. 轻声细语　　B. 如泣如诉　　C. 自由自在　　D. 惟妙惟肖
E. 震耳欲聋　　F. 悦耳动听　　G. 令人生厌　　H. 怪腔怪调

1. 这种即兴演奏时而低沉忧伤、_____，时而强劲高亢、激动奔放，直探听者的心底，给人深刻的精神体验和心灵碰撞。
2. 在一枚小小的果核上，把人物、场景和器具全都雕刻得_____，其精湛的微雕技艺由此可见一斑。
3. 她们身材小巧玲珑，五官精致，说话_____，颇有广东女性的独有韵味。

4. 在她看来，巴黎是个去再多次都不会_____的地方。
5. 一首节奏明快、_____的乐曲，会拂去你心中的不快，使你乐而忘忧。
6. 史密斯说话很急，而且_____，很难翻译。处得久了才知道，史密斯是在学卡通人物说话呢。
7. 那边广告声_____，这边快节奏音乐也此起彼伏，欲与对手一争高下。
8. 只要学会控制这五种本能，就能迅速和持久地降低_____的多余体重。
9. 人轻松一点儿活着就好；能愉快地活着更好；能_____地活着，那就非常好了；能随心所欲地活着，那就是最高境界了。

四、简答题
1. 大雁发出"咿呀咿呀"的叫声是为了传达什么信息？
   答：_____。
2. 鸟儿怎样学会歌唱、叫喊的？
   答：_____。
3. 琴鸟有什么特殊的能力？
   答：_____。

五、回答问题
1. 在英国的一些地方，鸟的怪腔怪调是如何形成的？
2. 城市中鸟的叫声发生了怎样的变化？为什么会出现这种变化？
3. 人类"制造"的噪声污染对鸟类产生了怎样的影响？

六十二、国宝大熊猫

大熊猫是世界最稀有的珍贵兽类之一，早在300万年前，它就分布在中国长江以南地区，而现在仅生活在四川省、陕西省局部地区人迹罕至的高山密林中。大熊猫在1869年才被发现，1937年抓住一只活体，1956年第一次在北京动物园展出，1961年大熊猫成为世界野生动物基金会成立时的会徽标志，现在它已成为中国和世界各国友好往来的和平使者，闻名于世。

大熊猫的外貌似熊非熊，似猫非猫，独具一格，逗人喜爱。它尾短体胖，头圆颈粗，眼小，耳朵也小。头部和身体是白色，四肢和肩膀是黑色，还有一对黑耳朵和一对八字形的黑眼圈。走路时大摇大摆，直立起来，像在跳舞，高兴时会蜷成一团，随地打滚……动作滑稽可爱。

大熊猫的老祖宗本来是吃肉的，后来才改为吃竹。一只大熊猫每天要吃15～20千克鲜竹，但它也不是完全不吃肉。在竹林中碰到竹鼠洞，它会用前爪拼命地打地面，迫使竹鼠出洞，一把抓住，吃上一顿美味的点心。大熊猫喝水时，自己用爪在水沟边先挖一个小坑，让水注满，等水澄清了，它才大口大口地喝个精光。有时干脆下到小溪里，喝得大腹便便才蹒跚走回家，如果喝得太饱走不动，就索性躺在溪边，美美地睡上一觉。

大熊猫没有固定的家，而且平时也是过独居生活，悠闲自得，所以有"竹林隐士"的雅号。到了繁殖时节，雌雄同居一些日子之后，雄熊猫又远走高飞了。大熊猫每胎产崽1～2只，初生崽只有100～150克重。约40天幼崽才睁眼，5个月后妈妈开始教它们爬树、吃嫩竹、游泳……两年后，学会生活本领的幼崽才离开妈妈过独立的生活。

平时，大熊猫的性情温驯，从不主动攻击人畜，遇上豺狼便迅速爬到树上躲难。但来不及上树时，它也会勇敢地迎上去交战。对敢于上来的豺，大熊猫会猛击一掌，打得它晕头转向，鼻青脸肿，鲜血直流，甚至把它打死。有时熊猫会先来个四脚朝天，等敌人冲上来，就连撕带咬，然后再把它抛出去。看不出笨手笨脚的大熊猫还有这一手硬功夫。

由于人口膨胀，森林过度采伐，大熊猫的栖息地被破坏，生存范围日渐缩小，食物品种日趋单一。一遇竹子开花，便无回旋余地。同时，孤岛式的种群隔离造成了大熊猫的近交衰退现象，降低了繁殖力、幼体成活率以及对疾病的抵抗能力。所以野生大熊猫数量急剧下降。现在大熊猫被列为国家一类保护动物，国家在四川还专门设立自然保护区，让大熊猫在那里繁衍后代。

（922字）

（据网站资料综合编写）

练 习

一、根据课文内容，选择正确答案

1. 现在大熊猫生活在
    A. 北京动物园　　　　　　　　　B. 中国长江地区
    C. 中国长江以南地区　　　　　　D. 四川、陕西局部地区
2. 人们第一次抓住活的大熊猫是在
    A. 1869年　　　　　　　　　　　B. 1937年
    C. 1956年　　　　　　　　　　　D. 1961年
3. 关于大熊猫，下列哪一项正确？
    A. 现在数量还在急剧减少
    B. 生活在很少有人的高山密林中

C. 现在大熊猫常常往来于世界各国

D. 1961年全世界为大熊猫成立了野生动物基金会

4. 关于大熊猫的习性，下列哪一项正确？

A. 雌雄同居　　　　　　　　B. 性情温驯

C. 会直立行走　　　　　　　D. 高兴时会跳舞

5. 如果竹子开花，大熊猫可能会

A. 繁殖力降低　　　　　　　B. 被隔离起来

C. 面临食物危机　　　　　　D. 失去自己的栖息地

二、根据课文内容，判断正误

1. 300万年前，大熊猫就生活在中国长江以南地区。　　　　　　　（　　）
2. 世界野生动物基金会的会徽标志是大熊猫。　　　　　　　　　　（　　）
3. 大熊猫的老祖宗吃肉，所以现在的大熊猫仍然喜欢吃肉。　　　　（　　）
4. 大熊猫的幼崽5个月后就会爬树、游泳了。　　　　　　　　　　（　　）
5. 大熊猫遇到豺狼时会主动迎上去和它们交战。　　　　　　　　　（　　）

三、选词填空

A. 人迹罕至　　B. 独具一格　　C. 大腹便便　　D. 悠闲自得

E. 远走高飞　　F. 晕头转向　　G. 四脚朝天　　H. 笨手笨脚

1. 村子里稍有姿色的姑娘们大都_____了，不是外出打工就是远嫁他乡。
2. 15时20分，中环高架近万荣路出口处，两辆出租车发生追尾，一车_____，事故中一名司机受伤被送医救治。
3. 在铁炉白族乡细杉村，常常可以看到，一群群男女老少在劳作之余，身着白族服装，时而唱歌，时而跳舞，过着_____的幸福生活。
4. 女人即使肥胖，也不太可能像男人那样_____。这是因为女人大腿和臀部的肌肉比腹肌更"贪吃"。
5. 壮美的黄山、秀丽的江南，在他的描绘下，都呈现出_____的意境。
6. 大部分丈夫在家务方面会显得_____，简单的家务活到了他们手里可能就变得奇异而又神秘。
7. 入住的老人有的下棋，有的玩儿扑克，有的_____地拉起了二胡。
8. 每天，我都被我家的那个"小问号"问得_____，千奇百怪、包罗万象的小问题不知什么时候就从他的小脑瓜里蹦了出来。
9. 由于山高林密，_____，在登山过程中，他们迷失了方向，怎么也找不到下山的路。

四、简答题

1. 大熊猫的外貌是什么样？

   答：_____。

2. 为什么人们把大熊猫叫作"竹林隐士"？

   答：_____。

3. 中国在哪个省专门设立了大熊猫自然保护区？

   答：_____。

五、回答问题

1. 描述一下大熊猫的外形特征。
2. 大熊猫是怎样觅食的？
3. 人类的活动对大熊猫造成了怎样的不利影响？

六十三、裸鳃类软体动物——海兔

软体动物是海底世界的明珠，它们有着极其华丽的服饰。那微妙的明暗对比，丰富的色调，是大自然所独有的杰作，其精致之美，令人叹为观止。在蓝色的海底世界，软体动物就像是一幅幅表现大自然神秘色彩和无限创造力的抽象画。

海兔属于软体动物门后鳃亚纲。它就像胶状气球一样，靠吸水膨胀来改变自己的形状。它头上的角状突起用来品尝食物。由于它使人想起兔子的长耳朵，所以被称作海兔。

海兔身上还保留着贝壳的残余，壳藏在体内的皮皱之下，已经退化成一个细小的薄片。贝壳的存在说明海兔是其他软体动物的同类。所有初生的裸鳃类软体动物都有长壳的机能，但它们却不能长出完整的外壳。

皮皱在海兔身体的主要部位形成一个封闭的囊，能使液体在皮内流动。舒展一下重叠的皮瓣孔，就能形成出水孔。这样，海兔周身就有一定流量的水流通过，海兔可以从中摄取所需的氧气。海兔身上的皮皱是用来掩盖和保护身体的。它的身体结构和其他裸鳃类软体动物基本相同。不过，海兔的鳃比其他裸鳃类动物的小，因为它在储藏着水的封闭系统内生活，容易摄取氧气而不需要大量的水。

海兔在遭遇敌人袭击时，能够喷射出大量的紫色物质，驱走猎食者。这种紫色物质是一种有效的防卫武器，它对其他动物虽然不造成永久性的伤害，但能够起到抑制敌人呼吸的效果。

海兔除海草之外，别的什么也不吃。海兔的胃口很大，它就靠吃这种素食长到大约7公斤重。海兔和近亲蜗牛一样，也有一条长舌头。舌头上共有三个用来消化食物的胃，后两个胃长有牙齿，用来进一步磨碎食物。

所有的裸鳃类软体动物都是雌雄同体，即每一个个体身上都有雌雄两种生殖器官。这是为了增加生存繁殖的机会。生殖时，雌雄同体的海兔仍然需要配偶，否则也不能生育。因为每一种生物在不断进化的过程中，为了确保自身的发展，在繁殖下一代的时候，都需要混合不同个体的特征。如果某种生物体自身就能够繁殖后代，这种生物最终就会灭亡，因为没有输入新的适应环境变化的因素。即使是雌雄同体，也必须进行有性繁殖，才能使后代从两组基因中得到必要的混合。

两只海兔交配后，立即就可以产卵，卵产在细长的卵线中。卵线是用一种胶状物质系在岩石上的，有的长达8米。海兔常常同时做两条这样的卵线。在海洋王国中，海兔是产卵最多的动物，每一条卵线上都有数百万个卵。而五个星期内，一只海兔可以产卵5亿个。这是因为小海兔的生存机会很小，因此需要有大量的卵，才能确保少数卵的成活。

在裸鳃类软体动物中，个体的重要性已经服从于物种延续这一最重要的目标：延续物种的生命；延续物种的特征；发展新特征以适应变化中的环境。奇异美丽的裸鳃类软体动物是漫长进化过程中的一个重要环节。

(1078 字)

(选自：http://mkd.lyge.cn/zhanzheng/a52/061.htm 有改动)

练 习

一、根据课文内容，选择正确答案

1. 关于海洋中的软体动物，下面哪种说法正确？
   A. 它们的大小像胶状气球　　B. 它们的外表和形状都非常美丽
   C. 它们是生活在海底的一种珍珠　　D. 它们是海底特有的一种神秘抽象画

2. 海兔头上的角状突起是
   A. 海兔的角　　B. 海兔的鳃
   C. 海兔的耳朵　　D. 用来品尝食物的

3. 下面哪一项是海兔皮皱的作用？
   A. 促进液体流动　　B. 为了便于出水
   C. 保护自身，便于摄氧　　D. 封闭自己，储存海水

4. 关于裸鳃类软体动物，下列哪种说法正确？
   A. 能够吸水膨胀　　B. 外壳已经退化
   C. 不需要大量的水　　D. 有雌雄两个种类

5. 裸鳃类软体动物繁衍后代的方式给我们的启示是
   A. 雌雄同体并不能增加繁殖机会

B. 雌雄同体的生物最终将会灭亡
C. 物种的进化需要不断有新的基因加入
D. 有性繁殖能使后代从两组基因中得到必要的混合

二、根据课文内容，判断正误
1. 海兔的形状是可以改变的。（   ）
2. 海兔身上还保留着完整的贝壳。（   ）
3. 海兔仅以海草为食。（   ）
4. 当海兔喷射出紫色的物质时，它的敌人就无法呼吸了。（   ）
5. 海兔所产卵的生存机率很大。（   ）

三、根据课文，连接下列形容词和它们所修饰的中心语
1. 华丽   A. 色调
2. 微妙   B. 系统
3. 丰富   C. 环节
4. 独有   D. 伤害
5. 神秘   的   E. 武器
6. 封闭   F. 对比
7. 永久   G. 服饰
8. 有效   H. 色彩
9. 重要   I. 杰作

四、简答题
1. 海兔的名字是怎样来的？
   答：_____。
2. 为什么海兔的鳃比其他裸鳃类动物的小？
   答：_____。
3. 什么是"雌雄同体"？
   答：_____。

五、回答问题
1. 海兔是怎样进食的？
2. 海兔是如何繁衍后代的？
3. 一个物种怎样才能保持自身的延续？

六十四、蜗牛

蜗牛是陆地上最常见的腹足软体动物之一,它主要以植物为食,特别喜欢吃作物的细芽和嫩叶。当气候温暖、地面潮湿时,常出没在菜田里、墙上、树上,危害蔬菜和其他植物。随着科学的发展,人们变害为利,对蜗牛进行人工饲养,让蜗牛为人类提供营养价值很高的蜗牛肉。

蜗牛种类很多,全世界已发现 25000 多种。最常见的肉用蜗牛是非洲蜗牛,其贝壳高达 8 厘米。用它烧菜,还是一道法国名菜呢。

每年 5～11 月间是蜗牛活动季节,冬季气温下降和夏季干旱酷热时,蜗牛进入休眠状态。

蜗牛具畏光性,昼伏夜出,白天多潜伏于杂草丛生、树木葱郁、农作物繁茂的阴暗潮湿环境,以及腐殖质多而疏松的土壤里,或藏在枯枝、落叶层和洞穴中。若遇地面干燥或大暴雨后,蜗牛往往爬到树干、作物茎和叶子背面。

蜗牛全身没有骨骼,几乎都是肌肉,驮着螺旋形的硬壳,爬行时伸出柔软的身躯,用扁平宽大的足缓慢地向前蠕动。蜗牛前进时分泌黏液,干后闪闪发亮。我们可以做一个有趣的观察实验,测定蜗牛爬行速度:把一只蜗牛放在干燥地面,它每分钟移动 9～13 厘米;爬到遮阴地面时速度减慢,每分钟移动 6～8 厘米;再爬到有薄水层的地面时速度加快,每分钟滑行 25～30 厘米。西方有些国家每年都举行蜗牛赛跑。1985 年西班牙举行蜗牛赛跑,有 8 个国家 68 只蜗牛选手参加,在竞赛角逐中,西班牙一只参赛蜗牛获得冠军,它在 5 秒内跑完了 124 厘米。

蜗牛的力气很惊人。你可以用线的一端绕住蜗牛壳的顶,另一端绕住砝码。开始砝码少些,以后陆续增加,直到蜗牛挪移不动为止。据实验,蜗牛能拖动超过体重 200 倍的物体。

科学家最近发现,蜗牛能检测地磁场的周期性变化。方法是这样的:把蜗牛放在玻璃容器里,使容器开口向着地磁场的南极。可以观察到蜗牛爬出容器后转弯的方向有一定规律,早晨向右,中午向左,晚上又向右。如果每天在同一时间观察路线变化也有周期性,月初和月中相对地偏右,7 日和 22 日前后相对地偏左。这说明蜗牛能帮助人们检测地磁场的月、日周期性变化。

蜗牛耐饥能力十分惊人。据说英国一位动物学家,于 1846 年 3 月 25 日从埃及带回两只蜗牛,把它们粘在固定板上,放在标本室里。一直到 1850 年 3 月 15 日,动物学家把这两只蜗牛拿出来研究时,发现它们仍然活着。

每年的春秋季节,是蜗牛的繁殖期。这时候,蜗牛不再进食,而是四处游荡,寻求情人。蜗牛是雌雄同体的动物,它长着雌雄两种生殖器官。但是生殖后代、繁衍子孙的工作仍然需要两只蜗牛共同来完成。当两只雌雄同体的蜗牛相遇的时候,先是用嘴和触角厮磨，表示亲热，然后就动作缓慢地跳起"舞蹈"，时间持续达两个小时之久。最后，两只蜗牛都从生殖孔中伸出尖尖的长矛一样的东西向对方的生殖孔中输送精子，彼此使对方异体受精。外来的精子被贮存在一个囊里，而自身的精子则会逐渐退化，这样，当卵子进入贮精囊的时候，就不会发生自我受精。

不久，蜗牛就在潮湿的土中做穴，将数十枚受精卵产进穴中，过一个多月，卵就会孵化出小蜗牛来了。

(1173 字)

(据网站资料综合编写)

练 习

一、根据课文内容，选择正确答案

1. 蜗牛不常在什么地方活动？
   A. 树上　　　　　　　　　B. 墙上
   C. 菜田里　　　　　　　　D. 公路边

2. 当我们看到蜗牛四处活动时，最有可能是下面哪种情况？
   A. 下过大暴雨之后　　　　B. 夏季干旱酷热时
   C. 正常气候下 5～11 月间的夜间　D. 正常气候下 5～11 月间的白天

3. 蜗牛在不同地面爬行的速度由慢到快排列是
   A. 有薄水层的地面、干燥地面、遮阴地面
   B. 遮阴地面、干燥地面、有薄水层的地面
   C. 遮阴地面、有薄水层的地面、干燥地面
   D. 干燥地面、有薄水层的地面、遮阴地面

4. 科学家是怎样发现蜗牛能检测地磁场的周期变化的？
   A. 观察蜗牛在一年中不同时间的活动规律
   B. 把蜗牛放在一个特别的玻璃容器中饲养观察它的反应
   C. 把蜗牛生活的玻璃容器放在地磁场的南极观察它的反应
   D. 观察蜗牛爬出开口向着地磁场南极的容器后转弯的方向

5. 文章最后两段的主要内容是介绍蜗牛
   A. 怎样繁殖后代　　　　　B. 在繁殖期的生活
   C. 独特的舞蹈方式　　　　D. 是雌雄同体的动物

二、根据课文内容，判断正误

1. 蜗牛是对人类有益的动物，因为它的肉营养价值很高。　　　　　　　　　(　　)

2. 蜗牛白天藏在阴暗潮湿的地方，晚上出来活动。　　　　（　　）
3. 蜗牛有一个螺旋形的硬壳。　　　　　　　　　　　　　（　　）
4. 蜗牛耐饥能力十分惊人，据说可以不吃东西活将近 4 年。（　　）
5. 蜗牛是雌雄同体的动物，一只蜗牛就可以完成繁殖后代的工作。（　　）

三、将下列词语和它们的正确解释连起来

1. 出没　　　　　A. 用武力互相竞争
2. 休眠　　　　　B. 相互依偎亲热
3. 潜伏　　　　　C. 存放起来
4. 周期　　　　　D. 某些生物为适应环境而停止生长或活动的现象
5. 厮磨　　　　　E. 事物发展过程中某些特征重复出现所间隔的时间
6. 贮存　　　　　F. 隐藏
7. 蠕动　　　　　G. 活动
8. 角逐　　　　　H. 慢慢地爬行

四、简答题

1. 蜗牛的食物是什么？
   答：_____。
2. 蜗牛是怎样行走的？
   答：_____。
3. 为什么说蜗牛的力气很惊人？
   答：_____。

五、回答问题

1. 这篇文章介绍了关于蜗牛的哪些情况？
2. 蜗牛有哪些让人吃惊的特点？
3. 蜗牛是怎样进行繁殖的？

六十五、春蚕吐丝

蚕是一种黛绿色的、圆圆的、胖胖的幼虫，以它生命的结晶——那精美、闪亮的银丝，为我们人类造福，已经有近五千年的历史了。

蚕，刚从卵孵化出来时，很小，名叫"蚁蚕"，吃几天桑叶以后骤然长大，就开始睡眠。睡眠一天左右，蜕去旧皮换上新皮，又开始吃桑叶。这时候，蚕就是一周岁了。接着，蚕继续吃叶，长大，又要睡眠、蜕皮，就是两周岁。这样连续四次，到第五岁后期，它就不再吃桑叶，身体变得透明，准备吐丝了。吐丝完了，便结茧自缚。

蚕的一生要进行四次蜕皮，蜕一次皮，就长一回身体，而每次蜕皮都是在睡眠中进行的。蚕睡眠时，体内并不平静。原来，蚕的脑神经能分泌一种脑激素。脑激素又能使体内产生保幼激素和蜕皮激素。保幼激素的本领是使蚕蜕皮后仍然保持幼虫的面貌，抑制成虫特征的出现，使蚕保持青春年少；而蜕皮激素的功能是促使幼虫加速成熟。这两者相反相成，对立统一，推动着蚕的成长。当蚕到了五岁中期的时候，体内保幼激素的分泌基本停止，蜕皮激素的机能加强起来，蚕就很快成熟了。

一只在野外自然生长的桑蚕可以吐丝一二百米长，而现在经过人工驯养、选择的家蚕，一只就可以吐丝三千米以上。如果把一万四千只家蚕吐的丝连接起来，就能沿着赤道绕地球一圈儿！

蚕的食粮——桑叶当中，含有水、蛋白质、糖类、脂肪等成分。蚕吃进桑叶以后，经过消化分解，吸收桑叶中的蛋白质和糖类，生成绢丝蛋白质，绢丝蛋白质再形成绢丝液，绢丝液经过蚕的吐丝和凝固作用，就成了丝茧。所以蚕丝既不同于麻纤维，也不同于毛纤维，而是一种生物蛋白质，它完全是由蚕的生命化成的。

远古时期，大地上桑树遍野，青枝绿叶之间，紫色的桑葚散发着香气，那饱食终日的野蚕，摇头摆胸，悠闲地蠕动着……生息在这神话般世界的我们的祖先，在采集野果的过程中发现，这些绿色的虫儿能够吐丝结茧，茧壳能拉出细细的长丝，丝又可以制作成丝绸。他们想，这丝绸要是做成衣服，可比麻纤维和葛草之类好得多。于是最早利用蚕丝的事业开始了。

他们先是利用野蚕，后来随着人们定居生活，野蚕开始在室内饲养，丝织技术也越来越高了。考古发现表明，最迟在公元前 16 世纪，蚕已经在中国广泛家养。早在殷商时期，丝织技术就已经发展到绫（líng）织阶段，可以织平纹、斜纹、花纹等各种样式了。桑蚕业发展的最盛时期是汉代，汉武帝时开拓了著名的"丝绸之路"，这条路一直通行到唐代。

中华民族是一个喜爱蚕的民族，对蚕一直有着特殊的感情。"春蚕到死丝方尽"，唐代诗人李商隐就是用春蚕来比喻爱情的坚贞。蚕儿吐丝至死而造福人类，它真可以称得上是一种忠诚的生物。你看它，吃的只是片片绿叶，给人类献出的却是晶亮闪光的丝；睡的是土炕、苇箔（wěibó），给人类送来的却是美丽、温暖的衣衫。它的一生只有四十几天，却一刻也不停息地朝着一个目标努力：吐丝、结茧，牺牲自己，直到吐完最后一根丝才停止了自己的奋斗。

(1144 字)

(选自：北京科普之窗网站　作者：周军　有改动)

练 习

一、根据课文内容，选择正确答案

1. 蚕的一生要进行几次睡眠？
   A. 两次 B. 三次
   C. 四次 D. 五次

2. 蚕体内的哪两种激素推动蚕的成长？
   A. 脑激素和保幼激素 B. 脑激素和蜕皮激素
   C. 蜕皮激素和保幼激素 D. 脑激素和生长激素

3. 蚕吸收桑叶当中的什么成分生成绢丝蛋白质？
   A. 水和糖类 B. 水和蛋白质
   C. 蛋白质和糖类 D. 蛋白质和脂肪

4. 中国古代桑蚕业发展的最盛时期是
   A. 公元前 16 世纪 B. 殷商时期
   C. 汉代 D. 唐代

5. 诗句"春蚕到死丝方尽"比喻的是
   A. 蚕的忠诚 B. 蚕的勤奋
   C. 爱情的坚贞 D. 蚕的牺牲精神

二、根据课文内容，判断正误

1. 蚕每次蜕皮都是在睡眠中进行的。（ ）
2. 蚕准备吐丝的时候身体是透明的。（ ）
3. 一只经过人工驯养、选择的家蚕吐出的丝能沿着赤道绕地球一圈儿。（ ）
4. 蚕丝是由蚕的生命化成的一种生物蛋白质。（ ）
5. "丝绸之路"从汉代一直通行到唐代。（ ）

三、选词填空

A. 相反相成 B. 生息 C. 饱食终日 D. 坚贞
E. 结晶 F. 骤然 G. 开拓 H. 造福

1. 千百年来，鸳鸯一直是夫妻和睦相处、相亲相爱的美好象征，也是中国文艺作品中_____不移的纯洁爱情的化身，备受赞颂。

2. 大雨持续了一个小时左右，气温也_____下降，一扫之前的闷热，风吹在身上带来阵阵凉意。

3. 事物有相辅相成的一面，也有_____的一面。这就是说，事物本身就隐含着辩证法。
4. 位于黄河宁夏回族自治区青铜峡库区湿地的"黄河鸟岛"已成为 100 多万只鸟儿繁衍_____的乐园。
5. 这些养在笼中的老虎不知道，对那些挣扎在饥饿边缘的同类而言，这样无所事事地_____是一种奢侈。
6. 汉字是汉民族文化的_____，是民族文化历经数千年凝练而成的精华。
7. 今天，"上海"依然是时尚、文化、商业和机会的代名词，充满着_____的对立与矛盾。
8. 我们应该抓住机遇，加速云南旅游业的国际化建设，进一步_____海外市场。
9. 每天都有一定的时间让大脑紧张起来，而不是_____，无所用心。
10. 事实上，科学技术进步历来都是一把双刃剑，原子能的发现和研究成果能_____于人类，也产生了目前来看可以毁灭人类 N 次的原子弹。

四、简答题

1. 蚕到五岁后期会有什么变化？

    答：_____。

2. 蚕成熟后体内的激素分泌会发生什么变化？

    答：_____。

3. 野蚕和家蚕有什么不同？

    答：_____。

五、回答问题

1. 蚕丝是一种怎样的物质？它是如何形成的？
2. 根据本文介绍一下蚕的一生。
3. 根据本文介绍一下养蚕业的起源与发展。

六十六、沙漠人家

一对中年夫妇带着儿子承包了腾格里沙漠边的沙都公园。开园那天，朋友送了他们一只公鸭以示祝贺，并说好了晚上来园里吃酒，要用这只鸭子做下酒菜。

他们没舍得杀这只鸭子,在沙区,生命是脆弱的,也是难得的,他们收养了它。为了招待朋友,男主人专程跑了一趟县城,买回一只南京板鸭。从此,这只公鸭成了这家的中心成员,起名鸭嘎,全家人都围绕着这只鸭子改了称呼,男主人是鸭爸,女主人是鸭妈,10岁的儿子是鸭哥。

公园里有个人工沙湖,岸边长满了黄柳、花棒等沙生植物。赤足走在岸边,细沙的舒软遍及全身。湖水是从黄河引上来的,经过三级泵打,两重过滤,湖面天光云影,碧水千丈见底,是鱼虾的乐园,鸭嘎的天堂。在这里,鸭嘎恢复了远祖的天性,会贴着湖面飞行,还会扎猛子捉鱼。鸭嘎也通了人性,知道在"家里"得宠,对鸭爸和鸭妈不大买账,男女主人唤它,它时常是爱理不理,只对鸭哥特别青睐,每天早晨都用两声叫唤送鸭哥去上学,下午又摇摇摆摆地走到公园门口去等放学的鸭哥回来。一见到鸭哥的身影,它就呼扇着翅膀迎上前去,用它那杏黄色的扁嘴蹭鸭哥的脚脖子。鸭哥也很护鸭嘎,他不让进园的游人逗它,每天都拿出父母为自己准备的冰淇淋与鸭嘎共享。

沙湖里有个湖心岛,主人用芦柴在岛上搭了歇凉亭,植了草皮,供游人品茗赏景。客人上岛乘脚踏游船,主人自备了一艘小快艇做上岛服务之用。有趣的是,如果快艇上只有鸭爸鸭妈,鸭嘎只是在水中兀自玩耍,只要鸭哥在船上,鸭嘎必定尾随其后,时而摇首弄姿,时而张开双翅在水面轻步疾走,欢快异常。鸭哥对我说,他一直想进城买只母鸭给鸭嘎做老婆,又怕鸭嘎有了老婆就不和自己亲近了。这个男孩儿说得很认真,真把鸭嘎当成了人。

这家人还养了一窝鸡,也养出了灵性。原先只有一公一母,母鸡刚会下蛋就不见了踪影,公鸡在母鸡失踪的日子里每天早出晚归,显得很平静。主人以为母鸡被狼拖去了,不再去找。没想到,20来天后,母鸡挺着胸,领着一群鸡娃娃回来了。鸭哥跟踪母鸡,找到了它每天下蛋的那个沙坑,在一座大沙梁的后面,它每次下过蛋都刨上沙掩埋起来。蛋积多了,它又来抱窝,公鸡每天来给它送食吃。他们发现后没有声张,只是在犯愁:养着这群"神鸡",既不能杀着吃,又吃不着蛋,这鸡婆子还不断地给增添着"人口",怎么办?

真是一群幸运的生灵,它们遇上了对生命倍加关爱的沙漠人家。

(947字)

(选自:《南方周末》 作者:海若 有改动)

练 习

一、根据课文内容,选择正确答案

1. 朋友给他们送鸭子

   A. 是因为他们全家都非常喜欢鸭子

B. 是为了让他们养在公园里表示祝贺

C. 是想让他们杀了做菜，一起喝酒庆贺

D. 是因为在沙区有生命的东西很少也很脆弱

2. 关于沙湖，下列哪种说法正确？

A. 湖水非常清澈　　　　　　B. 湖水是从黄河直接流进来的

C. 岸边长满了水生植物　　　D. 湖中生活着很多鱼虾和鸭子

3. 为什么说鸭嘎通人性？

A. 因为全家人都喜欢它　　　B. 它会接送小主人上学

C. 它能和人一样吃冰淇淋　　D. 它会向最喜欢它的人表达感情

4. 母鸡失踪是因为

A. 孵小鸡去了　　　　　　　B. 找鸭嘎去了

C. 被狼拖去了　　　　　　　D. 找到了新的住处

5. 关于本文，下列哪种说法正确？

A. 本文讲述了一只鸭子的幸运经历

B. 本文给我们介绍了动物在沙漠中的生活

C. 本文讲述了一个热爱生命的家庭的故事

D. 本文告诉我们，只要热爱生命就会得到回报

二、根据课文内容，判断正误

1. 公园开园的那天，主人买了只南京板鸭招待来祝贺的朋友。　　（　　）

2. 沙湖的四周都是柔软舒适的细沙。　　　　　　　　　　　　　（　　）

3. 游人可以在湖心岛一边喝茶一边欣赏风景。　　　　　　　　　（　　）

4. 鸭哥从城里给鸭嘎娶了个"老婆"。　　　　　　　　　　　　（　　）

5. 沙漠人家的鸡越养越多了。　　　　　　　　　　　　　　　　（　　）

三、选词填空

A. 天光云影　　B. 尾随其后　　C. 搔首弄姿　　D. 早出晚归

E. 青睐　　　　F. 不买账　　　G. 爱理不理

1. 一连十来天，苏力都是_____，尽管如此，在他的脸上却看不到丝毫的疲倦与劳累。

2. 作为应聘的新手其实无须浓妆艳抹，或是_____，返璞归真才最能让人印象深刻。

3. 大林第一个在主席台站起，并且消失在通道的尽头，韦迪也_____迅速离开。

4. 对于开发商放出的涨价风声，许多购房者并_____，坚持要再等等看。

5. 家有购物的会员日活动受到了不少消费者的_____和追捧，有可能在当天创造家有购物的销售纪录。

6. 这位"冰淇淋"大叔最幽默之处，就是每当美女来此买冰淇淋，他便要"逗"美女一下才甘心，最后还要_____地摆出各种姿势供美女拍照，着实有趣！
7. 我爱上一个很高傲的女孩儿，可每次给她电话或是发短信，她都是_____的，我是真心喜欢她的，但我就是没有勇气向她表白我的心思。
8. 古朴的石拱桥，傍桥而生的樟树，静无波纹的水面，倒映着傍晚时分的_____，世界好安静，心里好安静。
9. 她想问寝室的室友怎么补办丢失的饭卡，但所有人都对她_____，更别提说借钱了。
10. 尽管车行与车主已经达成和解协议，但对于丰田车行的道歉，网友依然_____，潜在消费者更是改变了购车主意。

四、简答题

1. 沙漠人家为什么没有杀那只鸭子？
   答：_____。
2. 鸭哥为什么害怕鸭嘎有"老婆"？
   答：_____。
3. 沙漠人家为什么吃不着鸡蛋？
   答：_____。

五、回答问题

1. 鸭嘎与鸭哥相处得怎样？
2. 介绍一下沙都公园里的沙湖。
3. 沙漠人家对待生命的态度给你怎样的启示？

六十七、食掌莺怎样灭绝了自己

本人素来仰慕达尔文[1]，但更信奉圣雄甘地[2]的这句至理名言："自然和世界的根本法则不是竞争，不是适者生存，而是合作、节俭和艺术性。"

我是一个观鸟爱好者，对于观鸟活动，常有记者问："你们观鸟是为了参加比赛，还是有助于科学考察？"我说都不尽然，我是以鸟为师，以鸟为鉴，融入自然，找回自我。

《与鸟为伴》一书表面上看是描述几个科学家在荒岛上考察莺鸟，测量形态，进行看似枯燥的实验，但如果坚持把它读完，尤其是读到最后部分，你会看到真理的光芒。书中对食掌莺的描述引起了我的深思。

加拉帕戈斯群岛中的一个岛上生存着一些仙人掌莺鸟（又名食掌莺）。这是当年达尔文采到的 14 种莺鸟中的一种。食掌莺飞到仙人掌花上，有时会把花蕊的柱头碰断。柱头一旦折断，花就丧失了繁殖能力，仙人掌花就会凋谢，无法结果。莺鸟靠仙人掌生活，没有仙人掌的花粉、花蜜、果实及种子，它们就会挨饿。鸟的命运与仙人掌的命运息息相关。仙人掌花盛开的季节，有的莺鸟会把花的柱头碰坏一些，这样仙人掌就结不了果，长不了种子。一些鸟竟然能以如此简单、迅捷、快速的方式毁灭自己。

为了考察莺鸟与仙人掌花的关系，某日，格兰特夫妇轮流观察 17 朵花，每两小时换一次班。他们发现有些莺鸟为了吃到花蕊里的花粉，便落到花上，用爪子把柱头拨到一旁，抢在其他莺鸟之前（一部分先暴富了），把尚未开放的花瓣扯去，用嘴把柱头扯断，撇在一旁。但格兰特夫妇发现，并不是所有的鸟都这么急功近利，整个岛上只有十几只莺鸟这么干。

莺鸟扯断花的柱头相当于农民吃掉种子，透支了未来的收益。这些折断柱头的莺鸟只是吃了一点儿其他莺鸟吃不到的花粉，多尝了一点儿其他莺鸟尝不到的花蜜。这些干坏事的鸟不但不因为这种蹂躏行为付出代价，而且还获得更多的生存机会（有人认为这也叫适者生存）。这些花卉蹂躏者很"聪明"，并不蹂躏自己的地盘，只蹂躏公有地盘，自然演化也把它们视为成功者予以褒奖，但这些个体的胜利却要以群体的毁灭为代价。如果第二年岛上大旱，那么，莺鸟们就会身陷绝境，因为十几个坏家伙把大部分花卉的柱头折断了，这足以导致岛上食掌莺的全军覆没。

本世纪初，在加拉帕戈斯群岛一个无人居住的叫品左恩岛的地方，食掌莺就确实灭绝了，是它们自己毁灭了自己。

人类之于地球有如莺鸟之于海岛，若破坏性地开发自然，以致"文明所到之处，身后留下一片沙砾和垃圾"，人类的命运会怎样？

(962 字)

(选自:《中国青年报》 作者：郭耕 有改动)

注释：

1. 达尔文：Charles Darwin（1809～1882），19 世纪英国杰出的生物学家。
2. 圣雄甘地：即莫罕达斯·卡拉姆昌德·甘地（Mohandas Karamchand Gandhi, 1869～1948），是印度民族主义运动和国大党领袖。他既是印度的国父，也是印度最伟大的政治领袖。

练 习

一、根据课文内容，选择正确答案

1. 从本文来看，作者比较崇尚
   A. 适者生存　　　　　　B. 战胜自然
   C. 与自然竞争　　　　　D. 与自然和谐相处
2. 作者喜欢观鸟是为了
   A. 参加比赛　　　　　　B. 说不清楚的原因
   C. 更好地进行科学考察　D. 从鸟身上学习与自然相处之道
3. 《与鸟为伴》一书的主要内容是
   A. 描写食掌莺的生活习性
   B. 考察莺鸟与仙人掌花的关系
   C. 论述与自然和谐相处的重要性
   D. 描写几个科学家在荒岛上如何考察莺鸟
4. 作者认为那些多吃了花粉的食掌莺是同类中的
   A. 胜利者　　　　　　　B. 破坏者
   C. 聪明者　　　　　　　D. 幸运者
5. 从《与鸟为伴》一书中，作者领悟到
   A. 适者生存的结果并不都是好的
   B. 文明所到之处，身后留下一片沙砾和垃圾
   C. 毁灭其实是一件简单、迅捷、快速的事情
   D. 人类若破坏性地开发自然，结果就会像食掌莺一样

二、根据课文内容，判断正误

1. 作者认为达尔文的所有观点都是正确的。　　　　　　　　　　　　（　　）
2. 《与鸟为伴》这本书读起来不太有意思。　　　　　　　　　　　　（　　）
3. 食掌莺都是一些急功近利的家伙，为吃到花粉不惜一切代价。　　（　　）
4. 如果仙人掌花开得很盛，那么食掌莺就不会挨饿。　　　　　　　（　　）
5. 本文是要通过食掌莺的命运警醒人类。　　　　　　　　　　　　（　　）

三、选词填空

　　A. 适者生存　　B. 至理名言　　C. 息息相关　　D. 急功近利
　　E. 全军覆没　　F. 不尽然

1. 生物多样性与人类_____。如果没有生物多样性，人类难以感受到树林的绿意，

还可能失去空气、食物和水。
2. 孤独客观上是因长期独处引起的，但也_____。生活模式单一、挫折和事物的不可预知性等也是导致孤独产生的因素。
3. 老话说："早饭要吃好，中饭要吃饱，晚饭要吃少。"这真是_____，两年来我一直遵从这个原则，体重已经恢复到 57.5 公斤。
4. 常言道，做事不要_____，也不要断断续续，唯有持之以恒，善于积累，坚持到底才能取得预期的效果。
5. 在今天的比赛中，中国队发挥并不理想，男单和男双已_____，混双和女单也只各获一个四强名额。
6. 实际上，海萍这种拼搏精神，恰好是一种生存法则，_____，靠实力竞争说话。
7. 被称为"黑金"的石油是全球经济的命脉，和我们的生活_____，石油合成出的化纤衣服、提炼出的化肥等直接影响了我们的衣食住行。
8. 在日渐浮躁的世风与艺术潮流里，人们已习惯了_____地表现自我的存在意义和价值。

四、简答题
1. "食掌莺"的名字是怎么来的？
答：_____。
2. 格兰特夫妇发现了什么？
答：_____。
3. 本世纪初，品左恩岛上食掌莺为什么灭绝了？
答：_____。

五、回答问题
1. 你怎样理解圣雄甘地的那句话？
2. 食掌莺与仙人掌的关系是怎样的？
3. 作者为什么将人类与食掌莺相提并论？

六十八、好人？坏人？

上小学的儿子合上书本，向爸爸提出一个问题："爸爸，什么叫好人，什么叫坏人呢？"
爸爸想了一下，说："我先给你讲几个故事，讲完后再回答你的问题。好吗？"
"好哇好哇！"一向爱听故事的儿子高兴得直跳高，"爸爸你快讲吧，我最爱听故事了。"

爸爸端起茶润了一下嗓子，然后就跟儿子讲起来："我讲的第一个故事，主人公叫 A。这天 A 乘公交车去办事，从始发站到终点。后来车上人越来越多，以至连过道上都站满了人。这时上来一位大腹便便的孕妇，乘务员大声喊：'哪位同志给孕妇让个座？'孕妇周围坐了许多人，却全都装聋作哑，谁也不肯动地方。这时坐在最里面的 A 站了起来：'请到这儿来坐吧。'要知道，当时他离下车还有半个多小时的路程，他这一让座，则意味着可能一直挤在过道中摇来晃去了，但他没有丝毫的犹豫。你说，A 算好人还是坏人呢？"

"当然是好人！"儿子说。

"我讲的第二个故事，主人公叫 B。有一片住宅小区经常停电，后来经电工检修，才发现一部分线缆被人剪去了。电工重又接了线缆，没想到不久线缆又让人半夜偷走了，接连几次，闹得小区的居民怨声载道。后来经派出所连续几昼夜'蹲点'，终于将这个盗贼逮住了。这个盗贼正是 B。按说他偷的线缆也卖不了几个钱，却搅得四邻不安，影响了这么多人的正常生活，你说 B 是好人还是坏人呢？"

"当然是坏人！"儿子说。

"我讲的第三个故事，主人公叫 C。公园里，一个小男孩儿不慎掉进湖里，湖边围了许多人，却没人跳下去。这时 C 也经过这儿，他一看见有人落水就跑了过去，连衣服也没脱就'扑通'一声跳了下去……这时已是初冬季节，水已很凉了。结果孩子得救了，他却着了凉，接连好几天发高烧。你说 C 算好人还是坏人呢？"

"肯定算好人了。"儿子说。

"我讲的第四个故事，主人公叫 D。D 因生活所迫，到一个单元住宅楼行窃。他估计主人上班去了，便从阳台开着的窗子翻了进去，却没料到这家还有一位老人，老人见有贼进屋便喊了起来。D 当即慌了，他顺手抄起一个墩（dūn）布向老人头上打去，登时便有鲜血流出来，老人昏了过去。D 不顾老人死活，打开门落荒而逃。你说 D 是好人还是坏人呢？"

"肯定是坏人。"儿子说。

爸爸顿了一下，又总结说："A 给孕妇让座，是助人为乐；B 偷盗线缆，是损人利己；C 跳水救人，是见义勇为；D 入室打劫，则是典型的强盗行为。我要跟你说的是，事实上，我说的 A、B、C、D 却是同一个人。你说这个人是好人还是坏人呢？"

儿子一下子愣住了，说："这怎么可能呢，他们怎么可能是同一个人呢？"

爸爸看着儿子，认真地说："这的确是同一个人，这个人曾是我的朋友。因为他平时爱做好事，所以人缘极好；因为他见义勇为，单位还专门表彰过他；因为他偷盗线缆和入室打劫，终于被公安人员抓获，至今还在拘留所里。"

爸爸还说："实际上，好人和坏人都是相对的，世上本不存在什么绝对的好人，当然也不存在什么绝对的坏人，你明白了吗？"

儿子似懂非懂地点点头。

(1162 字)

(选自：《杂文报》 作者：魏金树 有改动)

练 习

一、根据课文内容，选择正确答案

1. 爸爸为什么要给儿子讲故事？
   A. 因为儿子特别爱听故事
   B. 他遇到了一个非常有意思的人
   C. 他不知道该如何回答儿子的问题
   D. 他要用故事形象地回答儿子的问题

2. 那位孕妇上车的时候
   A. A 快要下车了
   B. 车上已经挤满了人
   C. 车里坐着很多聋哑人
   D. 那辆公交车刚刚发车

3. 下面哪一项不是 B 的行为导致的结果？
   A. 小区经常停电
   B. 小区居民非常不满
   C. 线缆卖不了几个钱
   D. 人们的正常生活受影响

4. 关于 D，下面哪种说法正确？
   A. 他把老人打死了
   B. 他到别人家里去偷东西
   C. 他从那家偷走了很多东西
   D. 他进去时手上拿着一个墩布

5. 这四个故事中的人现在
   A. 还常常做好事
   B. 还是爸爸的朋友
   C. 被警察关在拘留所里
   D. 受到了单位的表扬

二、根据课文内容，判断正误

1. A 起来让座时离自己的目的地还很远。（　）
2. 警察在小区守了好几天才抓住偷线缆的小偷。（　）
3. C 下水救人的故事发生在刚刚进入冬季的时候。（　）
4. 那个小孩儿虽然得救了，却发了好几天高烧。（　）
5. D 进去偷东西时，看到家里有人心里非常害怕。（　）
6. 故事里的这个人因为爱做好事所以认识了很多人。（　）

三、将下列词语和它们的正确解释连起来

1. 怨声载道　　　　　A. 非常喜欢帮助别人
2. 装聋作哑　　　　　B. 匆匆忙忙地向荒野逃去
3. 大腹便便　　　　　C. 闯入别人家中去抢夺财物
4. 似懂非懂　　　　　D. 看到正义的事情奋勇去做
5. 入室打劫　　　　　E. 普遍地表示不满和怨恨
6. 见义勇为　　　　　F. 形容肚子很肥大的样子
7. 损人利己　　　　　G. 好像明白了又好像没明白
8. 助人为乐　　　　　H. 故意装作什么都不知道
9. 落荒而逃　　　　　I. 为自己的利益而损害别人

四、简答题

1. 那片住宅小区停电的原因是什么？
   答：_____。
2. C救人的结果是什么？
   答：_____。
3. 爸爸讲这个故事想要说明什么？
   答：_____。

五、回答问题

1. 举出一些"助人为乐"的例子。
2. 举出一些"损人利己"的例子。
3. 读了这个故事，你有什么感想？

六十九、第一场胜利

近来向东沉浸在无边的喜悦当中。想想看，几个月前还在工地上每天干十几个小时的体力活儿，现在成了远洋乒乓球馆的员工了。虽然向东的工作内容不过就是不断地捡起客人打丢的球、偶尔凑份子陪客人打上几拍、下班后负责全馆的卫生，但向东还是觉得这就像一个梦，随时有醒来的危险。

出来打工，向东是要挣钱娶洋红的。洋红在村里不显山不露水的，可到城里一滋润，向东再看洋红都舍不得眨眼睛了。向东唯恐一眨眼，这个天仙般的洋红就没了。

上班的第一天，洋红泪汪汪地说："向东，你不会变心吧？"向东笑了："傻瓜。"洋红也笑了："那以后打扫卫生的活儿我来干，那个我拿手。"

洋红几乎天天来球馆，可是洋红的话却让向东越来越郁闷。洋红举着手说："你看我的手好看吗？"向东说："好看。"洋红嘟着嘴："好看什么呀，光秃秃的。"向东心里咯噔一声，没话了。

有个客人每个礼拜都来，但向东从来不敢赢他，向东也从来没赢过任何一个客人。赵经理说了，客人是来享受的，不是讨败的。

又一次险胜向东之后，那人疑惑着说："你可以打赢我的，为什么每次都输我两三分？"向东笑了："我的球是野路子，看着好看，不实用。"那人似乎明白了什么，说："给我办张金卡吧，你的服务让我非常满意。"

向东办到了馆里的第一张金卡，向东用提成买了戒指，想给洋红一个惊喜。向东喜欢看洋红高兴得泪汪汪的样子。自从上次说自己的手光秃秃的之后，洋红许久没来了。

举着戒指，兴奋的向东觉出了洋红的异样，拉过洋红的手一看，戒指已经有了。洋红低着头说："赵经理给的，他说我的手应该穿金戴银，不应该整天洗抹布搓拖把。"

向东觉得有股力量在体内四处游走，带着愤怒、屈辱。向东想打一场胜仗，向东突然间对胜利万般渴望。馆里只有个中年人在打球，大家都围在边上，不停地叫好鼓掌。陪球员鱼贯而上，却纷纷落马。向东一把抓起了拍子。意识到向东的不对劲，赵经理呵斥道："向东，干吗你？他是我们——"

向东听不见，向东眼里只有那个冒着橘黄色火苗的乒乓球。向东赢了，向东的打法新奇古怪。不能说中年人打得不好，只能说向东太凶。连下两局，向东的眼泪夺眶而出。终于赢了一次，向东觉得这一辈子都值了，起码，向东知道了胜利的滋味。

擦了眼泪和汗，向东给大伙鞠了个躬，边脱制服边往外走。

"小伙子，等等。"中年人笑呵呵地擦着汗，"小伙子，我还不知道你叫什么，但是如果我请你担任这个乒乓球馆的经理，你愿意吗？对了，我是远洋乒乓球馆全国连锁店的董事长，冯远洋。早就听客人说我们馆为了讨好客人而实行主动求败制，这样一来客人的虚荣心是得到了满足，但是为什么他们都不办金卡呢？因为他们是为了享受乒乓球的快乐才来的，这种虚假繁荣的景象引不来他们真正的兴趣。但是今天，我却看到了乒乓球的真谛。"

掌声响了起来，向东却只觉得眼前一片模糊。

(1100字)

(选自：《金山》 作者：巩高峰 有改动)

练 习

一、根据课文内容，选择正确答案

  1. 向东觉得现在的工作

    A. 没有什么意思   B. 非常令人满意

    C. 随时可以做梦   D. 随时都有危险

2. 关于洋红，下面哪种说法正确？
   A. 是向东的妻子　　　　　　　B. 在村里是个有名的人
   C. 进城以后变得漂亮了　　　　D. 不喜欢向东现在的工作
3. "向东心里咯噔一声"是因为
   A. 洋红的手很好看　　　　　　B. 洋红有些生气了
   C. 感觉到了洋红的变化　　　　D. 洋红的手上什么都没有
4. 向东从来没赢过任何一个客人是因为
   A. 他打球是野路子　　　　　　B. 他的球打得不够好
   C. 经理不许他赢客人　　　　　D. 他的球好看不实用
5. 为什么打完那场球后，向东"边脱制服边往外走"？
   A. 他要去找洋红　　　　　　　B. 因为他是一个胜利者
   C. 他知道自己违反了规定　　　D. 他知道自己将要担任经理了

二、根据课文内容，判断正误
   1. 向东从农村出来后就在乒乓球馆工作。（　　）
   2. 在乒乓球馆，向东的工作之一是陪客人打球。（　　）
   3. 向东找到好工作后，洋红很担心向东不爱她了。（　　）
   4. 洋红天天来球馆打扫卫生觉得很郁闷。（　　）
   5. 向东打败的客人是乒乓球馆的董事长。（　　）

三、选词填空
   A. 凑份子　　B. 不显山不露水　　C 野路子　　D. 鱼贯而上　　E. 不对劲
1. 钟子曰这人平日里话不多，酒量也不算大，很沉稳很低调，_____。
2. 姚晨的表演按常规划分可以称之为_____，不过却得到了大多数观众的认可。
3. 虽然婚礼、满月等是个喜庆事，但_____太多，太频繁，却会带来不少危害。
4. 打完针刚坐上回家的公交车，李凤就觉得有些_____：儿子小俊嘴巴张得大大的，口角不断淌着口水。
5. 过了一会儿，台上招呼贵宾从舞台左边的小梯上去，于是以郭老为首，大家_____。
6. 他跑到山脚下的时候，小登山队已经_____，开始攀登了。
7. 我越想越觉得_____，赶紧给银行打电话，银行告诉我说，我银行卡里的钱确实被人取走了。

四、简答题
   1. 向东的工作内容是什么？
      答：_____。

2. 向东用什么钱给洋红买的戒指？

   答：_____。

3. 来打球的客人们为什么不办金卡？

   答：_____。

五、回答问题

1. 介绍一下洋红。
2. 看到洋红手上的戒指后，向东是什么反应？
3. 为什么董事长要让向东担任经理？

七十、百万富翁培训班

"你想当百万富翁吗？欢迎你参加百万富翁培训班。"

许多人看到报刊上登的这则启事后都一笑了之，可雷鸣却蠢蠢欲动。

雷鸣曾经在一本书中看到，哪怕是只有百分之一的希望，也要付出百分之百的努力。所以他毫不迟疑地走进了招生办公室。报名费是一万元，这是雷鸣多年来的积蓄。

之后他见到了大名鼎鼎的孙教授，他在国内心理学界享有盛誉。孙教授把雷鸣领进了一间装饰精美的屋子，房间里有美酒、香烟、饮料和各种精致的点心。

很奇怪的是，房间里没有窗户，也没有书籍和报刊，更没有电视机和电话。孙教授对雷鸣说："培训现在开始，如果你能够在这间房子里生活一百天的话，我就奖励你一百万元；也就是说，你每生活一天可以挣到一万元……"

有这样的好事吗？雷鸣说什么也不相信。孙教授说："空口无凭，我们签订一份协议吧！"雷鸣毫不犹豫地与孙教授签订了这份协议。

这太容易了！雷鸣很有信心。

开始几天，雷鸣很快乐。他卧在沙发中悠然地边品味着美酒、香烟，边幻想着一百万到手后怎样花……

过了半个月后，雷鸣开始变得焦躁不安了。他发疯似的想看书、看报纸或者看电视。有好几次，他想放弃这一百万。可一想到如果放弃这一百万的话，一万元学费将会打水漂，只好又咬着牙坚持下来。

就这样挺了一个多月后，他再也忍受不住这种骇人的寂寞了。一个深夜，他发疯似的敲打着门，喊叫着："放我出去，放我出去！"

于是，孙教授打开房门把他放了出来。

雷鸣出来后一脸沮丧地说："我不要这一百万了。"

孙教授淡淡一笑说："很好，这说明你已经把一百万元看得很淡了。恭喜你，你的第一关已经通过了。"

"通过了？"雷鸣丈二和尚摸不着头脑。

孙教授把雷鸣缴的一万元学费还给了他，然后面带微笑地说："从现在起，你就用这一万元钱做生意，你很快会成为百万富翁的。"

雷鸣糊里糊涂地接过钱，他弄不明白孙教授的葫芦里到底卖的什么药。

孙教授又说："现在我要和你签订第二份协议，如果三年内你成为百万富翁的话，你将向我支付十万元的酬金，你看如何？"

雷鸣爽快地在合同上签了字。

回到家后，他就像完全变了一个人似的，从书店买回一大堆书，如饥似渴地读了起来。整整一年，雷鸣都是在阅读中度过的。

第二年，他拿出那一万元钱开始投资。神了，雷鸣就像有财神保佑似的，做什么生意都赚钱。两年过去了，雷鸣奇迹般地成为了一个百万富翁。

雷鸣再一次走进了孙教授的办公室，他首先依照协议向孙教授付了十万元的酬金，然后问："孙教授，我想向你请教，你并没有教给我怎样成为百万富翁的秘诀呀，为什么我却很快成了一个百万富翁？"

孙教授微微一笑说："是的，我并没有向你传授一点儿关于赚钱的技巧，我仅仅是把你关在一个没有书籍和报刊的房间中，让你深刻地认识到知识对人的重要性，然后，你会如饥似渴地学习知识……另一方面，你变成了一个勤于思考的人，当你终于悟出了关于做人、做生意的真谛后，你就能以一颗平常心来做生意，此时赚钱对你而言就已经成了一件很轻松的事情……"

雷鸣恍然大悟。

(1186 字)

(选自：《语丝》　作者：龚平　有改动)

练　习

一、根据课文内容，选择正确答案

1. 雷鸣去参加培训班是因为他
   A. 终于积攒够了报名费　　　　　　B. 从一本书受到过启示
   C. 什么事不经思考就行动　　　　　D. 在报纸上看到了一个广告

2. 第一关的训练目的是让他
   A. 学会享受生活　　　　　　　　　B. 学会为了一个目标而坚持
   C. 认识到获得一百万的艰难　　　　D. 认识到知识对人的重要性

3. 雷鸣提前结束训练是因为他
    A. 不想要一百万了
    B. 受不了无法获得知识的寂寞
    C. 悟出了成为百万富翁的方法
    D. 想好了一百万到手后怎么花
4. 雷鸣回到家后
    A. 先读了一年的书
    B. 就开始投资做生意
    C. 找到了帮助他的财神
    D. 就变成了一个百万富翁
5. 这个故事要告诉我们
    A. 要相信奇迹，敢于尝试
    B. 百万富翁培训班的培训程序
    C. 赚钱其实是一件轻松的事情
    D. 知识和思考对于成功的重要性

二、根据课文内容，判断正误
1. 大多数人不相信这种百万富翁培训班。（　）
2. 培训班的孙教授是一位著名心理学家。（　）
3. 在那个房间里，雷鸣终于决定再也不当百万富翁了。（　）
4. 雷鸣不知道自己为什么能通过第一关。（　）
5. 雷鸣最后从孙教授那里得到了一百万。（　）

三、将下列词语与它们的正确解释连起来
1. 一笑了之　　　　　　　A. 形容十分迫切的样子
2. 蠢蠢欲动　　　　　　　B. 形容搞不清楚是怎么回事
3. 大名鼎鼎　　　　　　　C. 突然什么都明白了
4. 空口无凭　　　　　　　D. 不知道心里的真实想法
5. 如饥似渴　　　　　　　E. 形容非常有名气
6. 恍然大悟　　　　　　　F. 形容把什么不当回事
7. 打水漂　　　　　　　　G. 只用嘴说而没有真实的证据
8. 丈二和尚摸不着头脑　　H. 形容白白浪费了
9. 葫芦里到底卖的什么药　I. 形容准备采取行动

四、简答题
1. 雷鸣与孙教授签的第一份协议是什么内容？
    答：_____。
2. 雷鸣在那个房间里住了多久？
    答：_____。
3. 雷鸣与孙教授签的第二份协议是什么内容？
    答：_____。

五、回答问题
1. 描述一下第一关中雷鸣所住的房间。

2. 介绍一下雷鸣在这个房间里的生活。
3. 雷鸣为什么最终能够成为百万富翁？

七十一、在人和树木中间

我很喜欢俄国作家陀斯妥耶夫斯基作品中的一句话：在人和树木中间，可以死得更舒服些。

我曾经两次把这句话题写在朋友的纪念册上。一次是 1982 年，大学毕业；一次是 1986 年，我在北京中国社会科学院进修结业。这样的时刻对于年轻人总是非同寻常的，它是人生的一个重要转折点。通常，大家的题词总是很吉祥，充满激情和憧憬。但我却写下了这个很少见的句子，不仅作为我最诚挚的祝福，而且作为我的人生信念。

只可惜，很少有人能理解这句话。当事人总是出于礼貌，不好意思当面表态，但旁观者却无一不是同声反对：你怎么能写这种话！

我无言。我只希望经由时间的陶冶，那些接受和读到我写的话的人能真正体会到这句话的意味。

其实，人是一种很脆弱的动物。有的时候，仅仅因为听到别人的一句话，你就觉得无法再活下去了。当然，也有的时候，仅仅因为别人的一句话，你又活下来了。所以，陀斯妥耶夫斯基的话肯定是有道理的：人必须生活在人群中，又必须生活在大自然中。否则，生命将是非常痛苦的。

有些事，也许我们当时并不在意，但事实上可能对我们的一生都有重大的影响；有些人，也许我们平时总瞧不起他，甚至排斥他，但在生命的重要关头，他却成了你唯一可以信赖可以接受的人。

最可怕的是那样一些人。他总是你最好的朋友，总是最能理解你体谅你帮助你，或者总是最需要你的支持帮助和理解。但是，许多年过去之后的某一天，在你生命中最值得珍爱的日子里，就是这个你最爱最信任最同情最理解甚至你最崇拜的人，突然就那么不动声色地悄悄地向你捅出了一刀！而这一刀又是那么恰到好处，那么体贴入微，因为此刻你正充满深情地望着他，发自肺腑地对他说："我这一生最大的幸福，就是有了你这个知己……"

尽管如此，你还是要热爱生命，热爱人群，热爱你赖以存在的山川河流蓝天大海。你要像一个人一样地活下去！此时此刻，你尽管很后悔，很遗憾，可你还是应该感到自豪感到庆幸：因为你还有许多其他的朋友。在你并不漫长的生命历程中，你已经为你所存在的世界洒下了足够的爱……

你是幸福的，你比你的敌人更幸福，因为，当他向你捅出致命的一刀的时候，他就已经使自己裸露在光天化日之下去承受那生命中最不堪忍受的孤独；你是强大的，你比你的敌人更强大，因为，当他向你捅出致命的一刀的时候，他就已经虚弱到不能再正视你的眼睛。

假如你不幸有了这样的经历，那么，惊异中回首生命的分分秒秒，你会发现，你并没有失去什么。

只是，你更懂得了生活。

(984字)

(选自：《南方周末》 作者：曾凡 有改动)

练 习

一、根据课文内容，选择正确答案

  1. 一般人认为作者的这句留言
    A. 有些不吉祥　　　　　　　　B. 非常难理解
    C. 代表着作者最诚挚的祝福　　D. 代表着人生的一个转折点
  2. 作者希望这句话
    A. 能够被大家真正理解　　　　B. 能表达出自己的祝福
    C. 能成为一种人生信念　　　　D. 成为人生转折点的标志
  3. 作者认为
    A. 生命是非常痛苦的　　　　　B. 人太容易受别人影响
    C. 人既离不开社会也离不开自然　D. 影响我们一生的常常是些小事
  4. 作者认为，我们被朋友背叛
    A. 是一种非常不幸的经历　　　B. 是因为我们过于信任他
    C. 只会让我们更懂得生活　　　D. 是因为我们平时看不起他
  5. 下面哪一项最能体现本文的主题？
    A. 要热爱大自然　　　　　　　B. 选择朋友一定要谨慎
    C. 你比你的敌人更幸福　　　　D. 无论怎样都要热爱生活

二、根据课文内容，判断正误

  1. 作者把这句话写给朋友时，朋友都很不高兴。　　　　　　　　（　　）
  2. 人常常会被别人的一句话所左右。　　　　　　　　　　　　　（　　）
  3. 有些人说不定会在你最信任他的时候杀害你。　　　　　　　　（　　）
  4. 伤害你的人其实自己会更痛苦。　　　　　　　　　　　　　　（　　）
  5. 一个热爱生活的人即使遭到背叛也不会失去什么。　　　　　　（　　）

三、选词填空

　　A. 不动声色　　B. 恰到好处　　C. 体贴入微　　D. 光天化日

　　E. 非同寻常　　F. 发自肺腑

1. 有人说，母爱如水，温柔又_____；而父爱则如一座大山，沉重而又真实。
2. _____的老板娘悄悄报了警，民警装扮成客商联系卖家，结果偷布贼人赃俱获。
3. 对于女单主教练张宁来说，这一战有着_____的意义。
4. 饮酒不足，缺乏意境；喝酒过了，耗神伤身；微醉_____。
5. 几名小同乡纠集在一起，_____之下专找外地来韩城的小车下手，盗窃车箱内财物。
6. 她可是个不太好对付的家伙，别看她_____，好像没有防备一样，其实你错了，你的一举一动都逃不过她敏锐的眼睛。
7. 整个座谈会持续了近两个小时，现场气氛十分活跃，学员们_____的真心话，让整个座谈变得轻松。
8. 医生护士更是对夏欣宏_____，夏欣宏不但享受了小病房的优待，而且还时不时有牛奶、鸡蛋等营养加餐。
9. 李先生这两天很烦，_____之下，两台笔记本电脑、一些首饰及3万多元现金竟在家中被盗。

四、简答题

1. 作者给朋友的毕业留言是什么？
　　答：_____。
2. 陀斯妥耶夫斯基的这句话要表达的是什么意思？
　　答：_____。
3. 为什么说人是脆弱的动物？
　　答：_____。

五、回答问题

1. 毕业纪念册上的留言一般有什么特点？
2. 作者为什么非常喜爱陀斯妥耶夫斯基的这句话？
3. 面对背叛，作者为什么认为自己更幸福？

七十二、金钱的阴谋

培根曾任英国的大法官。六十岁时因受贿被判罚四万英镑,并囚于伦敦塔,后来虽被詹姆士国王豁免,但出狱后不久就死了。

临死前,培根对他的《人生随笔》(中国译作《培根论人生》)作了最后一次修改,在改到《论金钱》这一章时,他核实了三个案子:

乞丐杀子案。有一位名叫约翰的乞丐,行乞四十载,积攒了三千枚金币。有一天,他发现儿子头上有一顶非常华贵的帽子,问从哪儿来的,儿子交代是用一枚金币从当铺里买来的。约翰又问,金币哪儿来的?儿子答,是从三千枚金币中拿的。约翰听后,七窍生烟,一拐杖结束了儿子的性命,因为这三千枚金币是他一便士一便士积攒出来的。用一个金币买顶帽子,实在是太奢侈了。对如此大手大脚的儿子,他忍无可忍。

姐弟绝交案。伦莎和戴维是姐弟关系,他们在很年幼的时候就失去了父母,为了养活弟弟并使他有个好的前程,伦莎十三岁就做了妓女。在伦莎的资助下,戴维进了剑桥大学三一学院,并有了一个非常美满幸福的家庭。就在戴维准备报答姐姐伦莎的养育之恩时,伦莎提出断绝姐弟关系,并永不见面。因为她看到弟弟就想起自己不堪回首的历史,并且弟弟愈幸福,愈是勾起她对不幸的回忆。

兰姆贪污案。兰姆是位海军大臣,年俸一万六千英镑,是一般伦敦市民的五十倍。他通晓天文、历法和海洋知识,在与西班牙争夺海上霸权的斗争中,屡立战功,被伊丽莎白女王封为爵士。同时,他也是一位以简朴出名的贵族,在别人钟鸣鼎食的时候,他每天的费用从不超过两英镑。就是这样一位德威兼备的人物,在伊丽莎白死后,被查出贪污军饷六十万英镑。这些钱原封不动地藏在他的地窖里,最后他被詹姆士国王下令处死。

培根为什么要核实这三个案子?研究者说,培根从伦敦塔里出来后,发现了金钱的阴谋。他要通过这三个案子来证实自己的发现,至于他发现了金钱的什么阴谋,他们说无从考证,因为培根烧掉原作,准备重写《论金钱》时,支气管炎复发,死在了伦敦北郊。

培根到底发现了金钱的什么阴谋?三百多年了,许多人试图破解,然而,都没找到一个令人信服的答案。直到前不久,才有人根据这三个案子,找到满意的解答:

在你获得金钱的过程中,如果感到紧张或屈辱,在获得金钱之后,就不要指望这些东西会让你生活得怡然自得,因为在紧张或屈辱中得到的金钱,用起来会更加不安和心酸。

据说,这就是培根临终前所发现的金钱本身所固有的阴谋。

(952 字)

(选自:《人生与伴侣》　作者:刘燕敏　有改动)

练 习

一、根据课文内容，选择正确答案

1. 培根死于
   A. 六十岁 B. 伦敦塔
   C. 监狱中 D. 伦敦北郊

2. 金钱的阴谋是培根
   A. 在监狱中思考出来的 B. 《人生随笔》中所讨论的
   C. 一生研究得出的结果 D. 通过三个案件得出的结论

3. 文中提到的三个案件的共同点是
   A. 为了金钱而失去了亲人 B. 金钱并没有带来幸福
   C. 是金钱导致了他们入狱 D. 获得金钱的方式都是不正当的

4. 金钱的阴谋是什么，为什么最后没有定论？
   A. 培根还未研究清楚那三个案子 B. 培根自己也没有最终下结论
   C. 培根因病去世没来得及写出来 D. 培根烧掉了原作不想告诉世人

5. 本文主要想告诉我们什么？
   A. 培根晚年的经历 B. 《人生随笔》的写作过程
   C. 金钱并不总是能带来幸福 D. 英国历史上三个有名的案件

二、根据课文内容，判断正误

1. 培根曾因受贿罪被关入监狱。（ ）
2. 约翰在盛怒之下打死了儿子。（ ）
3. 兰姆在伊丽莎白女王死后开始疯狂贪污。（ ）
4. 通过研究那三个案子，培根发现了金钱的阴谋。（ ）
5. 三百多年来，人们一直在研究金钱的阴谋。（ ）

三、将下列词语和它们的正确解释连起来

1. 七窍生烟   A. 形容花钱没有节制
2. 大手大脚   B. 保持原样毫无改变
3. 忍无可忍   C. 自己感到喜悦舒适
4. 不堪回首   D. 形容生活奢侈豪华
5. 钟鸣鼎食   E. 无法考查验证
6. 原封不动   F. 形容气愤到了极点
7. 无从考证   G. 到了不能再忍耐的程度
8. 怡然自得   H. 不忍再回忆过去的事

四、简答题

1. 对于培根受贿的处罚是什么？

答：_____。

2. 为什么伦莎不愿意再见到弟弟？

答：_____。

3. 培根为什么要核实那三个案子？

答：_____。

五、回答问题

1. 儿子买一顶帽子为什么会让约翰如此气愤？
2. 介绍一下兰姆这个人。
3. 现在人们是怎样理解"金钱的阴谋"的？

七十三、懒惰的智慧

我们从小就听长辈们说起过懒汉，仿佛懒惰很不体面。实际上，没有我们这些懒汉，就没有社会的进步；没有我们这些懒汉，即使勤劳的人，一生中也会充满单调乏味的劳作。如晚饭后，一个小姑娘帮妈妈收拾餐具。她小心翼翼，把碗碟摞得高高的。这时妈妈就会冷言冷语地责备说："真是懒汉干活儿！"用不着经过几番训诫，这孩子就会养成滥用力气的习惯，即每次少拿一点儿碗，多往返几趟，把力气花在不必要的往返上面。结果，她长大了，总是忙碌得一副倦容。

大多数妇女都比男人容易衰老。不用说，这是由于一般妇女不如她们的丈夫懒惰。她们宁愿循规蹈矩，落个疲惫不堪，也不肯运用心智去偷懒取巧。

人类的一切进步想必都出自懒汉们想少走几步路的良苦用心。我们的远祖住在条件恶劣的山洞里，每次想喝水，都要走到溪水旁边才行。于是他们搞出了最初的水桶，用水桶可以把足够一天饮用的水一次提回家去。不过，倘若他们懒得连提水桶也不愿意，下一步不用说就是修建管道了，让水顺着管道从溪边一直流进屋子里。为了不必挑水翻山，水泵和水车就被发明了出来，这都是懒汉们后来的成就。

据说，一百多年前，有个叫汉弗莱·波特的少年，人家雇他坐在一台讨厌的蒸汽发动机旁边，每当操纵杆敲下来，就把废蒸汽放出来。他是个懒汉，觉得这活儿太累人，于是在机器上装了几条铁丝和螺栓，这样，阀门就可以靠这些东西自动开关了。这么一来，他不但可以脱身走掉，玩儿个痛快，而且发动机的功率立刻提高了一倍。他懒洋洋地发现了往复式发动机活塞的原理。

最杰出的工程师——人类动机的研究者弗兰克·B·吉尔布莱思，常常把各行各业优秀工人的劳动动作拍成影片，判断一种工作最少可以用几个动作完成。他发现，最优秀的工人毫无例外地全是懒汉，他们懒得连一个多余动作都不肯做。人们可以向这些人学习的东西最多。勤快一些的工人效率则要低得多，因为他不在乎把力气花在多余的动作上。一个称职的领导人也同样懒惰，凡是能吩咐别人为他干的事，他绝不亲躬。

精神的懒惰也同样促进了人类的进步。许多重要的规则和定理都是懒汉想出来的。这些人想在脑力劳动上寻找捷径。确立万有引力定律的人们准是些懒汉。他们探究各种互不相关的现象的根源，他们讨厌这种吃苦受累的事情。想想看，如果没有自由落体定律，那么，要确定苹果从枝头落到地上的时间，要确定猫从离地一英里的气球上掉到地上得多久，这该会多么麻烦！想想看，如果某些懒汉不曾建立"2＋2＝4"的规则，我们在生活中将会遇上多复杂的局面，将会碰到多么令人精疲力竭的麻烦啊！

其实，正是懒汉承担了促进文明发展的重任。现在是认真看待我们这些懒汉的时候了。我们身上寄托着人类的希望。

(1072 字)

(来源：http：//hi.baidu.com/benerge/blog/item/f0b4a31cfa3cb48a87d6b6fb.html

作者：F·C·凯利　译者：肖聿　有改动)

练　习

一、根据课文内容，选择正确答案

1. 传统的观念是

    A. 懒惰是一种智慧　　　　　　B. 懒惰是非常可耻的

    C. 懒汉无法使社会进步　　　　D. 勤劳的人一生都很乏味

2. 作者认为妇女容易衰老的原因是

    A. 过于勤劳　　　　　　　　　B. 不会偷懒

    C. 做事不用心智　　　　　　　D. 喜欢循规蹈矩

3. 作者认为人类的进步源于

    A. 生活　　　　　　　　　　　B. 懒惰

    C. 懒汉的发明　　　　　　　　D. 解决饮水问题

4. 弗兰克·B·吉尔布莱思的研究成果表明

    A. 领导人都很懒惰　　　　　　B. 懒汉的工作效率比较高

    C. 人们要向优秀的工人学习　　D. 只需要几个动作就可以完成一种工作

5. 作者写这篇文章的目的是
   A. 提醒人们正确看待懒惰
   B. 探讨人类文明是怎样进步的
   C. 介绍懒汉对社会进步的贡献
   D. 介绍历史上由懒惰而产生的发明创造

二、根据课文内容，判断正误
   1. 妈妈不喜欢孩子帮着她一起收拾餐具。（   ）
   2. 发明水桶的人准是一个懒汉。（   ）
   3. 汉弗莱·波特通过对蒸汽发动机的研究，发现了往复式发动机活塞的原理。（   ）
   4. 一个好的领导人不需要什么事都自己做。（   ）
   5. 定理和规则实际上是脑力劳动方面的一个捷径。（   ）

三、选词填空
   A. 小心翼翼　　B. 冷言冷语　　C. 循规蹈矩　　D. 精疲力竭
   E. 毫无例外　　F. 良苦用心　　G. 吃苦受累　　H. 互不相关

1. 社会瞬息万变，竞争日趋激烈，一个人如果总是习惯于_____，那么他将不会有任何进步，并最终将被社会淘汰。
2. 记者观察发现，行人要过斑马线也十分困难，必须_____地闪躲川流不息的汽车。
3. 李书福的聪明之处，就在于将_____的两件事成功捏合在一起。
4. 一位家长带孩子前往儿童医院看病，结果无论是挂号、交款，还是医生看病，所接触的人员都是_____，好像病人欠医生什么似的。
5. 和荷兰队再战5局，现在的中国队已经有些_____，在随后输掉比赛的那一刻，队员们的脸上甚至都有些漠然。
6. 如果爱人丝毫感觉不到他的_____和认真劲儿，恐怕对他来说就是最大的打击。
7. 我给别人的印象一般来说都比较严肃，有板有眼，_____。
8. 因此，婚前每一对恋人也应该做好为爱人心甘情愿地_____的准备，对爱人的缺点毛病宽容和谅解的准备。
9. 我跑遍每个汽车展台，各家公司_____地把一辆"新能源汽车"摆在各自展台最显眼的位置。
10. 一个父亲的_____，足以打动观众内心最真诚的怜惜与关切。

四、简答题
   1. 汉弗莱·波特为了偷懒，做了什么？
      答：_____。

2. 为什么说最优秀的工人全是懒汉？

    答：_____。

3. 文章中哪一句话最能概括本文的意思？

    答：_____。

五、回答问题

1. 懒汉干活儿的特点是什么？
2. 精神的懒惰是怎样促进人类进步的？
3. 你怎样看待懒惰？

七十四、致命真相

李时珍的《本草纲目》中，有一则方子，说癞蛤蟆的脑子可以治狂犬病，方法是：把癞蛤蟆烤熟之后吃下，不要让患者知道，则病就永不复发。

癞蛤蟆能不能治狂犬病，这个姑且不论，这个方子的有趣之处在于，它利用了心理疗法，不让患者知道，那么患者就永远不会得狂犬病。

这样说起来就有点儿唯心主义了，但心理暗示加重病情，则是经科学实验验证的结果。比如说假孕现象，有的女人害怕自己怀孕，或希望自己怀孕，虽然没有真怀上，但具备了怀孕的一切特征，甚至肚子都大起来，看来这个世界上还真有"人定胜天"的奇迹。

商纣王的宰相比干，被妲己挖了七窍玲珑心，还不死，还可以骑着马乱跑，碰到一个妇人在卖"无心菜"，当然据《封神演义》记载，这个妇人也是妲己假扮的。比干就问，菜可以无心，那么人如果无心会怎么样啊？妲己胸有成竹地说，人无心即死！于是比干这才长叫一声，口喷鲜血而亡。

反过来想一想，如果没有人告诉比干这句话，是不是他就可以一直长命百岁地活下去？心都没有了，其他病岂不更是小儿科？由此可见，并不是所有的真相都是好的，至少有一部分真相是致命的。所以有一种比较偏激的说法是聪明人反而命不长，浑浑噩噩却可以活上很多年。

这个结论告诉我们，不要有好奇心，知道自己得了什么病，反而会加重病情的蔓延，很多心理脆弱的病人，都不是死于疾病，而是死于恐惧。我的一个朋友，被狗咬了一口，也不一定是疯狗，但被狗咬了总是需要加倍提防的，于是他去打了狂犬疫苗，还在担心，不停地喝水，以提醒自己没有出现恐水的症状。

最近也出现了"恐艾症"。有人因为偶然的一次出轨，一失足成千古恨，就担心自己患了艾滋病，具备了艾滋的一切症状，翻医书，翻到哪里病就到哪里，自己先把自己吓死。当然，这种情况，告诉他真相是没有用的，他会以为大家全都在安慰他，最好的办法是请他看心理医生。

  但人的好奇心是无穷无尽的，并且也是推动人类社会向前发展的力量，怎么可能因为贪生怕死就放弃这种原动力呢？所以还是会出现那么多的探险家，不怕死，因为看不到真相，说不定比死还难受。

  这样说起来，人就面临两种选择，一种是为追求真理而死，一种是万事不动心，无知无欲地活，两种都有诱惑力。我个人的看法是，我愿意知道真相，但不愿意付出努力，我喜欢享受别人告诉我的真相，这样，我就成了一个天生的读报机器。

(938字)

(选自：《外滩画报》 作者：河马 有改动)

练 习

一、根据课文内容，选择正确答案

 1. 作者举出《本草纲目》中的药方是要说明
  A. 这个药方非常有效 B. 心理疗法所起的作用
  C. 这个方法其实没有用 D. 古代的治病方法很奇怪

 2. 比干的死是因为
  A. 他骑着马乱跑 B. 受了心理暗示
  C. 那个妇人杀了他 D. 他撞倒了一个妇人

 3. 文中的两个例子告诉我们一个什么道理？
  A. 心理暗示可以治病 B. 聪明人的寿命比较短
  C. 人是可以战胜自然规律的 D. 有些真相还是不知道为好

 4. 作者个人对好奇心的态度是
  A. 人不要有好奇心 B. 有没有好奇心都可以
  C. 没有好奇心比死还难受 D. 喜欢通过读报去满足好奇心

 5. 作者的生活态度是
  A. 希望自己变成读报机器 B. 要努力去追求各种真相
  C. 不愿自己努力去了解真相 D. 希望糊里糊涂活上很多年

二、根据课文内容，判断正误

 1. 癞蛤蟆治狂犬病的关键在于不能让患者知道。 (　　)

 2. 假孕现象说明人是能够战胜自然规律的。 (　　)

 3. 比干的故事出自《封神演义》这本书。 (　　)

4. 聪明人命不长是一种比较极端的说法。（　　）
5. 作者的朋友被狗咬了后很担心自己以后会怕水。（　　）
6. 有人因为偶然的一次出轨就得了艾滋病。（　　）

三、选词填空

A. 永不复发　　B. 姑且不论　　C. 胸有成竹　　D. 浑浑噩噩　　E. 长命百岁
F. 由此可见　　G. 无穷无尽　　H. 贪生怕死　　I. 一失足成千古恨

1. 从昨天的比赛来看，刘翔把节奏控制得非常好，可以说是对夺冠_____。
2. 前半生，他无疑是成功和辉煌的，至于他的后半生，成功与否_____，给我的一个直觉是，充满了错综复杂的悲剧色彩。
3. 因为在广告中声称"服用2至3疗程，高血压患者全面康复，_____"等，该药品广告昨天被中国广告协会批评多处涉嫌违法。
4. 四年大学都_____的，怎么还能指望最后这一下子学生就能认真起来？
5. 这笔交易的成效如何我们_____，单看费里的运作手段，不得不让人佩服。
6. 世界上有无数人，一辈子_____，碌碌无为。他们对自己一直平庸的解释不外是"运气不好"、"命运坎坷"、"好运未到"。
7. 优秀的候选人在介绍自己时要表现得_____、对专业驾轻就熟，当然还要表现得激情洋溢。
8. 我听有人这样说过："美丽的长春市坐落在吉林大学校区内。"_____吉林大学之大之美。
9. 知道事情来龙去脉的人都不由这样感慨：_____，再回头已百年身。
10. 打造一把"长命富贵锁"，戴在孩子颈上，或悬挂家中，可以消灾避祸，保佑孩子_____。
11. 沙场死人堆里摸爬滚打出来的人，当然不是_____之辈。
12. 浩瀚的湖中拥有_____的鲟鱼、鲱鱼、鲤鱼，给住在湖边的人们带来富足的生活。

四、简答题

1. 什么是假孕现象？
    答：_____。
2. "一失足成千古恨"是什么意思？
    答：_____。
3. 为什么会出现那么多探险家？
    答：_____。

五、回答问题

1. 比干听了那个妇人的话以后为什么会死？
2. 为什么说有些真相是致命的？
3. 分析一下好奇心的利与弊。

七十五、驾驭好欲望这匹野马

人类要在生活、事业和感情等诸多方面有所追求，有所造诣，有所成就，无不倚赖欲望的强力驱策。名利地位既可能成为束缚心灵的枷锁，也可能成为开启幸福的钥匙。如何获得名利地位？如何运用名利地位？如何保全名利地位？归根结底，便是如何驾驭欲望这匹桀骜不驯的野马，使之回归正途。

欲望的好处显而易见。首先它能造就英雄豪杰。我们不妨温习一下《史记·高祖本纪》。刘邦见到秦始皇出游的壮观场面，艳羡至极，这位天字第一号的野心家稍不留神便说漏了嘴："大丈夫当如是也！"王侯将相本无种，在权力欲望的煽惑、怂恿和驱动下，乡野村夫也敢生出非分之想和觊觎之心。中国民间谚语说得好，"狗嘴虽小，却想吞食天上的月亮。"欲望就是这样一张狗嘴，只要主人有能力有办法使它高倍数扩张，最终吞食一个月亮，吞食一个王朝，此等奇迹都是完全可能发生的。刘邦做了汉朝的开国君王，这是我们不用温习《史记》也一清二楚的事实。

其次，欲望能造就艺术家。情欲使荷兰画家梵高饱尝痛苦，深陷迷狂。他不顾旁人的劝阻，可以冒雨步行二十多里地去探望自己爱恋的表姐凯瑟琳；他不在乎外界的鄙视，可以与一个性情乖戾（lì）的老妓女席恩厮混两年时间；他用利刃割下耳朵，用子弹洞穿生命，只求泄去情欲的洪流。唯其如此，梵高的激情才能从内心径直奔注到画布上去，变成炫目的色块，洗亮世人的眼睛。

中国古代的哲学家悲天悯人，他们多半只看到欲望的负面和暗面，即残害性灵的那一面。老子的言论颇具代表性，比如："知足不辱，知止不殆，可以长久。"又比如："祸莫大于不知足，咎莫大于欲得，故知足之足常足矣。"都是教人知足常乐，不要另生非分之想，以免招灾惹祸。应该说，这种思想有它积极的一面，对于欲望膨胀的强者来说，它是神奇的醒酒汤；但这种思想的消极性也十分明显，对于欲望寡淡的弱者来说，它是烈性的催眠药。在此，我斗胆修正一下老子的思想，使之更切实际：富贵强人该当知足，知足方能惜福，惜福方能安泰；贫穷弱者该当不满，不满方能进取，进取方能成功。同样是骑着欲望这匹野马，二者的策略理应有所区别，强者要低调小心，弱者则要高歌猛进。

世间的大成功者无一不是驾驭欲望的超一流骑手。但欲望的野马一旦脱缰，结局则颇为不妙。罔顾祸患的骑手把鞭子扬得越高，欲望的野马便越容易颠踬（zhì）。奇怪的是，许多选手无视前车之鉴，纷纷重蹈覆辙。细想来，原因只有一个，那就是利令智昏。

(963字)

(选自：《今晚报》 作者：王开林 有改动)

练 习

一、根据课文内容，选择正确答案

1. 第一段的主要内容是
   A. 欲望的作用 　　　　　　B. 如何驾驭欲望
   C. 名利地位的好处与坏处 　D. 人类在各个方面的追求

2. 刘邦看到秦始皇出游的情景
   A. 觉得非常有意思 　　　　B. 产生了当皇帝的欲望
   C. 觉得这就像狗嘴吃月亮 　D. 产生了结婚当丈夫的想法

3. 刘邦的故事是要说明
   A. 中国民间的谚语说得非常正确
   B. 欲望可以使一个普通的农夫成为一代帝王
   C. 无论是国王还是将军其实本来都是普通人
   D. 《史记》这本书记录了很多英雄豪杰的故事

4. 作者认为画家梵高之所以能够成功是因为
   A. 他曾经饱尝痛苦 　　　　B. 他的爱情不合常理
   C. 他的画色彩非常明亮 　　D. 他有着超乎常人的情欲

5. 中国古代哲学家老子的观点是
   A. 对待欲望要有不同策略
   B. 欲望是有害的，会导致灾祸
   C. 对弱者来说欲望是非常有害的
   D. 欲望能够让那些强者迅速警醒

6. 最后一段的大意是
   A. 优秀的骑手欲望往往很强烈
   B. 欲望是一匹很难驾驭的野马
   C. 欲望能让人成功也会导致失败
   D. 欲望的野马能让人失去理智

二、根据课文内容，判断正误

1. 正确地利用内心的欲望可以使人获得成功。（   ）
2. 刘邦是汉朝的第一个皇帝。（   ）
3. 中国古代哲学家大都主张克制欲望。（   ）
4. 作者完全不同意古代哲学家的观点。（   ）
5. 成功者成功的原因只有一个，那就是利令智昏。（   ）

三、将下列词语和它们的正确解释连起来

1. 归根结底　　　　A. 性格别扭，不合情理
2. 桀骜不驯　　　　B. 想得到不属于自己的好处
3. 回归正途　　　　C. 知道满足，就总是快乐
4. 非分之想　　　　D. 比喻不吸取过去的教训，重犯过去的错误
5. 悲天悯人　　　　E. 归结到根本上
6. 性情乖戾　　　　F. 非分的希望或企图
7. 知足常乐　　　　G. 性格暴烈，不顺从
8. 高歌猛进　　　　H. 比喻先前的失败，可以作为以后的教训
9. 重蹈覆辙　　　　I. 回到正路上来
10. 前车之鉴　　　　J. 因贪图私利而失去理智
11. 利令智昏　　　　K. 形容在前进的道路上，充满乐观精神
12. 觊觎之心　　　　L. 哀叹时世的艰难，怜惜人们的痛苦

四、简答题

1. 名利地位的利弊是什么？
   答：_____。
2. 老子教人知足常乐的代表性言论是什么？
   答：_____。
3. 中国古代哲学家怎样看待欲望？
   答：_____。

五、回答问题

1. 欲望的好处是什么？
2. 作者对待欲望的态度是什么？
3. 读完本文之后，你认为应该怎样对待欲望？

七十六、《靠近你　温暖我》剧情介绍

　　本剧是一部非传统意义上的都市情感剧,并行讲述三个处于非正常情感状态的女人如何一步步走出心理困境,重新寻找情感并超越自己的故事。

　　故事中包含了"第四者"、"精神出轨"、"性骚扰"、"无性婚姻"、"性别异化"等社会敏感话题。

　　丁爱羽,一家策划公司的职员。她像一个披荆斩棘的感情斗士,屡战屡败,屡败屡战。可她的感情好像是个宿命,永远摆脱不了第三者的位置,没有男人可以为了她抛妻弃子,她只能被别人抛弃。屡次失败的感情,让她开始游戏感情,可真到那个男人纪霄云愿意为她离婚的时候,她的良知又承受不住了。她不忍心看到由于自己对感情的放纵毁掉一个家庭。她的善良感动了翁立明,翁立明渐渐对她产生了好感,但碍于与纪霄云的友情,翁立明始终处于一种"第四者"的位置,直到纪霄云出走,他们才艰难地走到一起,但是却发现在他们的生活中纪霄云依然无处不在。在经历了一系列的是是非非之后,丁爱羽选择了黯然退出。丁爱羽最终能找到一份完完全全属于她自己的感情吗?

　　方可舟,杂志社编辑。夫妻生活从平淡到冷漠,她由担心、痛苦直至绝望。婚姻已经临近破裂,离婚成了势在必行的结果。一个偶然的机会,方可舟邂逅(xièhòu)了杨怀特,一个认真、热情、充满活力的男人,给她的生活带来梦幻和希望,也间接成了她与罗建军离婚的诱因,为此方可舟感到内疚不安。而罗建军也向她坦白了自己离婚前的出轨,方可舟由最初的愤怒、不肯接受,到认识到他们之间已经不存在任何承诺,从而平静而宽容地接受了事实。他们相互祝福和帮助,重新面对生活。此时方可舟发现,抛开了夫妻这层关系,她与罗建军竟然可以成为推心置腹的朋友。然而,当最初的新鲜感被固有的生活惯性所替代时,方可舟才发现过去的一点一滴是那么难以磨灭,才逐渐明白生活的本质是什么。除夕夜里,方可舟和罗建军再度相聚在他们曾经的家,两人能否找回曾经走失的感情呢?

　　谢香枚,广告公司部门经理。她瘦弱的肩膀独自挑起了全家的经济重担!在生活的压力下,她只有拼命工作,不知不觉中,性格变得越来越刚强,女性的温柔在她身上消失殆尽。但是,她是多么渴望能有个肩膀给她依靠。因为工作,她几乎没有时间去恋爱。另一方面,谢香枚发现由于自己在家里的特殊经济地位,家里人对她小心翼翼,她觉得亲情在金钱的包围中变味了。一个在社会和家庭都无法获得安慰的女人,寂寞已浸入骨髓。直到林丹青出现,这个男人不停地和她作对、抗拒,却在一点一滴地影响她、感染她,并且改变着她。正是这个男人慢慢修复了她天性中的娇羞与风情,同时也改善着她与家人的关

系。虽然他们之间也曾出现过感情危机，他们还是通过努力而变得坚强，携手共同面对问题。这个曾经那么孤独无助的女人，终于有了另一半帮她一起支撑。

如果我们始终坚持真诚和善良，以感情赢得感情，以心灵感受心灵。靠近你，温暖我自己，爱可能是我们走出困惑的唯一答案

(1151字)

练 习

一、根据课文内容，选择正确答案

　　1. 该剧讲述的是
　　　　A. 爱能战胜一切　　　　　　　B. 一些社会敏感话题
　　　　C. 三个女人的情感故事　　　　D. 一些关于第三者的故事
　　2. 关于丁爱羽，下列哪种说法正确？
　　　　A. 她总是充当"第三者"　　　 B. 她最终选择了翁立明
　　　　C. 她真正爱的是纪霄云　　　　D. 她对感情一向很认真、执著
　　3. 关于方可舟与罗建军，下列哪种说法正确？
　　　　A. 他们即将离婚　　　　　　　B. 他们很友好地分手了
　　　　C. 他们一直是很知心的好朋友　D. 他们因为都有了外遇，所以分手了
　　4. 关于谢香枚，下列哪种说法正确？
　　　　A. 她总是在渴望依靠　　　　　B. 她一直不喜欢林丹青
　　　　C. 她的生活因爱而改变了　　　D. 她与家人的关系非常好
　　5. 这部电视剧最想要传达给人们的是
　　　　A. 不要做第三者　　　　　　　B. 女人一定要温柔
　　　　C. 爱情需要彼此真情的付出　　D. 外遇并不一定会影响婚姻

二、根据课文内容，判断正误

　　1. 丁爱羽谈过很多次恋爱，大都以失败告终。　　　　　　　　　（　　）
　　2. 丁爱羽最后嫁给了翁立明。　　　　　　　　　　　　　　　　（　　）
　　3. 方可舟和罗建军离婚后成了好朋友。　　　　　　　　　　　　（　　）
　　4. 谢香枚身上根本就没有女人味。　　　　　　　　　　　　　　（　　）
　　5. 谢香枚和林丹青最后走到了一起。　　　　　　　　　　　　　（　　）

三、选词填空

　　A. 披荆斩棘　　B. 势在必行　　C. 推心置腹　　D. 屡战屡败

　　E. 不知不觉　　F. 难以磨灭　　G. 消失殆尽

1. 在文化体制改革的大背景下，曲艺理论和艺术形式的创新已经箭在弦上，_____。
2. 随着社会的发展，立夏的许多民间习俗已_____。
3. 队员们在黑夜里一路_____，有的被树枝荆棘划破了手和脸，有的被树丛石块绊倒了，但没有一个人抱怨。
4. 狼吞虎咽地快速吃饭，会在_____中把胃撑大导致肥胖。
5. 由于家庭用于儿童消费的数额和儿童个人消费快速增长，家庭和学校开展理财教育_____。
6. 追忆往事，特老不时发出顽童般的笑声，从他_____的记忆里，我们捕捉了许多动人的故事。
7. 在投篮训练前，他和队员们_____地谈了谈自己的想法。
8. 几番应聘面试都败下阵来，她当初的自信基本_____，开始变得心灰意冷。
9. 宋朝经济繁荣，文化灿烂，但宋朝在军事上却打不过辽、金、西夏、蒙古，_____，直至灭亡。
10. 这段艰苦的生涯已经给她们的人生留下了_____的成长印记。

四、简答题

1. 本剧的剧情梗概是什么？
　　答：_____。
2. 本剧都触及了哪些社会敏感话题？
　　答：_____。
3. 杨怀特是一个怎样的人？
　　答：_____。

五、回答问题

1. 丁爱羽为什么没有和纪霄云走到一起？
2. 谢香枚的家庭对她产生了怎样的影响？
3. 如何理解"靠近你，温暖我"？谈谈自己的看法。

七十七、评阎连科长篇新作《受活》

作为一个在小说领域充分自信的作家，阎连科长篇新作《受活》的完成不仅对作家本人来说意义非凡，而且对于日渐疲软的当代中国小说界而言，更是一种充满刺激性和建设性的力量。在小说《受活》中，作家以超凡的语言能力建构了一个融梦幻和现实图景于一体的想象世界，以对人性的深刻剖析和戏剧性凸现为这个世界的核心，并伴以高强度的幽默感和狂欢化叙写，读之令人感到一种奇崛的流畅，朴素的繁复。评论界把《受活》称为"一部狂想现实主义的力作"。

小说虚构了一个叫受活庄的地方，这是一个遗世独立、鲜为人知的村落，所有村民都天生残疾，视健全者为另类。主人公柳县长异想天开，想用重金购买列宁的遗体以发展旅游经济。在这一过程中，受活庄被柳县长惊喜地发现了，于是，这个由残疾人组成的村庄开始了走向外部世界的不归路：村民们组建了绝术团，人人身怀绝技，尽情挥洒才艺。绝术团在柳县长的带领下红遍方圆百里。作者除了在描写绝术团的惊人表演时泼墨如涛之外，还着力塑造了柳县长这样一个有代表性的人物。他心思机敏，敢想敢干，他在考虑到生前荣誉之余，还把更大的梦想寄托在自己的身后。他要把自己埋在列宁纪念堂中，并在棺材上写上"永垂不朽"。小说的故事内容和人物命运都具有明显的荒诞感和扭曲形态，但却和某些我们熟悉的当下社会图景构成了尖锐、复杂而激烈的对话，作者在写作过程中始终保持着连贯的激情，并把激情表现得诗意盎然，野性十足。

《受活》在每个章节的结尾都有一个絮言作为补充，这种结构使读者能够在密度很高的叙述中间稍作停顿或者休息，同时絮言和正文的不同口吻也让读者的阅读心理得到调节，使小说的艺术空间变得更为开阔。另外《受活》里的絮言还带有注解的意思，比如，关于"受活"一词："受活"是河南方言，方言的指向不是很明确，作家很难用普通话里的某一个词来替代——比如在普通话里"爽"字可能最接近它的意思，另外也有自由、忍耐、苦中作乐的意思。

《受活》这部小说无论从思想性还是从艺术表现力来看，对读者都构成了巨大的冲击力。我相信，每个读者都能从"受活庄"的奇特命运中窥见祖先的阴影或者自身经历的一些镜像，都能在阎连科强劲的叙述中领悟到小说奇伟的想象力和语言菁华。

（893字）

（来源：千龙文化　作者：石一龙　有改动）

练 习

一、根据课文内容，选择正确答案

1. 本文最有可能是一篇
   A. 新闻报道　　　　　　　　B. 文学评论
   C. 电影故事介绍　　　　　　D. 小说内容简介

2. 下面哪一句最能概括《受活》的艺术特点？
   A. 狂想现实主义作品　　　　B. 梦幻现实主义作品
   C. 充满戏剧性和幽默感　　　D. 充满刺激性和建设性

3. 受活庄最大的特点是
   A. 它是上个世纪遗留的小村庄　　B. 村民全部都是天生的残疾人
   C. 村民个个都有一种绝妙的技术　D. 村里有一个非常有名的绝术团

4. 柳县长最大的梦想是
   A. 发展旅游经济　　　　　　B. 死后能永垂不朽
   C. 让绝术团红遍全国　　　　D. 要最大可能地获得荣誉

5. 下面哪一项不是《受活》每一章结尾处絮言的作用？
   A. 调节阅读心理　　　　　　B. 扩展艺术空间
   C. 使叙述稍作停顿　　　　　D. 解释"受活"的含义

二、根据课文内容，判断正误

1. 当代中国小说充满刺激性和建设性。　　　　　　　　　　　　（　）
2. 受活庄是作者生活过的河南的一个小村庄。　　　　　　　　　（　）
3. 《受活》是一部充满激情的小说。　　　　　　　　　　　　　（　）
4. 《受活》中，絮言和正文的语言特点有所不同。　　　　　　　（　）
5. 《受活》是一部令读者感到震撼的作品。　　　　　　　　　　（　）

三、选词填空

　　　A. 日渐疲软　　B. 鲜为人知　　C. 异想天开　　D. 诗意盎然　　E. 苦中作乐

1. 笔者追踪采访了当事人并参考文档资料，写下事件背后一些_____的故事。
2. 在今天看来，提出"一次性笔记本电脑"的概念绝对是_____，甚至是荒谬的。
3. 芬芳的青草、馥郁的桂花、点缀的野花，人们三三两两，在绿地间的小径悠闲地行走，在轻舞的芦花前驻足留影，构成了一幅幅_____的图画。
4. 在父母眼里_____的孩子的想法，说不定日后就会成为震撼世界的创意的开始呢。

5. 很少出演军事题材电影的郭晓冬表示，虽然在战壕里摸爬滚打十分辛苦，但他_____。
6. "限购令"实施满一年，效果显现，开发商再拾降价、赠礼等形形色色的促销策略，以讨得消费者的欢心，应对_____的市场。
7. 考研不仅要有学习的方法技巧，体能的支持，还要有持之以恒的决心和_____的乐观主义精神。
8. 工作之余，他带着相机，走进大自然，以他对大自然无限的热爱之情，拍下了一张张_____、生机勃勃而又不乏哲理的摄影名作。

四、简答题

1. 柳县长是一个什么样的人物？
   答：_____。
2. 受活庄是一个什么样的地方？
   答：_____。
3. 读者能从这部小说中看到什么？
   答：_____。

五、回答问题

1. "受活"是什么意思？
2. 简要介绍一下这部小说的内容。
3. 介绍一下这部小说的艺术特点。

七十八、论"言之无物"

还有一个问题：本源性的语言，本源性的言说方式，"言之无物"。比如说，爱情中的语言，就是"言之无物"的。今天讲座之前，我在你们校园里转了一圈，看到一对一对的恋人谈情说爱。你观察一下，就不难发现：爱人之间的话语，只有两种情境：

第一种情境是：通常是那个男孩儿，在那里长篇大论，叽叽呱呱、滔滔不绝、喋喋不休。（众笑）回头那女孩儿问他："你刚才说什么来着？"男孩儿也愣愣地说："是啊，我刚才说什么来着？"（众笑）热恋中的言说，听起来不知所云。这就是爱的语言："言之无物"。爱的语言是"无所指"的，并不像索绪尔所说的语言符号，有一个能指，有一个所指。

这里无所指，并没有弗雷格所说的那种对象性的"指称"，只有爱在显现。所以我说：本真的言说方式乃是"言之无物"的。你们试想，在热恋中的说话，如果真有所指，谋划、策划某个具体的事务，那就大煞风景、大败胃口了，就太破坏情调了。

另一种情境：两人"相顾无言"。当然，不一定"唯有泪千行"。[1]（众笑）这里什么也没有说，但"此时无声胜有声"，却在传达着信息。（姑且称之为"信息"吧，这当然是不太好的表达。）其实，朋友之间也是一样的，"相视而笑，莫逆于心"。[2] 这种无声的言说，海德格尔所谓"无声的宁静"、"大道的言说"，就是"天命"。孔子说："天何言哉？"[3] 是啊，天不说话；但它在"命"着，"命"就是口令，就是在传达消息。所以孔子说："四时行焉，百物生焉。"万物、一切存在者都由此生成。情感的显现在语言当中的表达，是先行于物、先行于任何存在者的。诗歌就是这样的言说方式。比如你读李白的诗："床前明月光，疑是地上霜。"[4] 诗中出现了很多形象，床啊、明月啊、地啊、霜啊什么的，但这些都不是东西，不是存在者、物，只是情感的显现而已，所以，你不能用对象化的方式、打量物的眼光去看它们。你不能去追问：这是什么床啊？是钢丝床、还是席梦思呢？上铺还是下铺啊？单人床还是双人床啊？（众笑）其实，李白这首诗是"言之无物"的，这里只有情感的显现。什么情感？思乡之情。为什么"思故乡"？因为爱故乡啊！这就是爱嘛。

大家知道四川的大文豪苏东坡，有一首很棒的词《水龙吟》，咏杨花："春色三分，二分尘土，一分流水。"[5] 写得多美！可是，我曾经看到过一个学究的解释。他是怎么解释的呢？他说：春天来了，杨花被吹下来了，三分之二吹到了地面上，三分之一吹到了水面上。（众笑）多么准确啊！多么科学啊！但再也没有诗了。其实，这里并不需要任何解释，我本来读得明明白白的，看了他的解释，我反倒糊涂了。（众笑）其实人家苏东坡下文还写道："细看来，不是杨花，点点是离人泪。"

人家没有写杨花嘛！甚至连"泪"也没有：言之无物，唯有情感的显现。所以，王国维说：词有两种境界，最高的境界就是"无我之境"，就是"不知何者为我，何者为物"[6]。既然无物、无我，也就没有"主—客"架构。

(1159 字)

(选自：《生活与爱——生活儒学简论》 作者：黄玉顺 有改动)

注释：

1. 出自苏轼《江城子·记梦》："十年生死两茫茫！不思量，自难忘。千里孤坟，无处话凄凉。纵使相逢应不识，尘满面，鬓如霜。夜来幽梦忽还乡。小轩窗，正梳妆。相顾无言，唯有泪千行。料得年年肠断处，明月夜，短松冈。"
2. 出自《庄子·大宗师》："四人相视而笑，莫逆于心，遂相与为友。"
3. 出自《论语·阳货篇》："子曰：'天何言哉？四时行焉，百物生焉，天何言哉？'"意思是：孔子说："天何尝说话呢？四季照常运行，百物照样生长。天说了什么话呢？"
4. 出自李白《静夜思》："床前明月光，疑是地上霜。举头望明月，低头思故乡。"
5. 苏轼《水龙吟》全诗："晓来雨过，遗踪何在？一池萍碎。春色三分，二分尘土，一分流水。细看来，不是杨花，点点是离人泪。"

6. 出自王国维《人间词话》："无我之境，以物观物，故不知何者为我，何者为物。"

练 习

一、根据课文内容，选择正确答案

1. 本文最有可能节选自
   A. 一篇小说　　　　　　　　B. 一篇讲话稿
   C. 一部哲学著作　　　　　　D. 一部语言学著作
2. 作者举谈恋爱的例子是为了说明
   A. 恋爱中的男孩儿话太多　　B. 什么叫"言之无物"
   C. 恋爱通常有两种情景　　　D. 索绪尔的观点是错误的
3. 作者分析李白的诗歌是为了证明
   A. 这是一首表达思乡之情的诗歌
   B. 诗歌的语言常常不能仔细去分析
   C. 诗中的每一个形象都体现着一种感情
   D. 感情在语言中的表现是超越存在物的
4. 作者提到《水龙吟》这首词是为了
   A. 介绍大文豪苏东坡　　　　B. 介绍如何具体分析诗词
   C. 说明这首词表达的意境　　D. 说明诗词中的感情很难具体分析
5. 本文中"言之无物"指的是
   A. 诗词的一种表达方式
   B. 表达情感的语言是无所指的
   C. 真正的感情是不需要语言表达的
   D. 表达爱情的语言不需要有实际意义

二、根据课文内容，判断正误

1. 作者是这个大学里的老师。　　　　　　　　　　　　　　（　）
2. 作者认为在热恋时谈论具体的事务是不恰当的。　　　　　（　）
3. 有一种恋爱的方式是两个人在一起却什么话也没有。　　　（　）
4. 作者很想明白李白诗中的"床"是指什么床。　　　　　　（　）
5. 苏东坡的《水龙吟》其实是写离别的哀愁。　　　　　　　（　）

三、将下列人物和文中提到的他们的观点或诗词连起来

1. 索绪尔　　　　A. 词的最高境界是"不知何者为我，何者为物"
2. 弗雷格　　　　B. 天何言哉？……四时行焉，百物生焉
3. 海德格尔　　　C. 床前明月光，疑是地上霜
4. 孔子　　　　　D. 春色三分，二分尘土，一分流水
5. 王国维　　　　E. 语言符号应该是有一个能指，有一个所指
6. 李白　　　　　F. 语言符号有一种对象性的"指称"
7. 苏东坡　　　　G. 无声的宁静、大道的言说

四、简答题

1. 爱的语言有什么特点？
   答：_____。
2. "此时无声胜有声"是什么意思？
   答：_____。
3. 作者反对怎样的诗词欣赏方式？
   答：_____。

五、回答问题

1. 介绍一下恋爱的两种情境。
2. 介绍一下"天何言哉？"的含意。
3. 找出文中最能概括本文意思的一句话。

七十九、晋商起源于盐

　　晋商的起源至今仍是一个谜。有学者把晋商的产生归因于土地与人口的矛盾，农业不足以维持生计，故而经商；有学者把晋商的产生归因于有利的地理环境，山西位居中部辐射四方，有经商之利；还有学者把晋商的产生归因于晋人的勤劳与传统文化。这些解释都可以解释一些现象，但都似是而非。土地与人口的矛盾是全国性问题，为什么只有山西产生了晋商？处于中部地区的还有河北、河南等省，为什么没有冀商、豫商？传统文化最发达者并不是山西，勤劳乃中华民族之美德，为什么独有山西人成为晋商？

　　古代贸易遵循的原则并不是今天的比较优势原理，而是互通有无。中国丝绸通过丝绸之路进入欧洲，不是因为中国在丝绸的生产上有比较优势，而是因为欧洲无丝绸。在自给自足的自然经济中，贸易只是经济生活的一种补充。能拿到其他地方卖的，只能是那些地方需要而又无法生产的东西。一个地方只有具有一种人无己有的东西，当地才有人能去经

商,山西人有幸能经商就在于他们有这样一种东西——盐。盐是生活不可或缺的东西,但并非到处都能生产。

当我们研究晋商的发展时,可以发现,晋商是从南部开始,向北发展,在晋中一带(平遥、祁县、太谷)达到顶峰的。晋商之所以从南部开始,就在于盐的产地在晋南。在山西南部的运城与解州之间有一个长约50里的天然盐池。从远古时代起,人们就知道从盐池中捞取自然结晶盐。这一带古称河东或潞州,因此这里的盐称为河东盐或潞盐。盐池的盐是取之不尽用之不完的。在古代,谁控制了这个盐池,谁就控制了可以横行天下的无尽财富,传说中黄帝和炎帝就是为控制这个盐池而大动干戈。我们无法证实这个传说,但战争起源于经济利益的确是公认的真理。

我们通常把商人称为"商贾",行商曰商,坐商曰贾,故有行商坐贾之说。据考证,"贾"字出于古代的"鹽",就是指解州的池盐。说中国商业的起源与盐密切相关,是有道理的。晋商起源于山西南部正在于它产盐。

夏、商、周三代以中原为中心,这时就有山西人贩盐了。春秋时期,晋文公"轻关、易运、通商、宽税"的政策促进了商业。周朝的史书《国语》中记载:绛邑富商"其财足以金玉其车,文错其服,能行诸侯之贿"。绛邑就是指的今天山西南部的一些地区。富可敌国的山西商人们,坐着用金玉装饰的豪华马车,穿着华丽的服装,来往于宫廷之中。

盐造就了中国古代第一批大商人,他们中有许多是占有资源优势的山西人。这种经商的传统一直延续下来,汉时有与匈奴交易的聂壹,后来有到辽东经商的王烈。魏晋南北朝时期,莫含"家世货殖,资累巨万"。隋唐时武则天之父身为大木材商,成为李氏起兵的经济后盾。不过,晋商成为一个以地域为纽带的大商帮,还在于北宋以后政策的改变——盐业的国退民进。到了明清,晋商进入鼎盛时代,仅山西几个县城中的富户的家产相加,数量就超过了一亿两白银,这个数量甚至比当时国库存银还要多。

(1142字)

(选自:http://ywh.suse.edu.cn/ 作者:梁小民 http://blog.sina.com.cn/zhuge66)

练 习

一、根据课文内容,选择正确答案

1. 作者认为山西之所以产生了晋商,是因为山西
    A. 南部产盐　　　　　　　　B. 具有地理优势
    C. 人民勤劳、聪明　　　　　D. 农业非常不发达

2. 中国丝绸进入欧洲，是因为
   A. 中国丝绸比较好　　　　　　　B. 欧洲根本没有丝绸
   C. 中西方之间有一条丝绸之路　　D. 丝绸已经满足了国内的需要
3. 在古代，控制了盐池就意味着
   A. 可以经商　　　　　　　　　　B. 可以打败敌人
   C. 控制了无尽的财富　　　　　　D. 控制了天下的权力
4. 明清时期，晋商们_____
   A. 逐渐衰败　　　　　　　　　　B. 可以统治天下
   C. 财富超过国库　　　　　　　　D. 可以和皇帝抗衡
5. 本文探讨的是
   A. 晋商产生的原因　　　　　　　B. 山西人经商的历史
   C. 山西人经商的优势　　　　　　D. 晋商在历史上发挥的作用

二、根据课文内容，判断正误

1. 关于晋商的起源已经有定论。　　　　　　　　　　　　　　　　（　　）
2. 在自给自足的自然经济中，贸易是经济生活的主体。　　　　　　（　　）
3. 山西中部的商业是最发达的。　　　　　　　　　　　　　　　　（　　）
4. 中国商业的起源与盐密切相关，因为"贾"字源于古代的"鹽"。　（　　）
5. 北宋以后盐业政策的改变促进了晋商的发展。　　　　　　　　　（　　）

三、选词填空

　　A. 似是而非　　B. 不可或缺　　C. 大动干戈　　D. 富可敌国
　　E. 横行天下　　F. 互通有无　　G. 自给自足　　H. 取之不尽

1. 现在不管是股票还是基金，都已成为百姓生活中_____的一部分。
2. 原本关系不错的两邻居，只为了一尺宽的过道而发生争执，进而_____，险些致两人丧命。
3. 对每一个考生而言，一个知识点可能是百分之百掌握的，也可能是_____、模棱两可的，还有可能是完全不会的。
4. 很多人都怀疑科比老了，再也不是当年那个_____的飞侠了，甚至开始指责他拖了湖人的后腿。
5. 随着中国经济的进一步发展，未来5到10年，中国经济的造富功能或许会令全球震撼，诞生一批_____的超级富商。
6. 在这些让人望之揪心的数据面前，谁还能说水是_____、用之不竭的呢！
7. 新年给家添新意，其实也不必_____，更换一盏时尚的灯具，不失为一种最便捷、最划算的居家迎新方式。
8. 川江流域自古以来物产丰富，正是这丰富的物产和川江上下人们_____的愿望催生了这里的航运业，并带着它一步步走向繁荣。
9. 中华环保联合会等各种环保组织正在成为推动我国环保事业发展的_____的重要社会力量。
10. 自然经济是一种以_____为特征的经济形式。
11. 他要在浙江和俄罗斯之间搭建起一座_____的桥梁，把浙江作为一个整体推介出去，将俄罗斯发达的重工业人才、技术、资源等带进来。
12. 我们今天在经济领域有很多_____的命题，因为不断被重复，久而久之就成为定论了，大家也就都相信了。

四、简答题

1. 为什么晋商起源于山西南部？
   答：_____。
2. 山西人贩盐最早在什么时候？
   答：_____。
3. "其财足以金玉其车，文错其服，能行诸侯之贿"这句话的大意是什么？
   答：_____。

五、回答问题

1. 古代贸易遵循什么原则？试举例说明。
2. 盐在古代具有怎样的意义？
3. 历史上都有过哪些著名的晋商？

八十、鲲鹏展翅逍遥游——庄周

庄周是战国诸子中道家的代表人物，他生活的时代正是战国中期，征战频繁，王权更迭，生活无序，儒墨两家提出的社会理想在庄周看来都是各执一端、于世无补。在这样的情况下，庄周对社会和现实政治采取了逃避态度，他拒绝了高官厚禄，把自己的目光由社会政治生活转向更为宽广的自然界领域，由现实生活转向理想境界，提出了"天其运乎？地其处乎？日月其争于所乎？"（《庄子·天运》）等一系列科学宇宙论问题，渴望超越现实的人生痛苦。庄周的思想独树一帜，在老子以后的先秦道家各派中影响最大，后世往往以"老庄"并称。《庄子》一书比较完整地保存了庄周对时代与人生的解答。

《庄子》继承了《老子》的道论，经验世界为"物"，指有形、有声、有色的具体事物；超经验世界为"道"，指无形无象、不可感觉而又有情有信、可传可得的存在，是产生天地、鬼神与上帝的本根，它弥漫宇内、贯穿古今，无时无刻不在。庄周认为，立足于

"物"的经验世界与立足于"道"的超经验世界的人,其思想境界和认识结果是迥异的。前者只会从具体事物的一偏之见出发,发现事物之间各有差异,世界充满矛盾,人生尽是痛苦。后者则能超越"物"的束缚,发现各种事物、各种矛盾都处于不断转化之中,细小的草茎与粗大的屋柱,丑陋的厉与美貌的西施,都可以通而为一,甚至事物的性质、差异都可以完全颠倒。这种"天地与我并生,万物与我为一"(《庄子·齐物论》)的境界,能给人无限的满足,使人从生活的困顿、人生的痛苦中解脱出来,获得心灵的自由。

《庄子》给人们指出了一条从现实生活的困顿中获得自由和解脱的道路。这种对自由的向往和对现实的超越,是庄周思想的精华,他给在现实生活中痛苦挣扎的人们开辟了一片逍遥的精神家园,使人们的心灵有慰藉、养息、安顿之所。与儒家积极入世的精神相比,庄子的精神是超然的、出世的,这两种人文精神在历史发展中相互补充、各有所成,共同塑造了中国知识分子的性格。

《庄子》一书在先秦诸子散文中是文学成就最高的,其总体风格为"汪洋恣肆",具有丰富的想象力,极富浪漫主义气息,能够用生动的艺术形象来说明异常抽象的哲学道理。《庄子》中很大篇幅都是用各种神话、寓言来隐喻抽象的哲学道理。

总之,《庄子》在许多方面深刻影响了后世,最主要的是浪漫主义的文学气质,让后世许多大家争相效仿之,比如李白、苏轼等。《庄子》铺张扬厉的写法对汉赋的发展也有一定影响。此外,在《庄子》中首次出现了"小说"这个词,它里面丰富的语言和神话故事也成为后世小说创作的重要素材。

(1021 字)

(选自:《知道点中国文学》,世界图书出版公司出版 作者:许亮)

一、根据课文内容,选择正确答案

1. 庄周是哪种思想的代表人物?

   A. 道家 B. 儒家

   C. 墨家 D. 法家

2. 庄周思想的精华是

   A. 浪漫主义的文学气质

   B. 对时代与人生作出了解答

   C. 对自由的向往和对现实的超越

   D. 把世界分为了经验世界和超经验世界

3. "天地与我并生，万物与我为一"的境界是指
   A. 事物的性质、差异都可以完全颠倒
   B. 人可以在世间万物中开辟一片逍遥的精神家园
   C. 世间万物都处在不断转化中，都可以通而为一
   D. 人只要从困顿痛苦中解脱出来就能获得心灵自由
4. 从文学角度来看，《庄子》最大的特点是
   A. 比较完整地保存了庄周对时代与人生的解答
   B. 它的超然出世的精神塑造了中国知识分子的性格
   C. 极具浪漫主义气息，对后世的文学发展产生巨大影响
   D. 给人们指出了一条从现实生活的困顿中获得自由和解脱的道路
5. 本文主要介绍
   A. 庄周这个人　　　　　　B. 《庄子》这本书
   C. 道家的一些观点　　　　D. 庄周的哲学思想

二、根据课文内容，判断正误
   1. "老庄"是后世对庄周的尊称。　　　　　　　　　　　　　　（　）
   2. 庄周对儒家和墨家提出来的社会理想都不赞同。　　　　　　（　）
   3. 《老子》是庄周的第一本哲学著作。　　　　　　　　　　　（　）
   4. 《庄子》中有很多神话、寓言故事。　　　　　　　　　　　（　）
   5. "小说"这个词源于《庄子》一书。　　　　　　　　　　　　（　）

三、选词填空
   A. 各执一端　　B. 高官厚禄　　C. 独树一帜　　D. 立足于　　E. 争相仿效
   1. 我虽没有_____，但我很富有，因为我有知识和良知。
   2. 中西医结合治疗最重要的是_____现代医学，以传统医学的方法和手段，挖掘有效的传统方法。
   3. 双方在试点方案上_____，不断地讨价还价，导致该方案数度流产，未能在规定的5月底如期出台。
   4. 在这种情况下，经济合作部门既要着眼于尽可能统一机构，又要_____发挥各自优势，理顺内部职能，创造性地开展工作。
   5. 此举一出，各品牌的化妆品_____，专柜成为了展示公司产品与形象的窗口。
   6. 全国首个普洱茶大卖场，以_____的方式推广普洱茶文化，通过学茶、爱茶、乐茶，让人人都能喝得起普洱茶。
   7. 因为双方各有心烦之事，又缺少沟通，所以你看我不惯，我看你不顺眼，小题大作，互相发泄，而且小事大事扯在一起，_____，互不相让，以至形成僵局。
   8. 他的别具一格的管理方式和_____的产品领导着全球信息工业的发展。

四、简答题

1. 庄周生活在一个什么样的时代？

   答：_____。

2. 什么是"道"？

   答：_____。

3. 儒家和道家的精神分别是什么？

   答：_____。

五、回答问题

1. 从哲学角度来看，《庄子》一书的成就是什么？
2. 庄子是如何给人们指出获得自由和解脱的道路的？
3. 谈一谈《庄子》的文学特点和成就。

参考答案

一、114岁老人膝下有230多个子孙 拿红包要排队
一、1.C 2.A 3.B 4.C 5.D
二、1.× 2.√ 3.× 4.× 5.√
三、1.B 2.A 3.C 4.A 5.D

二、创新家庭养老模式
一、1.A 2.C 3.D 4.A 5.C
二、1.√ 2.√ 3.√ 4.× 5.×
三、1.B 2.A 3.C 4.D 5.E 6.G 7.F 8.H 9.I 10.J 11.K 12.M 13.L

三、祖上冒犯皇帝名讳被迫姓苟 几经周折成功改姓
一、1.B 2.B 3.B 4.D 5.D
二、1.√ 2.√ 3.√ 4.× 5.×
三、1.B 2.C 3.D 4.A 5.E 6.A 7.C 8.E

四、取名字
一、1.A 2.A 3.B 4.B 5.C
二、1.× 2.× 3.√ 4.√ 5.√
三、男：1、2、4、8、9，女：3、5、6、7、10

五、中国姓氏中的遗传密码
一、1.D 2.A 3.B 4.D 5.C
二、1.√ 2.× 3.× 4.√ 5.√
三、1.C 2.B 3.D 4.F 5.A 6.A 7.C 8.F 9.E

六、舞蹈《千手观音》
一、1.A 2.C 3.C 4.B 5.D
二、1.× 2.√ 3.√ 4.√ 5.√
三、1.B 2.B 3.A 4.C 5.D 6.A 7.C

七、白发昆曲 青春登场
一、1.D 2.C 3.B 4.B 5.D

二、1.× 2.√ 3.√ 4.√ 5.×
三、1.E 2.B 3.A 4.D 5.C 6.D 7.E 8.C

八、麻将的乐趣

一、1.C 2.D 3.D 4.B 5.D 6.C
二、1.× 2.√ 3.√ 4.× 5.√ 6.√ 7.×
三、1.G 2.E 3.F 4.A 5.C 6.B 7.D

九、书法——中国美术之魂

一、1.D 2.A 3.D 4.D 5.D
二、1.× 2.× 3.√ 4.√ 5.×
三、1.D 2.E 3.F 4.B 5.G 6.A 7.C

十、中国岩画

一、1.C 2.A 3.B 4.B 5.B
二、1.√ 2.× 3.√ 4.× 5.√
三、1.D 2.E 3.A 4.B 5.C

十一、浪漫2月的爱情消费

一、1.B 2.A 3.C 4.C 5.C
二、1.√ 2.√ 3.× 4.× 5.×
三、1.B 2.C 3.A 4.D 5.C 6.B

十二、休闲户外运动业正成新兴产业

一、1.D 2.B 3.B 4.B 5.D
二、1.√ 2.× 3.√ 4.× 5.×
三、1.B 2.E 3.C 4.A 5.B 6.D 7.F 8.A 9.D

十三、老总访谈：志高空调董事长——李兴浩

一、1.B 2.C 3.D 4.D 5.D
二、1.√ 2.√ 3.× 4.√ 5.√
三、1.E 2.A 3.D 4.B 5.F 6.C 7.B 8.F 9.E

十四、书画拍卖新亮点

一、1.C 2.D 3.C 4.B 5.C
二、1.√ 2.× 3.√ 4.× 5.√
三、1.B 2.C 3.A 4.D 5.C 6.B

十五、《申报》的经营策略

一、1.D 2.B 3.A 4.D 5.D
二、1.× 2.√ 3.√ 4.× 5.×
三、1.E 2.B 3.D 4.A 5.C

十六、中国投资环境论坛会议须知

一、1. D　2. D　3. C　4. D　5. C　6. C　7. B

二、1. √　2. ×　3. ×　4. ×　5. ×　6. ×

十七、2007中国国际物流科技博览会

一、1. A　2. C　3. A　4. C　5. C

二、1. ×　2. √　3. √　4. √　5. ×

三、1. B　2. G　3. E　4. C　5. A　6. D　7. B　8. F　9. C　10. A

十八、"亿龙及时通"项目介绍

一、1. C　2. C　3. D　4. D　5. A

二、1. ×　2. √　3. ×　4. √　5. ×

三、1. B　2. D　3. E　4. A　5. F　6. B　7. G　8. C　9. A　10. D

十九、跨国经营管理硕士课程班招生简章

一、1. B　2. D　3. D　4. B　5. B

二、1. ×　2. √　3. √　4. √　5. √

三、1. C　2. A　3. D　4. F　5. A　6. E　7. G　8. C　9. B　10. E

二十、北京大学简介

一、1. B　2. D　3. A　4. A　5. D

二、1. √　2. ×　3. √　4. √　5. √

三、1. B　2. A　3. C　4. D　5. E　6. F　7. C　8. B　9. F

二十一、顾客须知

一、1. D　2. C　3. A　4. B　5. D

二、1. √　2. ×　3. ×　4. √　5. √

三、1. A　2. C　3. B　4. D　5. E　6. B　7. A　8. E

二十二、"一日游"合同条款

一、1. C　2. C　3. D　4. B　5. D

二、1. √　2. ×　3. ×　4. ×　5. √

三、1. D　2. C　3. A　4. E　5. G　6. B　7. H　8. J　9. A　10. G　11. I　12. F

二十三、关于切实做好当前森林防火工作的紧急通知

一、1. C　2. A　3. A　4. D　5. B

二、1. √　2. √　3. ×　4. √　5. √

三、1. E　2. A　3. F　4. B　5. D　6. F　7. E　8. C

二十四、天津市房地产市场调查分析报告（节选）

一、1. D　2. C　3. A　4. C　5. D

二、1.√ 2.× 3.√ 4.√ 5.√
三、1.C 2.F 3.D 4.G 5.H 6.A 7.I 8.B 9.E

二十五、面向未来，实施核心竞争力战略

一、1.D 2.C 3.D 4.C 5.B
二、1.√ 2.√ 3.× 4.√ 5.×
三、1.A 2.H 3.C 4.I 5.G 6.B 7.I 8.H 9.E 10.F 11.G 12.D

二十六、《蓝海战略》译者序

一、1.D 2.D 3.A 4.D 5.C
二、1.× 2.√ 3.√ 4.√ 5.×
三、1.B 2.G 3.D 4.I 5.F 6.A 7.E 8.C 9.C 10.H 11.C

二十七、汽车的文明悖论

一、1.A 2.D 3.D 4.C 5.C
二、1.× 2.× 3.× 4.× 5.√
三、1.A 2.C 3.B 4.D 5.E 6.G 7.F 8.H 9.I

二十八、复杂的简单　深入的浅显

一、1.C 2.D 3.D 4.B 5.D
二、1.× 2.× 3.× 4.√ 5.√
三、1.B 2.D 3.A 4.G 5.E 6.C 7.J 8.I 9.A 10.H 11.F 12.G

二十九、企业形象广告定位研究

一、1.B 2.B 3.C 4.D 5.C
二、1.× 2.√ 3.√ 4.√ 5.√
三、1.K 2.M 3.A 4.N 5.H 6.L 7.M 8.E 9.G 10.D 11.J 12.B
13.F 14.I 15.N 16.C

三十、政府的效率

一、1.A 2.C 3.B 4.D 5.A
二、1.√ 2.√ 3.× 4.√ 5.√
三、1.A 2.B 3.E 4.C 5.D 6.G 7.F 8.H 9.I 10.J 11.L 12.K
13.N 14.M 15.P 16.Q 17.O 18.R 19.S 20.V 21.U 22.T

三十一、兰州清汤牛肉面

一、1.B 2.A 3.D 4.A 5.B
二、1.√ 2.× 3.√ 4.× 5.×
三、拉（lā）　招（zhāo）　择（zé）　捣（dǎo）　摔（shuāi）　推（tuī）
　　捋（lǚ）　折（zhé）　抖（dǒu）　挥（huī）　搓（cuō）　技（jì）
　　按（àn）　操（cāo）　找（zhǎo）　掼（guàn）　打（dǎ）　揉（róu）

231

抻（chēn）　扬（yáng）　揪（jiū）

三十二、又到粽子飘香时

一、1. B　2. C　3. D　4. C　5. D

二、1. √　2. ×　3. ×　4. √　5. √

三、1. B　2. F　3. C　4. D　5. A　6. E　7. C　8. F　9. D

三十三、中原茶俗趣谈

一、1. B　2. B　3. B　4. C　5. D

二、1. √　2. √　3. ×　4. ×　5. ×

三、1. D　2. E　3. G　4. F　5. B　6. A　7. C

三十四、葡萄的种植及种类

一、1. B　2. C　3. D　4. B　5. B

二、1. √　2. ×　3. √　4. ×　5. √

三十五、酒的香气

一、1. D　2. A　3. D　4. C　5. B

二、1. √　2. √　3. ×　4. ×　5. √

三、1. C　　　2. A、D、H、J、K
　　3. B　　　4. F、G、I　　　5. E

四、1. D、E、H、L、Q　　2. A、F、K、P、R
　　3. B、G、I、J　　　　4. C、M、N、O

三十六、足球机器人——未来的世界杯盟主

一、1. D　2. C　3. B　4. D　5. A

二、1. √　2. ×　3. ×　4. √　5. ×

三、1. D　2. F　3. B　4. A　5. E　6. B　7. C　8. A

三十七、"她"世纪的体育

一、1. B　2. C　3. A　4. D　5. C

二、1. ×　2. √　3. √　4. ×　5. √　6. √　7. √

三、1. A　2. F　3. B　4. E　5. D　6. C　7. F　8. B　9. E

三十八、人类的极限

一、1. A　2. C　3. C　4. D　5. B

二、1. ×　2. √　3. √　4. √　5. ×

三、1. A　2. B

三十九、古格王朝遗址

一、1. D　2. D　3. B　4. A　5. A

二、1. √　2. ×　3. √　4. ×　5. √

三、1.F 2.I 3.B 4.A 5.E 6.C 7.I 8.G 9.D 10.B 11.H 12.F

四十、杭州和上海

一、1.D 2.B 3.D 4.C 5.A
二、1.√ 2.× 3.× 4.√ 5.√
三、1.G 2.D 3.B 4.C 5.E 6.F 7.H 8.C 9.A

四十一、人类思维与"生物"计算机

一、1.C 2.D 3.A 4.D 5.C
二、1.√ 2.× 3.√ 4.× 5.×
三、1.D 2.H 3.A 4.I 5.B 6.J 7.F 8.C 9.G 10.E

四十二、为何只有人类的头发长个没完

一、1.D 2.B 3.B 4.B 5.B
二、1.× 2.× 3.√ 4.√ 5.√
三、1.C 2.A 3.B 4.C 5.B 6.A

四十三、美貌的力量

一、1.C 2.C 3.D 4.B 5.A
二、1.√ 2.× 3.× 4.√ 5.×
三、1.C 2.D 3.A 4.E 5.B 6.C 7.D 8.E

四十四、爱你只有30个月

一、1.B 2.A 3.C 4.A 5.C
二、1.√ 2.× 3.√ 4.√ 5.×
三、1.C 2.B 3.D 4.A 5.E 6.A 7.D 8.B

四十五、研究人员发现"快乐秘方"

一、1.D 2.A 3.B 4.D 5.B
二、1.√ 2.× 3.√ 4.× 5.√
三、1.A 2.B 3.C 4.B 5.A 6.C

四十六、吼出来的健康

一、1.D 2.C 3.D 4.C 5.B
二、1.√ 2.√ 3.√ 4.√ 5.√
三、1.E 2.A 3.D 4.F 5.B 6.C 7.D 8.A 9.F

四十七、职业枯竭逐渐成为"流行病"

一、1.D 2.D 3.A 4.C 5.D
二、1.× 2.× 3.× 4.√ 5.√
三、1.A 2.C 3.D 4.E 5.B 6.E 7.D 8.C

四十八、社交恐惧症：父母是主要原因

一、1.C 2.B 3.D 4.D 5.B
二、1.× 2.√ 3.√ 4.√ 5.×
三、1.B 2.C 3.E 4.A 5.D 6.E 7.A 8.D

四十九、行为心理学对幼儿孤独症的治疗

一、1.A 2.B 3.C 4.D 5.B
二、1.√ 2.√ 3.× 4.√ 5.×
三、1.B 2.A 3.D 4.C 5.F 6.E 7.H 8.G 9.I 10.J

五十、论赏识教育

一、1.C 2.A 3.A 4.A 5.C
二、1.√ 2.× 3.√ 4.√ 5.×
三、1.B 2.D 3.A 4.E 5.C 6.D 7.B 8.C

五十一、保护地球的"肾"——湿地

一、1.C 2.D 3.D 4.B 5.C
二、1.√ 2.√ 3.× 4.√ 5.√
三、1.E 2.C 3.A 4.F 5.H 6.B 7.A 8.E 9.H 10.G 11.D

五十二、全球正在走向土地沙漠化

一、1.D 2.D 3.B 4.C 5.A
二、1.√ 2.× 3.√ 4.√ 5.√
三、1.C 2.G 3.A 4.B 5.I 6.E 7.G 8.H 9.C 10.D 11.F 12.H

五十三、云贵高原湖泊生态系统脆弱

一、1.D 2.D 3.A 4.C 5.C
二、1.× 2.√ 3.√ 4.× 5.√
三、1.D 2.A 3.C 4.E 5.A 6.E 7.B 8.D

五十四、让竹子拯救地球

一、1.D 2.C 3.A 4.D 5.C
二、1.√ 2.× 3.√ 4.√ 5.×
三、1.A 2.D 3.F 4.C 5.E 6.B 7.A 8.C 9.D

五十五、大西洋下藏第八大洲？

一、1.D 2.C 3.B 4.D 5.A
二、1.× 2.√ 3.√ 4.√ 5.√
三、1.A 2.F 3.I 4.B 5.G 6.H 7.E 8.D 9.C

五十六、氧气是哺乳动物统治地球的关键

一、1.B 2.B 3.D 4.B 5.D

二、1.× 2.√ 3.√ 4.√ 5.√
三、1.B、C 2.D 3.C 4.A 5.B 6.E 7.D 8.F

五十七、万年前长毛象可能复活

一、1.D 2.C 3.B 4.B 5.D
二、1.× 2.× 3.√ 4.√ 5.√
三、1.D 2.B 3.F 4.G 5.C 6.E 7.A 8.G 9.E 10.A

五十八、"埃狼"遭遇狂犬病

一、1.C 2.B 3.C 4.D 5.D
二、1.√ 2.√ 3.√ 4.× 5.√
三、1.C 2.B 3.E 4.A 5.B 6.F 7.E 8.C 9.D 10.A

五十九、普氏原羚：濒危的高原精灵

一、1.B 2.D 3.D 4.D 5.B
二、1.√ 2.√ 3.√ 4.× 5.√
三、1.C 2.B 3.E 4.A 5.F 6.B 7.G 8.F 9.A 10.D

六十、小海龟为何在呵护中逝去

一、1.D 2.D 3.C 4.D 5.D
二、1.√ 2.√ 3.× 4.× 5.√
三、1.A 2.B 3.F 4.D 5.C 6.E 7.G 8.D 9.C 10.E

六十一、鸟鸣声声何处来

一、1.C 2.D 3.C 4.B 5.C
二、1.× 2.√ 3.√ 4.√ 5.×
三、1.B 2.D 3.A 4.G 5.F 6.H 7.E 8.G 9.C

六十二、国宝大熊猫

一、1.D 2.B 3.B 4.B 5.C
二、1.√ 2.√ 3.× 4.× 5.×
三、1.E 2.G 3.D 4.C 5.B 6.H 7.D 8.F 9.A 10.B

六十三、裸鳃类软体动物——海兔

一、1.B 2.D 3.C 4.B 5.C
二、1.√ 2.× 3.√ 4.√ 5.×
三、1.G 2.F 3.A 4.I 5.H 6.B 7.D 8.E 9.C

六十四、蜗牛

一、1.D 2.C 3.B 4.D 5.A
二、1.× 2.√ 3.√ 4.√ 5.×
三、1.G 2.D 3.F 4.E 5.B 6.C 7.H 8.A

235

六十五、春蚕吐丝

一、1.C 2.C 3.C 4.C 5.C

二、1.√ 2.√ 3.× 4.√ 5.√

三、1.D 2.F 3.A 4.B 5.C 6.E 7.A 8.G 9.C 10.H

六十六、沙漠人家

一、1.C 2.A 3.D 4.A 5.C

二、1.√ 2.√ 3.√ 4.× 5.√

三、1.D 2.C 3.B 4.F 5.E 6.C 7.G 8.A 9.G 10.F

六十七、食掌莺怎样灭绝了自己

一、1.D 2.D 3.D 4.B 5.D

二、1.× 2.√ 3.× 4.√ 5.√

三、1.C 2.F 3.B 4.D 5.E 6.A 7.C 8.D

六十八、好人？坏人？

一、1.D 2.B 3.C 4.B 5.C

二、1.√ 2.√ 3.√ 4.× 5.× 6.×

三、1.E 2.H 3.F 4.G 5.C 6.D 7.I 8.A 9.B

六十九、第一场胜利

一、1.B 2.C 3.C 4.C 5.C

二、1.× 2.√ 3.√ 4.× 5.√

三、1.B 2.C 3.A 4.E 5.D 6.D 7.E

七十、百万富翁培训班

一、1.B 2.D 3.B 4.A 5.D

二、1.√ 2.√ 3.× 4.√ 5.×

三、1.F 2.I 3.E 4.G 5.A 6.C 7.H 8.B 9.D

七十一、在人和树木中间

一、1.A 2.A 3.C 4.C 5.D

二、1.× 2.√ 3.× 4.√ 5.√

三、1.C 2.A 3.E 4.B 5.D 6.A 7.F 8.C 9.D

七十二、金钱的阴谋

一、1.D 2.A 3.B 4.C 5.C

二、1.√ 2.√ 3.× 4.× 5.√

三、1.F 2.A 3.G 4.H 5.D 6.B 7.E 8.C

七十三、懒惰的智慧

一、1. B 2. A 3. B 4. B 5. A
二、1. × 2. √ 3. × 4. √ 5. √
三、1. C 2. A 3. H 4. B 5. D 6. F 7. C 8. G 9. E 10. F

七十四、致命真相

一、1. B 2. B 3. D 4. D 5. C
二、1. √ 2. × 3. √ 4. √ 5. × 6. ×
三、1. C 2. B 3. A 4. D 5. B 6. D 7. C 8. F 9. I 10. E 11. H 12. G

七十五、驾驭好欲望这匹野马

一、1. A 2. B 3. B 4. D 5. B 6. C
二、1. √ 2. √ 3. √ 4. × 5. ×
三、1. E 2. G 3. I 4. B 5. L 6. A 7. C 8. K 9. D 10. H 11. J 12. F

七十六、《靠近你 温暖我》剧情介绍

一、1. C 2. A 3. B 4. C 5. C
二、1. √ 2. × 3. √ 4. × 5. √
三、1. B 2. G 3. A 4. E 5. B 6. F 7. C 8. G 9. D 10. F

七十七、评阎连科长篇新作《受活》

一、1. B 2. A 3. B 4. B 5. D
二、1. × 2. × 3. √ 4. √ 5. √
三、1. B 2. C 3. D 4. C 5. E 6. A 7. E 8. D

七十八、论"言之无物"

一、1. B 2. B 3. D 4. D 5. B
二、1. × 2. √ 3. √ 4. × 5. √
三、1. E 2. F 3. G 4. B 5. A 6. C 7. D

七十九、晋商起源于盐

一、1. A 2. B 3. C 4. C 5. A
二、1. × 2. × 3. √ 4. √ 5. √
三、1. B 2. C 3. A 4. E 5. D 6. H 7. C 8. F 9. B 10. G 11. F 12. A

八十、鲲鹏展翅逍遥游——庄周

一、1. A 2. C 3. C 4. C 5. B
二、1. × 2. √ 3. × 4. √ 5. √
三、1. B 2. D 3. A 4. D 5. E 6. C 7. A 8. C